# El club de los Viernes
## se reúne de nuevo

# KATE JACOBS

# El club de los Viernes

## se reúne de nuevo

Traducción:
MONTSE BATISTA

EMBOLSILLO

Título original:
*KNIT TWO*

Imagen de cubierta:
OPALWORKS

Adaptación de cubierta:
ROMI SANMARTÍ

Diseño de colección:
TONI INGLÈS

Fotografía de la autora:
LIFETIME PHOTOS (Montreal)

1.ª edición: mayo de 2010       5.ª edición: octubre de 2010
2.ª edición: junio de 2010      6.ª edición: diciembre de 2010
3.ª edición: julio de 2010      7.ª edición: diciembre de 2010
4.ª edición: agosto de 2010     8.ª edición: marzo de 2011

Publicado por acuerdo con G. P. Putnam's Sons, parte de Penguin Group (USA), Inc.

© Kathleen Jacobs, 2008
© de la traducción: MONTSE BATISTA PEGUEROLES, 2009
© de esta edición: EMBOLSILLO, 2010
  Benito Castro, 6
  28028 MADRID
  emaeva@maeva.es
  www.maeva.es

ISBN: 978-84-15140-09-2
Depósito legal: TO-185-2011

Fotomecánica: Gráficas 4, S. A.
Impresión: Rotabook, S. L.
Impreso en España / Printed in Spain

# Principiante

El mero hecho de tener delante un patrón no significa que sepas cómo confeccionarlo. Ve paso a paso: no te fijes en la gente cuyas habilidades estén por encima de tu alcance. Cuando eres nueva en alguna cosa —o hace tiempo que no la practicas— puede llegar a resultar extremadamente difícil hacerlo bien. Cada paso en falso se vive como un motivo para abandonar. Envidias a todo aquel que sabe lo que está haciendo. ¿Qué te hace seguir adelante? La convicción de que algún día tú también serás así: elegante; capaz; segura de ti misma; experimentada. Y puedes serlo. Lo único que te hace falta es entusiasmo. Un poco de decisión. Y sentido del humor, eso siempre.

# Uno

La tienda de Manhattan Walker e Hija: Labores de Punto ya había cerrado y Dakota se encontraba en el centro del establecimiento, lidiando con la cinta adhesiva. Se había pasado más de veinte minutos intentando envolver un cochecito de lona para gemelos Peg Perego con un reluciente papel de regalo de color amarillo, pues el rollo de cartón no hacía más que salirse del papel y caerse al suelo de la tienda, con lo cual con cada movimiento se arrugaban y rompían lo que parecían kilómetros de papel. ¡Menudo desastre! Lo más fácil hubiera sido atar un globo en esa cosa, pensó, pero Peri había insistido mucho en que todo estuviera envuelto y adornado con cintas.

Los regalos, envueltos con papel de conejitos o de dibujos de animales de la selva, estaban apilados encima de la sólida mesa de madera que constituía el centro de la tienda de punto. La pared de las lanas se había ordenado para que ni uno solo de los estantes –desde el de los rojos frambuesa al de los verdes apio– careciera de su color. Peri también había planeado una serie de juegos de adivinanzas que daban vergüenza ajena («¡Adivina cuánto pesará el bebé!», «¡Prueba distintas comidas infantiles e intenta adivinar el sabor!», «¡Calcula el volumen del vientre de la madre!»), y que habrían hecho que la madre de Dakota meneara la cabeza. Georgia Walker nunca había sido aficionada a los juegos tontos.

–Será divertido –afirmó Peri cuando Dakota protestó–. No hemos tenido una noche de viernes dedicada a un bebé desde Lucie y Ginger, y de eso hace ya cinco años. Además, ¿a quién no le gustan las fiestas para celebrar un

7

nacimiento? ¡Todos esos peleles y esas toallas tan monas con orejas de animales! Se te pone la carne de gallina, en serio. ¿No te encanta?

—Pues no —respondió Dakota—. Y dos veces no. Mis amigos y yo estamos más bien ocupados en la universidad.

Tenía la mano apoyada en la cintura de sus vaqueros de color índigo mientras miraba a Peri, quien fingió no preocuparse demasiado por lo que la joven había hecho con el regalo. El cochecito parecía un plátano amarillo gigante. Un plátano arrugado y roto. Suspiró. Dakota era una joven muy atractiva que tenía una piel cremosa de color tostado y la misma altura y oscuros cabellos rizados que su madre. Sin embargo, continuaba siendo un poco desgarbada y daba la impresión de que no estaba del todo cómoda con la transformación de su figura. Tenía dieciocho años y aún se estaba convirtiendo en sí misma.

—Gracias a Dios —replicó Peri.

Discretamente, trataba de despegar la cinta adhesiva del papel amarillo para rehacer los bordes del envoltorio. Tanto si estaba dirigiendo la tienda como diseñando los bolsos de su negocio secundario, ahora todo lo abordaba con precisión. Trabajar con Georgia había sido la mejor capacitación que hubiera podido recibir para llevar un negocio… dos negocios, en realidad. Su propia empresa de bolsos, Peri Pocketbook, así como la tienda de Georgia. Aun así, Peri tenía la sensación de haber hecho mucho para que todo siguiera marchando desde la muerte de Georgia y, ahora que rondaba los treinta, empezaba a sentir deseos de avanzar. No sabía en qué dirección. Pero sin ella ya no habría más Walker e Hija. De eso sí estaba segura.

En ocasiones no resultaba muy satisfactorio dedicar tanto esfuerzo a algo que, por esencia, pertenecía a otra persona. Era suyo pero en realidad no lo era.

Para empezar, durante el último año aproximadamente, Dakota se había mostrado cada vez menos interesada en la tienda y los sábados acudía a trabajar refunfuñando, tarde como de costumbre, y a veces parecía que se hubiera limitado a levantarse de la cama y vestirse de cualquier manera con lo primero que encontró. Esto suponía un gran cambio respecto a sus primeros años de adolescencia, cuando parecía disfrutar muchísimo de los ratos que pasaba en la tienda. Sin embargo, había breves momentos en los que su actitud de hastío desaparecía y Peri veía indicios de aquella pequeña chistosa de ojos vivarachos a quien le encantaba elaborar pasteles y que podía pasarse horas haciendo punto con su madre en la trastienda o en el apartamento que las dos habían compartido en el piso de arriba.

La tienda estaba situada en la calle Setenta y siete con Broadway, justo encima de la charcutería de Marty, entre las *boutiques* y restaurantes del Upper West Side de Manhattan. Era una parte de la ciudad muy bonita, a tan sólo unas manzanas de distancia del verdor de Central Park y del frescor del río Hudson en dirección contraria. La zona era muy ruidosa, desde luego —las bocinas de los taxis, el retumbo del metro por debajo de las calles, el golpeteo de los tacones en la acera y un remolino de conversaciones por teléfono móvil en todas partes—, pero era precisamente ese tipo de alboroto el que atrajo a Georgia Walker cuando se mudó. A ella no le importaban los pitidos del camión de la coca-cola a las cinco de la madrugada cuando traía el género a la charcutería y aparcaba en la calle. No si ello significaba vivir dentro mismo de la acción, enseñándole a su hija el mundo que ella a duras penas había imaginado cuando se criaba en una granja de Pensilvania.

Claro que ahora era Peri la que vivía en el apartamento del piso de arriba que había sido de Georgia, y el despacho de la trastienda ya no existía. Habían derribado la pared hacía poco para hacer un escaparate aparte para los bolsos que diseñaba y vendía Peri; cada bolso se exponía por separado en un estante de acrílico transparente fijado en la pared, pintada de color gris intenso.

Los cambios en la tienda cuajaron después de mucho discutir con Anita y con Dakota, y también habían consultado a James, el padre de Dakota, por supuesto, aunque más que nada por su pericia como arquitecto. Pero desde el punto de vista económico tenía sentido: en el apartamento, Peri había convertido el dormitorio de infancia de Dakota en un despacho, de modo que ya no era necesario cuadrar las cuentas en la tienda. ¿Por qué malgastar entonces el valioso espacio del establecimiento? Además, siempre se había sobreentendido –tanto con Georgia como con James y Anita, cuando Georgia murió– que su negocio con los bolsos tendría la oportunidad de prosperar. Ella así se lo recordó a los dos mientras evitaba deliberadamente el único ultimátum que sabía que más temían todos: si no podía reformar la tienda, la dejaría. El asunto quedó flotando en el aire y Peri evitó expresarlo a menos que fuera absolutamente necesario.

Al fin y al cabo, ¿qué ocurriría con la tienda si Peri se marchaba? Seguro que Anita, quien había cumplido setenta y ocho en su último cumpleaños (aunque apenas parecía lo bastante mayor como para cobrar de la seguridad social), no estaría dispuesta a tomar el relevo. Si bien seguía acudiendo dos días a la semana para ayudar y mantenerse ocupada, como decía ella, Anita y Marty pasaban mucho tiempo haciendo viajes rápidos, en tren o en coche, a maravillosos hostales rurales de Nueva Inglaterra y Canadá. Esa pareja estaba de vacaciones perpetuas y Peri se alegraba por ellos. Y también los envidiaba un poco. Sí, sin duda. Albergaba la esperanza de poder tener lo mismo algún día. Y si ese compañero de trabajo del departamento jurídico que su amiga K.C. no dejaba de nombrar era sólo la mitad de guapo de como se lo había descrito, ¿quién sabe lo que podría pasar?

Y luego estaba Dakota, que casi había terminado su primer año en la Universidad de Nueva York. No es que ella pudiera ofrecerse para hacerse cargo de la dirección de la tienda… y ni siquiera parecía tener ganas de hacerlo.

No todo el mundo quiere entrar en el negocio familiar.

La decisión de Peri de trabajar en la tienda de punto y de crear sus propios diseños no fue muy bien recibida en su familia. Sus padres querían que fuera abogada, y ella, diligentemente, hizo el examen de ingreso en la Facultad de Derecho y obtuvo plaza, pero la rechazó, con lo cual dejó a todo el mundo descolocado. Georgia no se dejó intimidar por la madre de Peri, quien voló desde Chicago para presionar a Georgia para que despidiera a su hija, y esto Peri no lo había olvidado. Aun cuando hubo dificultades en la tienda, Peri reflexionó sobre cómo Georgia la había ayudado y había aguantado. De todos modos, el trabajo de dos negocios absorbía todos sus días y muchas de sus noches, por lo que los últimos cinco años parecían haber pasado muy deprisa. Fue como si un día, al despertarse, se diera cuenta de que tenía casi treinta años, seguía soltera y no estaba contenta con la situación. Resultaba difícil conocer gente en Nueva York. Bueno, gente no. Hombres. Hombres como James Foster. Peri estaba algo enamorada de él desde que regresó a por Georgia, y para ella ese hombre seguía siendo la personificación del compañero exitoso y seguro de sí mismo que anhelaba.

Claro que si James se había interesado por la tienda era únicamente desde el punto de vista de echarle un ojo a la herencia que Georgia le había dejado a Dakota. Y la vieja amiga de Georgia, Catherine, se encontraba rodeada de porquerías en Hudson Valley, pensó Peri, donde dirigía su tienda de antigüedades y cosas preciosas, blablablá... Además, Catherine ni siquiera sabía hacer punto. Y lo cierto es que ella y Peri nunca habían conectado; era más bien como si compartieran varias amistades mutuas, pero no lograron llegar a conocerse del todo, ni siquiera después de tanto tiempo. Peri solía sentirse juzgada siempre que Catherine entraba majestuosamente en la tienda, embebiéndose de todo con sus ojos de un azul grisáceo perfectamente maquillados y ni uno solo de sus cabellos rubios fuera de su sitio.

No, con los años se había confirmado más la sensación de que o Peri seguía llevando Walker e Hija o habría llegado el momento de cerrar las puertas de la tienda de punto. El deseo de mantenerlo todo como había sido antes, de congelar el tiempo, seguía siendo muy fuerte entre el grupo de amigas. De modo que, si bien abogaba por un cambio, Peri se sentía culpable. Casi resultaba abrumador. Era producto de alguna fantasía natural que todas compartían pero de la que nunca hablaban: que todo debía mantenerse como estaba «por Georgia». ¿Para qué? ¿Para que deseara regresar? ¿Para que se sintiera como en casa? Porque hacer cambios en la tienda de Georgia sin que ella estuviera presente y sin consultárselo significaría que las cosas eran definitivas, ¿no es cierto? Que todos los momentos que las socias del club de punto de los viernes por la noche y la familia de Georgia Walker habían vivido, tanto los buenos como los malos, habían sucedido de verdad.

Que la tienda de punto de Georgia fuera el lugar donde un insólito grupo de mujeres se hubieran hecho amigas en torno a la mesa situada en el centro del establecimiento. Donde Anita, la elegante anciana que era la mayor adepta de Georgia, aprendió a aceptar a Catherine, la antigua amiga de instituto de Georgia, y aplaudió cuando Catherine redescubrió su capacidad de respetarse a sí misma y abandonar un matrimonio vacío que no la llenaba. Fue en la tienda de Georgia donde la adusta y solitaria estudiante de posgrado Darwin encontró una verdadera amiga en la directora Lucie, que a sus cuarenta y tantos años se había embarcado en su primera maternidad, y donde Darwin se dio cuenta de lo mucho que deseaba afirmar el matrimonio con su esposo, Dan, tras una breve noche de infidelidad. Fue en la tienda de Georgia donde su empleada Peri reconoció que no quería ir a la Facultad de Derecho, y en la tienda de Georgia donde su amiga de muchos años K.C. confesó que ella sí quería. Fue allí donde el antiguo enamorado de Georgia, James, volvió a entrar en su vida y los dos descubrieron que la llama de su amor no se había extinguido. Y fue en la tienda, donde Dakota, la única hija de Georgia y James, había hecho los deberes y compartido sus *muffins* caseros con las amigas de su madre, y donde había caído rendida en el sofá del despacho de ésta esperando el fin de la jornada laboral para que las dos pudieran tomar una cena sencilla y subir a acostarse al apartamento del piso superior.

Y el hecho de que todo aquello hubiera ocurrido implicaba también que Georgia Walker enfermó con un cáncer de ovarios en fase avanzada, para fallecer de forma inesperada a causa de las complicaciones, dejando que su grupo se las arreglara sin ella a partir de entonces.

A lo largo de poco más de cinco años, todas siguieron adelante como siempre habían hecho —seguían encontrándose con regularidad en las reuniones aun cuando K.C. nunca daba un palo al agua con las agujas y, en cuanto a Darwin, el jersey plagado de fallos que le había hecho a su marido seguía siendo la prenda más compleja que hubiera confeccionado nunca—, y Peri lo había dejado todo prácticamente igual en la tienda. Año tras año resistía el impulso de cambiar la decoración, de volver a diseñar las bolsas de color lavanda con el logotipo de Walker e Hija, de limpiar el despacho de la trastienda con su sofá descolorido o de modernizar la vieja mesa de madera anclada en el establecimiento. Lo mantuvo todo intacto y dirigió el negocio con la misma energía y minuciosidad que había demostrado Georgia, sacó beneficio de cada cuarto de dólar —aunque siempre iba mejor en invierno, claro está— y, siempre que tuvo un momento, trabajó frenéticamente para crear su línea de bolsos de punto y fieltrados. Y todavía le quedó energía suficiente para diversificarse con nuevas líneas y diseños.

Hasta que, al final, se hartó de trabajar en sus bolsos hasta altas horas de la noche y de sentirse siempre cansada. Dejó las agujas y envió un correo electrónico en plena noche. Escribió que necesitaba que se celebrara una reunión y mencionó las reformas. La idea de cambiar las cosas resultó un concepto imposible, por supuesto, y llevó mucho tiempo conseguir que Dakota y Anita accedieran. Aun así, Peri se mantuvo firme y finalmente se tiró la pared, se dieron unas manos de pintura y hasta se sustituyeron las sillas en torno a la mesa central, tan prácticas, por otras más cómodas y recién tapizadas. Esto confirió vitalidad a la tienda; seguía siendo acogedora, pero más fresca y elegante. Como sorpresa —y en un intento por granjearse la aprobación emocional de Dakota—, Peri pidió a Lucie que sacara una copia de una de las tomas eliminadas de su documental sobre la tienda, la primera película que exhibiera en el circuito de festivales, y había enmarcado una fotografía de Dakota y Georgia registrando juntas las ventas, cuando Dakota sólo tenía doce años y Georgia estaba vigorosamente sana. La foto se colgó detrás de la caja registradora, con el logotipo de Walker e Hija al lado.

—Le hubiese gustado —convino Dakota al tiempo que asentía con la cabeza—. Pero de los cambios en la tienda ya no sé qué decirte. Quizá tendríamos que volver a levantar el tabique.

—Georgia creía en seguir adelante —dijo Peri—. Probó cosas nuevas con la tienda. Piensa en el club, por ejemplo.

—No sé —repuso Dakota—. ¿Y si me olvido de cómo era antes? ¿Y si todo se desvanece? Entonces, ¿qué?

━━━━⊂═══⊃━━━━

Aquella noche, por primera vez, todo el grupo vería el resultado final de la modernización de la tienda. Era una noche de abril agradablemente cálida y el club de punto de los viernes iba a celebrar su reunión habitual. Mientras antes las mujeres se habían congregado todas las semanas en la tienda de Georgia, la combinación de sus ajetreadas carreras profesionales y cambiantes situaciones familiares les hacía más difícil poder reunirse con la misma asiduidad con que lo hicieron en el pasado. No obstante, todas las reuniones empezaban con abrazos y besos tras los que, sin más preámbulos, se ponían a contar los pequeños dramas de su día a día. Entre aquellas mujeres ya no había fingimiento, no se preocupaban por su aspecto o por su manera de actuar, sólo existía un sentido de colectividad que no cambiaba, tanto si se veían una vez a la semana como una vez al año. Había sido el último y más hermoso regalo que Georgia les hizo a cada una de ellas: el regalo de una amistad genuina e incondicional.

Sin embargo, aunque el tiempo no hubiera cambiado sus sentimientos hacia las demás, no les había ahorrado sus efectos lógicos en sus cuerpos, en sus profesiones, en sus vidas amorosas y en su cabello. Habían ocurrido muchas cosas en los últimos cinco años.

K.C. Silverman había publicado en la revista jurídica de la Universidad de Columbia, había pasado airosa el examen de abogacía... para terminar otra vez en Churchill Publishing –la misma empresa que la había despedido de su empleo editorial hacía cinco años– como parte del servicio jurídico interno.

–Por fin soy imprescindible –contó al grupo nada más empezar su trabajo–. Conozco todas las facetas del negocio.

Su nuevo sueldo se transformó, con un poco de orientación por parte de Peri, en una fabulosa colección de trajes. Y ya no llevaba el cabello cortado a lo *garçon* como antes, se lo había dejado crecer y lo llevaba cortado en capas, un estilo más propio para una abogada. Durante una milésima de segundo experimentó con dejar que su cabello volviera a su gris natural, pero decidió que con cincuenta y dos años era demasiado joven para tanta seriedad y optó por un castaño claro.

–Si tuviera este precioso color plateado que tienes tú sería otra cosa –le dijo a Anita.

La difusión del documental de Lucie Brennan en el circuito de festivales había conducido a un trabajo temporal dirigiendo un vídeo para un músico a quien le gustaba hacer punto en Walker e Hija. Cuando la canción llegó a figurar entre los diez primeros puestos de la lista de *Billboard*, Lucie pasó de ser productora a tiempo parcial para la televisión por cable local a dirigir un continuo aluvión de vídeos musicales, mientras a su lado, vestida con un pelele, su pequeña Ginger movía los labios siguiendo la música.

A sus cuarenta y ocho años estaba más ocupada y tenía más éxito de lo que nunca habría imaginado… y el cambio se reflejó en su apartamento. Ya no vivía de alquiler, sino que había adquirido un piso alto y soleado de dos dormitorios en el Upper West Side con un sofá precioso de respaldo ondeado en el que Lucie, quien de vez en cuando todavía padecía de insomnio, se acurrucaba en mitad de la noche. Sólo que ahora, en lugar de hacer punto hasta quedarse dormida, solía planificar las tomas para el rodaje del día siguiente.

Y a las gafas de concha que antes llevaba a diario se le habían unido toda una selección de monturas y lentes de contacto para sus ojos azules. Su cabello, si se lo dejaba con su rubio natural, resultaba un tanto… provocativo, de modo que se lo tiñó unos tonos más oscuro que el rubio rojizo de la pequeña Ginger, para darle un matiz bermejo.

Darwin Chiu terminó su tesis doctoral, publicó su primer libro (sobre la convergencia de la artesanía, Internet y los movimientos feministas) basado en sus investigaciones en Walker e Hija y consiguió un trabajo como profesora en el Hunter College, en tanto que su esposo, Dan Leung, obtuvo un puesto en la sala de urgencias de un hospital local. También encontraron un apartamento pequeño en el East Side, próximo al hospital y a la universidad, cuyo salón tenía las paredes cubiertas de estanterías baratas desbordadas de artículos y notas. A diferencia de las demás mujeres, Darwin no tenía ni una cana, aunque ya había cumplido los treinta, y seguía llevando el pelo largo, sin flequillo, que le daba un aspecto casi tan juvenil como el de sus alumnas de estudios femeninos.

Peri Gayle, una mujer muy atractiva de ojos castaños y mirada intensa, piel caoba y unas trenzas meticulosamente peinadas que le llegaban por debajo de los hombros, dirigía la tienda.

Anita Lowenstein empezó a adaptarse a la feliz relación que mantenía con Marty, aunque la decisión de ambos de no contraer matrimonio no dejaba de mencionarse.

—Vivo mi vida al revés —dijo al grupo—. Ahora que mi madre no puede hacer absolutamente nada al respecto, me rebelo contra lo que espera la sociedad.

Lo había dicho en broma, por supuesto. Para ser francos, irse a vivir juntos era una solución más sencilla en términos de planificación testamentaria y herencias y, tal como decían las estrellas de cine, ni ella ni Marty necesitaban un pedazo de papel para demostrar su compromiso.

—Vamos a llamarlo mi pareja —corrigió Anita a otra de sus amigas que se había equivocado al describir su relación—. Llamarlo novio a esta edad me parece demasiado.

No obstante, se habían comprado un piso nuevo y abandonado el apartamento con jardín privado del edificio de piedra rojiza que Marty poseía en el Upper West Side, dejando que la sobrina de Marty incorporara ese otro piso a lo que era su casa. Anita tenía setenta y ocho años, aunque si alguien se lo preguntaba alguna vez ella mentiría al respecto, y lo cierto era que parecía más joven, con su cabello gris cortado en capas y sus manos bien cuidadas. Gracias a Anita, Catherine apreciaba de verdad el valor de un factor de protección solar elevado.

El pequeño negocio de Catherine Anderson prosperaba al norte de la ciudad, en Cold Spring, aunque muchas veces seguía tomando el tren y pasaba algunos días en la casita bien cuidada y con muebles caros que había adquirido hacía poco, y otros, en el apartamento del edificio San Remo que Anita había compartido con su difunto esposo, Stan.

Se diría que cinco años era tiempo suficiente para que todo lo que había ocurrido se asentara y para que empezasen a aumentar las ganas de probar algo diferente.

—Si todos los regalos están ahí, no se va a sorprender demasiado —exclamó K.C. desde la entrada de Walker e Hija mientras empujaba un carrito rojo lleno de animales de peluche: un mono, una jirafa y dos ositos blancos. Peri interrumpió un momento sus intentos por envolver mejor el regalo de Dakota y saludó con la mano—. Deberíamos tratar de escondernos en el despacho de la trastienda, ¡y luego salir dando un salto y sorprenderla! —añadió K.C. mientras devolvía el saludo agitando la mano, aunque sólo se encontraba a unos pasos de distancia—. ¿Qué decís?

Ella y Peri pertenecían a una generación distinta: K.C. tenía veintitrés años más que Peri; sin embargo, tal como la parlanchina de K.C., con sus problemas para controlar el volumen de su voz, contaba a todo aquel a quien le importara (y a menudo también a los que no), eran el arquetipo de las amigas del alma.

—Nos ayudamos mutuamente a progresar —explicó K.C. cuando, en una de las reuniones, Dakota le preguntó por qué pasaban tanto tiempo juntas siendo tan distintas a primera vista, tanto en su apariencia como en su modo de actuar—. Cotilleamos, vamos al cine, ella me elige la ropa y yo le ofrezco asesoramiento legal para su negocio de bolsos.

La devoción que compartían por sus respectivas profesiones (y los años de experiencia de K.C.) también mantenía la conexión. Orgullosa como estaba de su reinvención profesional, K.C., en definitiva, había intercambiado un estilo de vida adicto al trabajo por otro. De la misma manera en que había trabajado interminables jornadas en el despacho cuando era editora, seguidas de noches de lectura de manuscritos, ahora pasaba las tardes leyendo contratos en el sofá del apartamento de alquiler del West Side, situado en un edificio de antes de la guerra y que fue el hogar de sus padres.

No obstante, en tanto que Peri mantenía contacto con una continua multitud de amigos de los cursos de diseño que había dado, la relación de K.C. con Peri llenaba un poco el vacío dejado por Georgia, a la que había conocido cuando era aún una joven editora auxiliar. Para tratarse de una mujer que nunca se definiría a sí misma como maternal, tenía como norma cuidar de los demás y hacerles de mentora. Y sentía un profundo cariño por Dakota, quien en aquellos momentos parecía exasperada por las últimas palabras de K.C.

—Para empezar, ya no hay trastienda —señaló Dakota entre dientes al tiempo que se inclinaba hacia K.C. y le hacía señas para que echara un vistazo a sus espaldas—. De modo que no funcionaría.

—Y, en segundo lugar, nuestra política es la de no asustar a las mujeres embarazadas —añadió Anita, quien entraba entonces por la puerta, a unos dos pasos por detrás de K.C.

Como cada día, Anita llevaba un elegante traje pantalón y una selección de joyas elegidas con muy buen gusto. Era la socia del club más rica y de más edad, y también (todo el mundo coincidiría en ello) la más amable y atenta. Anita cargaba con una hortensia gigante de flores azules; Marty llevaba otra de flores rosadas. Asintió con la cabeza con aire solemne y afirmó:

—Las reformas son excelentes, querida.

Pese a lo dicho, Peri sospechaba que la intención de Anita era principalmente disipar las dudas de Dakota, puesto que ella había comprobado repetidas veces cómo iban las cosas por la tienda.

—Ya estoy aquí, ya estoy aquí —dijo una voz desde las escaleras. Era Catherine, que entró majestuosamente en el establecimiento con cierta fanfarria de cosecha propia, un montón de regalos envueltos de manera muy profesional con papel de colores vivos y una bolsa grande de lona llena de botellas—. Hola, queridas —dijo, y lanzó tantos besos al aire que a cada uno de los presentes le tocaron tres—. Hola, gruñona —saludó a Dakota, y le pasó el brazo por los hombros suavemente mientras contemplaba la habitación—. Pensaba que llegaba tarde. ¿Ha venido ya?

Sonó el teléfono de la tienda. Era Lucie; llamaba para decir que no podía escaparse del trabajo y que no la esperaran. Peri consultó su reloj y dejó escapar un gritito de preocupación. Rápidamente, K.C. sacó una caja de magdalenas glaseadas del fondo del carrito rojo y Catherine abrió una botella mágnum de champán sin hacer saltar el tapón.

—Cuando pienso en el club de punto de los viernes por la noche, siempre recuerdo las copas de plástico —comentó Catherine a Dakota—. Le da un cierto *je ne sais quoi*. —Hizo un guiño a Dakota y logró de ella un encogimiento de hombros.

Desde que, años atrás, Georgia había acogido a Catherine durante su divorcio y dejó que durmiera en el suelo de la habitación de Dakota, entre las dos se había forjado un vínculo como de hermanas; en muchas ocasiones, durante los años posteriores a la muerte de Georgia, el cinismo y excesivo dramatismo de Catherine habían supuesto un antídoto perfecto para el malhumor adolescente de Dakota. Anita seguía siendo la fuente de amor incondicional de Dakota; a Catherine se le daba muy bien guardar secretos y parecía dispuesta a convertirse en su cómplice, si es que se les ocurría algún plan.

—Por Walker e Hija —dijo Catherine, que tomó un sorbo y luego otro—. Por las reformas, por mi chica favorita y por el club —añadió, y las demás mujeres alzaron sus copas.

Aunque persistía una vaga desazón por las reformas, Peri supo que la velada iba a ser alegre. Cualquiera podía darse cuenta. Toda la pandilla estaba allí, juntas de nuevo; el volumen ya era ensordecedor puesto que todo el mundo hablaba al mismo tiempo, tratando de embutir en unos pocos minutos las novedades de todo un mes. Empezó a relajarse cuando vio que Dakota se dejaba caer en una de las sillas nuevas, pasaba la pierna enfundada en unos vaqueros por encima del brazo del asiento, le gorroneaba un sorbo de champán a Catherine y las dos echaban un rápido vistazo para ver si Anita se había dado cuenta.

Aquella noche Georgia habría estado orgullosa del club de punto de los viernes. Celebraban una reunión especial para darle una fiesta sorpresa a Darwin Chiu, quien, al fin, tras largos años de intentos e ilusiones, esperaba sus primeros bebés.

Porque Darwin y Dan iban a tener gemelos.

# Dos

Cuando Anita era joven, tener hijos nunca había sido una posibilidad; sencillamente, constituía el orden esperado de las cosas. El matrimonio quería decir hijos, y los hijos querían decir matrimonio. Y todo el mundo se sorprendía cuando no sucedía enseguida. No hubiera habido remedio para una pareja como Darwin y Dan, que habían deseado sin perder la esperanza poder formar una familia. Habría resultado muy difícil ser madre soltera como lo fue Georgia, o como había decidido ser Lucie. Aunque últimamente Lucie tenía aspecto de estar muy cansada y tensa, y su hija, Ginger, no siempre era un encanto como lo fue la pequeña Dakota. De todos modos, era estupendo que las cosas fueran distintas. Que pudieran ser distintas. Anita creía en las opciones. Por otra parte, a veces todo resultaba un tanto confuso en estos tiempos.

Anita se casó con veinte años recién cumplidos, pero entonces no se daba cuenta de lo joven que llegaría a parecerle esa edad. Creyó estar en la cumbre de su adultez con su vestido de cóctel blanco y su velo de encaje. Stan parecía un hombre muy fuerte y sensato; tenía respuesta para todo, cosa que al principio la reconfortaba, en años posteriores la divertía y que al fin acabó siendo un poco molesta a veces.

Con veintiún años, lo único que Anita había visto era que su vida se desarrollaba sin complicaciones, hora tras hora, año tras año. Fue en la década de 1950... y ella era lo bastante mayor como para casarse y formar una familia y lo bastante ingenua como para eliminar deliberadamente las guerras mundiales de la memoria cotidiana. Apoyaba la idea de un futuro con tostadora y dicha doméstica, donde todo iba a ocurrir simple y fácilmente. En su noche de bodas todo eran posibilidades y el futuro parecía infinito: se moría por estar a solas con Stan y demostrar las habilidades que había aprendido en un libro. Fue una gran sorpresa descubrir, más adelante, que el sexo no lo resolvía todo, que podía convertirse en una rutina y que, en ocasiones, cuando no le apetecía, resultaba irritante. Que el hecho de estar enamorado no paliaba los enfados y frustraciones insignificantes. Y que incluso un buen matrimonio, una pareja maravillosa, tenía sus momentos malos.

En el transcurso de los años, Anita perdió el contacto con las siete amigas que habían sido sus damas de honor, no sabría por dónde empezar a buscar a la niña de las flores que llevaba una réplica de su vestido en color verde menta y que la siguió por todo el banquete con el cestito de pétalos de rosa bien agarrado, la pequeña que se resistía a despedirse cuando ella abandonó la estancia con Stan. Su hermana menor, que le decía adiós con la mano.

A decir verdad, el hecho de que el club de punto de los viernes por la noche permaneciera unido era especial. A la hora de mantener el contacto lo habían hecho mucho mejor que Anita con sus damas de honor. ¿La apoyarían las socias del club si se casaba con Marty? Sabía que sí lo harían. Pero que Marty y ella se casaran era, como poco, una fantasía. La suya era una relación entre iguales. Firmemente asentada en el mundo real. Además, ¿quién se casa cuando no sabe cuánto tiempo más le queda de vida?

—¡La Tierra llamando a Anita!

Anita levantó la mirada, sobresaltada, con una madeja de lana verde claro en la mano. K.C. estaba delante de ella con una amplia sonrisa.

—Te habías quedado ahí un poco aislada, cielo —dijo K.C.—. ¿Por qué no te sientas en una de las sillas nuevas y te unes al grupo?

Sintiéndose ridícula, Anita dejó que la condujesen al centro de la habitación. Odiaba que las chicas la trataran como si fuera una vieja y necesitase cuidados y atenciones especiales. ¡Ja! Habría que ver si ellas, con casi ochenta años, serían capaces de trabajar varios días a la semana —por decisión propia— y de lidiar con tres hijos que tenían opinión sobre todo. Incluyendo el hecho de que no les gustaba el que era su compañero en la vida. Esos chicos debieran estar demasiado ocupados con sus propias familias como para meterse en sus asuntos, pero lo hacían. Al sentarse, Anita apretó aquella madeja de lana que tanto le recordaba el color del vestido de la niña de las flores. Le dirigió un esbozo de sonrisa forzada a K.C., quien de veras creía que la ayudaba y pensaba que Anita empezaba a chochear un poco. Pero Anita no estaba confusa. Estaba preocupada. Por las bodas. Por el pasado. Por el futuro. Por sus hijos de mediana edad que se llevaban un berrinche cada vez que se olían la continuidad de su idilio con Marty. Por todos los amigos de su generación que empezaban a desaparecer con regularidad. Y ahora ya no se iban precisamente a Florida.

—¿Estás trabajando en algo?

Era Dakota, que alargó la mano para tocar la lana. Los chalecos habían sido la prenda preferida de Anita durante tanto tiempo que incluso parecía sorprendente que confeccionara otra cosa. Los chalecos que siempre había hecho para Stan, con diseños y colores que ella misma creaba. Una artista, la había llamado su difunto esposo. Dejó de hacerlos después de juntarse con Marty porque era algo muy particular de Stan. Por supuesto, echaba de menos la familiaridad con los diseños, los patrones que se sabía de memoria, la sensación cuando el chaleco iba tomando forma, casi como si lo creara con el pensamiento. Sin embargo, no le había parecido bien seguir haciendo la misma ropa que destinaba a su difunto esposo cuando su nuevo compañero estaba sentado a su lado en el sofá, mirando otro partido más. Oh, sí, le hizo una chaqueta con un logotipo de los Yankees que le encantó, y una funda para la almohadilla que se llevaba al estadio, pero, a diferencia de los chalecos, no había tanto lugar para la expresión creativa. Sólo existía un único logotipo y un solo color azul, el de los Yankees.

En secreto aún tenía un chaleco a medias, metido en el fondo de un cesto. La mera presencia de la prenda inconclusa la tranquilizaba, mantenía un vínculo con los tiempos pasados. El hecho de avanzar no significaba que tuviera que desprenderse del pasado, de Stan, de Georgia. Se trataba más bien de aceptar que ya no estaban en el día a día y de vivir su vida en consecuencia. El dolor poseía su propio ritmo. Anita lo sabía muy bien.

Así fue como empezó a hacer sombreros para organizaciones benéficas y ese tipo de cosas. Algo que pudiera tejer cuando jugaban los Yankees por televisión. Y así fue también como incitó a las socias del club de punto de los viernes para que crearan juntas una labor para beneficencia. Al principio —daba la sensación de que habían pasado siglos—, el club intentó tener normas y actividades, e incluso trabajar en un mismo modelo de jersey, lo cual se convirtió en un desastre compartido. K.C. lo dejó después de intentarlo apenas, Catherine ni siquiera lo intentó, Darwin se esforzó mucho e hizo un jersey muy feo y Lucie terminó más de un suéter precioso y muchas otras labores. Después del funeral, el club se reunió a menudo, pero con frecuencia se encontraban con que las emociones las distraían, después fueron sus vidas ajetreadas y, aunque seguían reuniéndose, las labores de punto fueron quedando abandonadas por el camino.

Y entonces, mientras caminaba por la avenida Broadway una mañana de sol radiante varios meses después de la muerte de Georgia, Anita decidió que lo que debía hacer era adaptar el patrón de la manta de punto que las del club habían confeccionado para Georgia cuando estaba enferma. Cada una de ellas tejió una parte separada que luego juntaron para formar una manta muy grande y algo torcida que a Georgia le encantó, pese a que carecía de elegancia.

Para conseguir que su idea tuviera éxito, Anita había rehecho el patrón para que fuera más bien una manta de viaje, de modo que la prenda era más compacta y manejable. También aumentó el tamaño de las agujas para que la labor avanzara más deprisa, cosa crucial si esperaba que K.C., quien apenas tejía, lo intentara, y les impartió un curso de reciclaje durante una de sus reuniones habituales. Con su estilo característico, amable pero firmemente persistente, Anita animó a las socias del club para que tejieran unas cuantas pasadas antes de irse a la cama, o durante el fin de semana, y siempre comprobaba la marcha de sus labores. Enseguida logró infundirles de nuevo el entusiasmo por el punto y todas tejieron tantas «mantas Georgia» como pudieron y las donaron a una organización benéfica para pacientes de quimioterapia. Cada año, su meta era terminar un montón de esas mantas antes de realizar juntas su marcha contra el cáncer de ovarios en septiembre. Hasta creó un premio para quien hiciera más mantas: las Agujas de Oro del club de punto de los viernes por la noche. No eran más que un par de agujas pegadas a una base de madera y pintadas con aerosol dorado, y Anita ganó su propio premio la mayoría de las veces, pero la entrega de las Agujas de Oro durante la reunión del club posterior a la marcha se convirtió en un ritual esperado.

En parte, su historia común y los objetivos compartidos eran lo que mantenía la unión entre las integrantes del grupo, aun cuando el discurrir de sus vidas las llevara en direcciones distintas. Procurar que el grupo permaneciese unido parecía crucial cuando Dakota era más pequeña, y Anita, con callada eficacia, se encargó de que todas las socias sintieran que tenían una responsabilidad para con el grupo. Que sintieran que formaban parte de ello. ¿Una vieja chocha? ¡Ni mucho menos! Aunque representar el papel era una de las ventajas de envejecer: la gente bajaba la guardia en compañía de las personas ancianas aparentemente inofensivas y, en ocasiones, eso facilitaba mucho que todo resultara como ella quería. Anita no estaba por encima de sacar provecho de las cosas.

—Espero que no estés haciéndome algo a mí con ese color —bromeó Dakota, mientras pasaba el dedo con suavidad por la lana de color verde menta.

—No; la elegí sin pensar —repuso Anita—. Este color me recordó a alguien. Hubo una época en que fue el tono de moda.

—Es bastante horrible, Anita —afirmó Dakota con las cejas enarcadas.

—Sí, es muy del estilo *Corrupción en Miami* —comentó Catherine, mientras rellenaba una copa y luego se dirigía a la siguiente vacía—. Pero los colores pastel son estupendos para las prendas de bebé. ¿Querías hacer alguna otra cosa para Darwin?

Anita puso la lana en las manos a Dakota.

—Déjala en su sitio, cariño. No quiero causar tanto alboroto por nada.

Dakota cerró las manos sobre las de la anciana, quien seguía siendo la combinación perfecta de abuela sustituta y mentora y que siempre estaba disponible sin vacilar. Incluso cuando encontró una nueva vida con Marty. Y sobre todo después de que la madre de Dakota muriera. Anita consiguió ser una presencia emocional constante al tiempo que se mantenía en segundo plano, al margen del repentino aluvión de todos los parientes que anhelaban un pedacito de la pequeña de Georgia para tranquilizarse. Sus abuelos Bess y Tom, su tío Donny, ¿cómo podrían recuperar todo el tiempo que habían malgastado con su actitud distante hacia su hija y hermana, respectivamente? Y los padres de su padre, Joe y Lillian, y todas sus nuevas tías, tenían su propia variación de lo mismo: se habían perdido muchas cosas porque su padre mantuvo en secreto la existencia de Dakota durante los doce primeros años de su vida y necesitaban compensar el tiempo perdido. La interminable rotación de fines de semana en Pensilvania y Baltimore durante sus años de instituto llegó a ser agotadora.

En otra época de su vida, Dakota habría considerado esas escapadas de fin de semana ideales para alejarse de una madre que se inmiscuía en exceso. Y cuando ya no tuvo madre, lo único que deseaba era quedarse en casa —James y ella se mudaron enseguida a un apartamento espacioso y Dakota pintó, cambió la decoración e hizo todo lo posible para recrear la sensación de que todavía vivía encima de la tienda— y devanarse los sesos intentando encontrar la forma de que las cosas resultaran distintas. Bastaría con que pudiera repasar todos los momentos, todos los acontecimientos, y comprender bien lo que había pasado; entonces estaría preparada para vivirlo todo de nuevo, y esta vez hacerlo bien. Intuir que su madre sufría y llevarla antes al hospital. O, mejor aún, según su historia revisionista preferida, haría un trabajo en la escuela de primaria sobre la importancia de acudir al ginecólogo y convencería a su madre para que se hiciera una revisión mucho, mucho antes. Crisis evitada.

La recreación de estas distintas versiones le proporcionaba un inesperado consuelo íntimo. Lo único que tenía que hacer era quedarse sola y pensar, pensar y pensar en cómo salvar a su madre. Estas imaginaciones conllevaban una sensación de control y aplacaban sus miedos. Su dolor iba y venía, pero siempre permanecía allí, al acecho.

Hubo un lapso de tiempo, durante su primer y su segundo año de instituto, en el que Dakota estaba tan ocupada con el trabajo escolar, las visitas a sus abuelas y las sesiones de apoyo psicológico para personas en duelo a las que James insistió que asistiera —aunque él nunca lo hizo—, en que tenía la sensación de que todo el mundo intentaba que no pasara mucho tiempo en la tienda, el único lugar donde deseaba estar. Y de que querían alejarla del club. Cuando tenía trece, catorce y quince años, el hecho de estar con las mujeres del grupo le proporcionaba cierto alivio. Un vínculo con su madre. Además, ¡eran la mar de divertidas!

También resultaban esclarecedoras, porque le abrían el mundo adulto de una manera muy poco sofisticada. Sin hablar del tema ni tomar ningún tipo de medidas sobre lo que era apropiado, todas ellas —tanto Lucie como Darwin, Catherine, K.C., Peri y Anita— habían dejado de adaptar sus conversaciones para proteger sus jóvenes oídos. Así pues, la trataban como a una más del grupo. Dakota oyó hablar de luchas laborales, de relaciones abrumadoras y del mejor lugar para comprar zapatos de diseño a mitad de precio («¡Gracias, Peri!»). Era la única adolescente cuyas mejores amigas tenían, como mínimo, diez años más que ella. Y, por regla general, muchos más. Anita le había dicho entonces lo que ella sabía que era cierto: siempre estaría allí donde Dakota necesitara que estuviera.

Con el tiempo, su frenético calendario se calmó y Lillian, la madre de James, ya no se aferraba a ella cada vez que se disponía a marcharse y a tomar el tren de vuelta a la ciudad, resistiéndose a perder de vista a su nieta sorpresa. Al cabo, hasta la madre de Georgia, Bess, empezó a relajarse y a librarse del temor a que la muerte fuera a arrebatarle a otra de las personas que amaba. Ésa fue una de las cosas más extrañas que Dakota había llegado a entender en los años posteriores a la muerte de Georgia: el hecho de que Bess no hubiera sido la clase de madre que Georgia quería no implicaba que no quedase destrozada por la pérdida de su hija. Lo estaba. Todo el mundo lo estaba. Y una simple sonrisa por parte de Dakota podía hacer que las cosas fueran mejores para todos. Todos ellos necesitaban que Dakota fuera feliz.

Lo cual suponía una tremenda carga.

Anita había hablado de todo eso con ella. Si antes nunca había sido partidaria de las largas conversaciones telefónicas, Anita presionó a James —no, en realidad se había limitado a hacer una sugerencia deliberada a su propio estilo, elegante e insistente— y adquirió unos teléfonos móviles para que Dakota y ella pudieran estar en contacto constante. Anita era mejor que una confidente de instituto: no tenía toque de queda y nunca se metía en líos por recibir mensajes de texto durante las horas lectivas, dado que en realidad no tenía clases, por supuesto. Tanto de día como de noche, Anita nunca reprendía a Dakota por ponerse en contacto con ella cuando se suponía que debía estar haciendo otra cosa, ya fueran los deberes, fregar los platos o atender la caja registradora en la tienda. Y si Anita estaba levantada en mitad de la noche, era muy probable que le respondiera con un mensaje de texto, intentando escribir animosamente en su propia versión del lenguaje abreviado.

Ahora que Dakota iba a la Universidad de Nueva York, Anita la llamaba a menudo para decirle que se encontraba por la zona. Últimamente parecía andar por el Village con mucha frecuencia y, aunque Dakota sospechaba que iba hasta allí a propósito para verla, a ella no le importaba en absoluto.

Quedaban para tomar un café en Dean & DeLuca en Broadway, o se sentaban en el parque de Washington Square en el lado del arco y observaban a los transeúntes. La única norma de Anita era que sólo dirían cosas agradables de los desconocidos y no hacía caso de las sonrisitas de Dakota, por lo que alababan a todas las personas que pasaban por allí por casualidad. Por no mencionar que la anciana parecía tener un apetito insaciable por las conversaciones sobre los profesores, las clases y las molestas costumbres de las nuevas compañeras de habitación. Y así, el vínculo entre Anita y Dakota se fortaleció aún más.

—¿Te encuentras bien? —le preguntó entonces Dakota en la tienda—. ¿Es por las reformas? ¿Tanto te fastidian?

—No, cielo. Sólo estaba distraída. —Se inclinó para acercarse a Dakota, que ya era tan alta que Anita se sintió diminuta allí sentada en la silla. Lo peor de que los niños crecieran y se hiciesen mayores era que, invariablemente, eso significaba que también le estaba sucediendo a ella. Le molestaba la falta de control que tenía sobre el tiempo. ¡Había tantas cosas que quería hacer y decir!—. No estoy perdiendo el juicio, ¿sabes? Estaba ensimismada.

—No pasa nada —aceptó Dakota amigablemente—. Además, no creo que chochees. Pero te diré cómo probar si alguien lo piensa: haz algo realmente vergonzoso, o incluso grosero, y mira si la gente te sigue tratando con amabilidad. Si lo hacen, es que oficialmente eres una vieja bruja.

Anita puso cara de susto y luego se echó a reír, como siempre hacía, ante la sinceridad natural de Dakota. No había duda, la joven tenía algunas cosas que parecían sacadas directamente de su madre —la amplia sonrisa, la esbeltez de su cuerpo— y otras cosas, como su habilidad para cautivar a los demás, que eran de James. Pero en muchos aspectos, Dakota era sencillamente ella misma: su descaro, su franqueza, su sentido del humor inexpresivo. Los rasgos infantiles de sus años adolescentes se habían desvanecido y lo que quedó fue una joven casi pulida, escultural y llamativa. Era un poco polvorilla, la niña, con sus comentarios de sabelotodo. Y la ira que, valientemente, trataba de contener. Podía resultar difícil apreciar lo que tenías —un padre, un grupo que te apoyaba, amigos— cuando tu pérdida era tan grande. Anita lo sabía, y lo comprendía.

Dakota era guapa, como siempre había sido, con su cutis terso y sus dientes blanquísimos que relucían cuando sonreía, y sus piernas largas y estilizadas que rara vez lucían otra cosa que no fuera unos vaqueros. Igual que su madre —pensó Anita—. Siempre con los vaqueros. Dakota era lo mejor de Georgia.

Sólo que ahora había crecido y resultaba mucho más difícil protegerla.

# Tres

Cuidar de su pequeña la volvía majara. Ya está. Ya lo había dicho. No se lo dijo a nadie en particular, claro, pero al menos fue capaz de reconocerlo. Ginger, esa monada de niña, era un soberano coñazo.

–He creado un monstruo –dijo Lucie a su ayudante de producción, que asentía con la cabeza con una sonrisa y tomaba nota de todas sus palabras–. Mi hija está fuera de control.

Un día determinado, Ginger se resistía a levantarse para ir al jardín de infancia o de repente detestaba los cereales del desayuno. No quería ponerse calcetines cortos o se los quería poner sólo de color rosa, de ningún otro. Sus chillidos cuando no lograba lo que quería eran más fuertes que la sirena de una ambulancia y llamaban más la atención de los neoyorquinos que pasaban por la calle que un vehículo de emergencia. Durante el día no perdía nunca la energía: Ginger se pasaba todo el día de guasa con sus peluches, su madre, sus profesores, sus compañeros de clase, hasta que por la noche prácticamente caía redonda, una niña de cinco años ebria de agotamiento, y había que llevarla a la cama.

Hubo una época en la que Lucie había llorado hasta quedarse dormida porque el deseo de tener un hijo –un bebé que oliera bien, al que arrullar y abrazar– le desgarraba el corazón. Ahora lloraba hasta quedarse dormida a causa de la fatiga, la confusión y, en sus momentos más sombríos, de arrepentimiento.

Siempre imaginó el hecho de no tener hijos como un destino terrible. Sin embargo, había logrado encontrar algo mucho peor: fastidiarla como madre.

Era una interminable espiral de culpabilidad.

Lucie sopló para apartarse el flequillo de los ojos; la semana anterior se había teñido el pelo de color castaño con una marca comercial que compró en la droguería pensando que así el tema quedaría en segundo plano y tendría una cosa menos en la que pensar. Pero calculó muy mal el tono y sólo consiguió que su cabello adquiriese un horrible color parecido al del barro, lo cual hacía necesario que encontrara tiempo para ir a la peluquería y ponerle remedio —volver a las mechas rojizas— antes de marcharse a Italia dentro de unas semanas. Aunque su madre nació allí, Lucie sólo había visitado el país algunas veces en sus cuarenta y ocho años. La familia de su madre emigró después de la guerra y Rosie se enamoró de un veterinario irlandés-americano, lo cual provocó un miniescándalo que ya no importaba a nadie. Los tiempos y las ideas cambian, a veces para bien.

Le gustaba mucho la idea de ver a sus primos si le quedaba tiempo, aunque no los reconocería, de saborear platos enormes de pasta y quizá hasta de hacer una escapada para ver los lugares de interés. El verano en Italia parecía perfecto. Sobre el papel. Sin embargo, cuando la emoción de ser una directora de vídeos musicales muy solicitada —¡a su edad!; ¡con su formación!— había empezado a desvanecerse, Lucie se quedó haciendo malabarismos con un montón de egos y tensos calendarios de producción. Se había ganado fama de ser una especie de señora Arreglalotodo y a menudo la llamaban de platós donde el director anterior lo había dejado todo colgado o lo habían despedido, o cuando el coste excedía el presupuesto. Hablando francamente, la tenían por una negrera. Quería tenerlo todo controlado en su plató, hasta el punto de volver loco a cualquiera que no estuviera de acuerdo en trabajar tan duro como ella, y convencía y camelaba al artista hasta que éste estuviera dispuesto a trabajar todo el día y toda la noche para concluir la tarea. Nadie le decía que no a Lucie Brennan.

Es decir, nadie salvo su hija, que asistía al jardín de infancia y nunca decía otra cosa.

A quienquiera que preguntarais os diría que Ginger Brennan era una preciosidad. Le puso nombres a los muebles de Walker e Hija —el sofá era el Señor Blandito— y contaba cuentos a las madejas de lana sobre lo que podrían ser cuando las tejieran. «Creo que tú serás un joyero», dijo a un algodón barato, dándole esperanzas de un futuro que iba más allá de ser un trapo de cocina. Estaba enormemente encariñada con Dakota, que fue su canguro muchas veces, y las dos pasaban la tarde entre risitas y carcajadas. Y era toda una monada con sus mejillas suaves y regordetas, sus ondas de un rubio rojizo y esos ojos verdes y profundos que te desafiaban a desobedecer sus deseos. Los ojos debía de haberlos heredado de su padre, sobre el cual había empezado a hacer preguntas el pasado otoño, justo después de su quinto cumpleaños.

—¿Por qué en nuestra casa no tenemos un papá? —quiso saber el día de Acción de Gracias.

Previamente, Ginger había disfrutado alborotando con los hermanos mayores de Lucie y persiguiendo a sus primos por el jardín en unas interminables partidas de escondite. Sin embargo, mientras se comían el pavo la niña permaneció seria, chupándose el pulgar, aun cuando Lucie le había recordado varias veces que ya era demasiado mayor para tener ese comportamiento, con lo que la madre de Lucie, Rosie, chasqueó la lengua y miró a su hija de manera harto significativa. Cuando Rosie estaba bien, dominaba la situación; cuando se cansaba, salía del baño dejándose el grifo abierto o se olvidaba de lo que estaba contando a mitad de la historia. Las noticias de la televisión la confundían.

Ay, sí —pensó Lucie cuando cruzó la mirada con la de su madre—, mientras nos tomamos el postre me largará otro discurso sobre por qué soy mala madre. («No eres mala madre —diría Rosie—. Lo que pasa es que no eres todo lo buena que podrías ser.») Pero entonces Ginger se sacó ese pulgar pequeño, húmedo, gordito y arrugado de la boca y soltó su pregunta.

Por una vez, los Brennan se quedaron callados. Se sonrojaron con aire triunfal sus muy católicos hermanos mayores, que siempre habían desaprobado su decisión vital de ser madre soltera. (O, mejor dicho, desaprobaban que hubiera decidido ser madre soltera vía reproducción sexual; de haber adoptado un huérfano la habrían ovacionado. Eso habría estado perfectamente bien. Lo que les molestaba era tener que explicarles a sus hijos exactamente lo que acababa de preguntar Ginger a su madre.)

—Porque no lo necesitamos —respondió Lucie—. Así que cómete las zanahorias.

En su fuero interno, Lucie lamentaba todos aquellos momentos en los que había optado por otro cuento antes de dormir en lugar de prever las preguntas de su hija y responderlas antes de que se convirtieran en un problema. Pero le había resultado demasiado incómodo y confuso, incluso para ella. Al fin y al cabo, fue ella quien puso en marcha el proceso. Érase una vez, yo tenía cuarenta y pocos años y me volvía loca al pensar que nunca te encontraría —pensó para sí al imaginarse cómo le contaría a Ginger lo de su concepción—. De manera que me lancé a una orgía de citas y me acosté con un montón de tipos, hasta que alguno me dejó embarazada. No era precisamente un panorama reconfortante. La lección más importante para Ginger era que se supiera deseada. Lo había oído una vez en la televisión, pero a ella no le parecía que Ginger necesitara que la tranquilizaran al respecto. Era una niña con una alentadora seguridad en sí misma. No, lo que quería era información. «Sólo los hechos, mamá. Sólo los hechos.»

Además, no podía decirse que lo hubiera hecho muy bien explicándole a su hija lo esencial sobre la reproducción, pues había oído que Ginger le contaba a su abuela que los niños nacían cuando una persona frotaba el trasero con el de otra. Un dato que también suscitó una expresión consternada en Rosie.

–¿Qué pasa? Se lo expliqué y lo entendió de manera más bien confusa. ¿Y qué? –espetó Lucie a su madre cuando Ginger salió de la habitación–. Fuiste tú quien me contó que los niños se encontraban debajo de las hojas de las coles.

–¡Pufff! –exclamó Rosie, expulsando con fuerza el aire de sus labios para demostrar lo que pensaba de aquella afirmación–. En esa época no sabíamos hacerlo mejor. Ahora hay que contarles los hechos de la vida para que nadie les tome el pelo. ¿No has visto *El show del doctor Phil*?

En todos los aspectos en los que Lucie era prudente, concienzuda y práctica había omitido considerar la única certeza de la maternidad: sinceramente, no tenía ni idea de lo que estaba haciendo. Y los libros… pues bueno, fuera como fuese, con su hija no funcionaban. Era demasiado lista para los psicólogos, eso seguro. No había ningún manual que se adaptara a todo tipo de niños. Lo sabía. Lo había buscado en la biblioteca.

Ginger comenzó a imponerse en el mismo instante en el que empezó a hablar. Cuando Lucie cerraba los ojos por la noche y al fin notaba que el nudo de ansiedad que tenía constantemente empezaba a aflojarse al oír la profunda respiración de Ginger, en su cabeza continuaba oyendo las frases que la niña se pasaba el día diciendo: «No, mamá» y «¡No lo haré!» o «¡No, hazlo tú!».

–Una cría de dos años me manipula –solía decirle a Darwin cuando las dos amigas se encontraban para tomar café.

En aquel entonces su carrera profesional empezaba a animarse. Más adelante, al cumplir tres, cuatro y cinco años, Ginger se hizo aún más experta en conseguir lo que quería. Y Lucie, exhausta del trabajo que estimulaba e interesaba su mente, agotada tras pasarse todos sus momentos libres yendo detrás de Ginger en el intento de agarrarla para que se sentara y se estuviese quieta, se daba por vencida. Compraba la tranquilidad. La vendían en la juguetería. En la tienda de dónuts. En el mercado y en el cine.

—Quiero mucho a Ginger —confesó a las socias del club un lloroso viernes por la noche—. Pero la prefiero cuando está dormida.

Consideró explicarle a Ginger que era hija de un donante, que lo era, en cierto sentido. En el sentido de que el hombre que la había engendrado compartió voluntariamente ciertas partes de sí mismo. Claro que él no contaba con tener descendencia. Todo fue cosa de Lucie, desde el principio. Obtuvo el esperma del donante al viejo estilo: lo sedujo.

Bueno, no exactamente. Will Gustofson le gustaba mucho. Era un tipo muy interesante. E inteligente. Cuando salían juntos, él era investigador en el hospital Sloan-Kettering. Era un hombre atractivo, e incluso divertido. Pero Lucie, que había sufrido unos cuantos desengaños amorosos, no quería emprender ninguna relación. Se había cansado de esperar, no quería jugársela con su reloj biológico. La única relación a la que estaba segura de querer comprometerse era con un bebé. Y la tuvo. Pero el bebé se había convertido en Ginger. Una personita con muchas opiniones. Y de pronto Lucie se encontró con mucho, mucho más de lo que había esperado.

Seguía esperando llegar a entenderlo todo. Saber qué hacer con una Rosie que envejecía y cómo disciplinar a Ginger. Antes de que naciera su hija, su mayor problema era la sensación de que su vida se hallaba en situación de espera. No obstante, de algún modo, dicha sensación se había remontado sigilosamente a otros tiempos: lo único que tuvo que hacer fue llegar a primer curso, al instituto, a la universidad. Lo único que tenía que hacer era intentar que no se le escapase nada y no verse zarandeada entre una niña que iba a la escuela primaria y una madre que se asentaba en la vejez. ¿Cuándo iba a tener sentido? ¿Cuándo iba a despertarse sin sentirse cansada? ¿Cuándo iba a tener la sensación de que todo iba bien?

K.C. miró el despertador –las tres de la madrugada– y sintió náuseas. No una náusea en el estómago, como si tuviese la gripe y estuviera dolorida y cansada, sino más bien de asco. De horror. De vergüenza. Daba igual que hoy la gente hablara abiertamente de ello. La verdad era que resultaba muy desagradable despertarse en mitad de la noche empapada en un sudor pegajoso y con el pijama chorreando. Probó con camisones de algodón. Probó a dormir desnuda. Probó a dormir en la bañera. Pero siempre pasaba lo mismo: sus noches se veían interrumpidas por una repentina sudoración que la dejaba empapada. O sufría subidas bruscas de temperatura durante una reunión importante en el trabajo, por la tarde. Le ocurría sin ton ni son. ¡Y sus períodos! ¿No se suponía que esas dichosas cosas tenían que desaparecer? Bien, pues no iban a hacerlo antes de lanzar sus últimos hurras, más abundantes y frecuentes que nunca. Últimamente se estaba gastando una fortuna en la farmacia en tampones y compresas extra-extra-extra absorbentes.

Se diría que sus órganos reproductores podían dejar de funcionar tranquilamente y ocuparse de sus propios asuntos. Al fin y al cabo, ella nunca los utilizaba. Dejó que se soltaran la melena cuando disfrutó de la vida, probó con un par de maridos que no resultaron adecuados del todo y luego se concentró en su carrera profesional. Tampoco era que les hiciera caso omiso, pues pasaba las revisiones habituales para asegurarse de que sus cañerías funcionaban. Sobre todo después de la enfermedad de Georgia. ¿Y qué consiguió? Noches de sufrimiento y una fuerte jaqueca.

¡Ay, K.C.! –se dijo–. Te estás convirtiendo en tu madre. Gruñona y menopáusica. Y era una mierda.

⌐━━━━━━┐

Una vez a la semana, como mínimo, K.C. iba a hacerle compañía a Peri mientras ésta trabajaba en sus bolsos. K.C. acudía allí con el pretexto de recibir clases particulares para confeccionar sus mantas Georgia, de las que terminaba una, y sólo una, cada año.

Se sentaba diligentemente en el sofá de Peri con las agujas en la mano, un ojo en el televisor y otro en el periódico. K.C. no era de esas personas que podían quedarse sentadas sin moverse.

—Puedes dejar las agujas —dijo Peri, que estaba revisando los colores de la lana, comparando cómo quedarían las franjas de distintos tonos—. Todo el mundo sabe que soy yo quien teje tu manta Georgia cada año. Está demasiado bien hecha.

—Sí, en cuanto a eso... —dijo K.C.—. Este año tal vez podrías incurrir en unos cuantos fallos, ¿no?

—Ya lo probé —repuso Peri—. Pero hasta los fallos resultaron demasiado uniformes.

—¡Uf! —masculló K.C., y se fue al baño a toda prisa. Estaba sudando. Otra vez.

Peri llamó a la puerta con una toalla limpia en la mano.

—Tienes que ir a ver a un médico, K.C. —le dijo—. Que te dé hierbas, hormonas o algo. El sufrimiento está pasado de moda, ¿sabes?

K.C. asomó la cabeza.

—A veces el sufrimiento no es más que sufrimiento —replicó—. Tienes que soportarlo para pasar al otro lado.

—No creo que más allá de la menopausia te aguarde el nirvana —comentó Peri.

—Bueno, no lo sabremos hasta que lo descubramos —contestó K.C., que refunfuñó entre dientes tras la puerta. El mundo tenía suerte de que sólo estuviera fumando, pensó.

En el apartamento de Peri reinaba la tranquilidad, como siempre. Una ensalada para cenar, tal vez un poco de pollo a la plancha, y luego la emprendía con el trabajo número dos: diseñar, tejer, fieltrar, actualizar su página web, preparar pequeños pedidos para *boutiques*. Peri había cambiado por completo el ambiente del lugar desde la época en la que Georgia y Dakota vivían allí: compró el mobiliario del tamaño adecuado para el espacio —Georgia siempre tuvo un sofá en el salón– y aprovechó al máximo las tres habitaciones, cada una de las cuales se utilizaba para múltiples usos. En el antiguo dormitorio de Dakota, donde Peri tenía la mesa del ordenador y su estudio, las paredes estaban cubiertas de estanterías abiertas para almacenar su bagaje personal, sus agujas, sus labores a medias, sus artículos de costura, su colección de una década del *Vogue*. Había guardado todo lo que fue de Georgia y lo había metido en el archivador grande que Marty le ayudó a subir. De vez en cuando Dakota iba allí para mirar las cosas, lo más probable es que apareciera después de la jornada del sábado. A Peri nunca le importaba, comprendía que la joven necesitara reconfortarse.

–¿Alguna vez has visto por aquí una carpeta? –preguntó a Peri durante una de esas inspecciones.

–¿Cómo es? ¿Como las del colegio?

–Algo así –respondió Dakota–. Estoy buscando una cosa. A veces pienso que se quedó aquí. No consigo encontrarla.

Juntas revisaron todos los cajones y el estante superior del armario que en otro tiempo había contenido la caja de recuerdos de Georgia, pero lo único que encontraron fueron cajas y más cajas de material para los bolsos de Peri.

–Podría decirse que has convertido tu casa en un lugar de trabajo, ¿lo sabías? –comentó Dakota–. Quizá le hayas dado mejor aspecto a la tienda, pero este sitio nunca te dará paz. No tienes escapatoria.

Peri se encogió de hombros. Sabía que en realidad Dakota no estaba buscando nada, por supuesto. ¿Quién vuelve después de cinco años en busca de los apuntes del colegio? Pero ella necesitaba tocar, ver, recordarse cómo había sido. Hacer sonar esa parte perdida y secreta de sí misma que pertenecía al pasado.

# Cuatro

Las cosas eran mejores de lo que habían sido, por supuesto. En ciertos momentos, Darwin sentía una felicidad pura y esencial que nunca se había esperado sentir, aun cuando la parte central de su cuerpo parecía contener los balones de todo un equipo de baloncesto, metidos debajo de la camisa, y las estrías de su vientre le dejaban la piel rayada como la de un tigre. Una dicha que era una especie de combinación entre «mañana de Navidad», «aroma de galletas con trocitos de chocolate» y «por fin voy a tener un bebé» y que la hacía andar más ligera y sonreír con más facilidad. Ahora que se aproximaba la fecha prevista, Darwin se daba el gusto de soñar despierta más a menudo, se sumía en la modalidad de fantasía y deseaba con todas sus fuerzas una cuna en forma de diminuto carruaje de cuento de hadas que vendían en una *boutique* cursi de Madison Avenue por 23.000 dólares. Eso estaba a millones de kilómetros del alcance de su bolsillo y ofendía todas y cada una de sus sensibilidades feministas; pero, aun así, encontraba motivos para detenerse frente al escaparate de la tienda y mirar boquiabierta la cuna-carruaje que relucía y centelleaba con la luz del sol que entraba a raudales por el cristal.

Había más: Darwin tenía un frasco secreto con polvos de talco escondido en el cajón de la ropa interior y durante el día lo olía de vez en cuando, saboreando el aroma a bebé de antaño. Su mesita de noche estaba a punto de combarse bajo el peso de los diecisiete libros sobre la crianza de los hijos que había leído, aumentado por una carpeta llena de notas tomadas a mano. Creó una tabla en el ordenador para comparar y contrastar distintas sugerencias, y realizaba una escala de valoración para determinar si quería una cama familiar o si optaba por contratar un servicio de pañales de tela en vez de comprarlos desechables. Como factor a tener en cuenta debía incluir el agua de la colada, ya sabéis.

Pero entonces se contenía.

—No hay nada que traiga más mala suerte en la vida que entusiasmarse con ella —le decía cada vez a su marido—. Siempre sucede algún contratiempo.

Consideró este peligro mientras cruzaba el paso de peatones caminando como un pato —¡se acabó eso de cruzar la calzada imprudentemente con dos bebés a bordo!— y alzó la mirada hacia la ventana de Walker e Hija.

Le habría gustado hablar con Georgia de su inminente maternidad. Georgia más que nadie sabía sobre las cosas injustas. Resultaba curioso lo cercana a Georgia que se sentía ahora Darwin, mucho más de lo que lo estuvo cuando ella estaba viva. De algún modo, con el curso de los años, con los desengaños y el tener que mantener las apariencias, Darwin llegó a creer que por fin entendía a Georgia. Ahora hubiera estado encantada de escuchar sus luchas de un modo para el que nunca tuvo paciencia cuando la conoció. Resultaba sumamente irónico que el sufrimiento trajera consigo el don de la compasión.

Darwin tenía la sensación de que Georgia comprendería mejor que nadie sus sentimientos encontrados a lo largo de los años. Que no la juzgaría por la ambivalencia que en ocasiones se apoderaba de ella con respecto a tener un hijo. Hijos, en plural. Del puro terror a los muchos cambios que se avecinaban. Seguido al instante por el sentimiento de culpabilidad por no hallarse en un estado de dicha perpetua y dar gracias por lo que tenía y, en cambio, albergar unos miedos muy, muy profundos, a que algo saliera mal. Esto era lo que sentía más que nada. La certeza absoluta de que las cosas no saldrían bien. Al fin y al cabo, nunca le habían salido bien.

Había tenido los abortos espontáneos. Tres pérdidas adicionales tras el primer aborto hacía más de cinco años, cuando todavía estaba trabajando en su tesis doctoral, antes de convertirse en profesora universitaria de historia en Hunter, donde enseñaba a una ansiosa pandilla de versiones más jóvenes de sí misma. Recordaba aquella época de su vida, cuando era lo bastante atrevida como para saberlo todo con certeza y sentirse poderosa por ello. Sinceramente, le vendría muy bien recuperar un poco de ese coraje.

Cada uno de los abortos le arrebató un poco más de ánimo y la dejó con más preguntas que respuestas. El último tuvo lugar a mediados del segundo trimestre, cuando todo el mundo ya había suspirado aliviado y Dan y ella habían empezado a hablar en serio de mudarse a una casa más grande.

—Si no hubiéramos llamado al agente inmobiliario —le dijo entonces—, esto no hubiese ocurrido.

Su esposo la abrazó y lloró en silencio contra su largo cabello oscuro, esperando que ella no se diera cuenta aunque se le mojara y enfriase la cabeza.

La arbitrariedad de las cosas siempre resultaba lo más difícil de encajar. Entonces también pensaba en Georgia, en cómo había sobrellevado su enfermedad con elegancia. Pensaba en ella durante las muchas visitas al médico, y luego a otro médico, y, por último, a una clínica de fertilidad. Cuidados especiales para problemas especiales. Pensó en ella cuando, uno tras otro, los profesionales de la medicina andaban a trompicones por sus tripas intentando entender por qué era un fracaso. Cuando hablaban de testar los embriones y de implantar sólo los sanos. También era más fácil pensar en Georgia porque ella había sufrido como nadie. Aun estando muertos y todo eso, a Darwin le gustaba imaginar a los bebés que había perdido en una gran guardería de alguna otra dimensión, donde su abuela, fallecida hacía mucho tiempo, cuidaría de ellos y, de vez en cuando, Georgia pasaría a verlos. Les diría que había estado velando por Dakota y el grupo y que Darwin pensaba en sus hijos, al tiempo que se esforzaba por seguir siendo sociable.

La pérdida de alguien a quien nadie más ha conocido supone un dolor peculiar. Un pesar íntimo.

Darwin sentía cierta afinidad con Georgia, a quien la muerte separó de su única hija; los abortos habían separado a Darwin de sus hijos. Darwin no fue consciente de lo mucho que deseaba tener un bebé hasta que no pudo tenerlo, y entonces anheló tener un hijo con toda su alma.

Cuán triste debía de estar Georgia, pensaba ella, por no poder ver a Dakota cada día. Así pues, durante los últimos años, Darwin empezó a pasar más de un sábado por la tarde en la tienda para ver cómo estaba Dakota, sobre todo si Dan tenía visitas en el hospital. Nunca rondaba a la joven, eso ya lo hacían Anita, Catherine y Peri. Darwin asumió otro tipo de papel: aconsejó a Dakota cuando ésta se preparaba para ingresar en la universidad y la inició en toda clase de titulaciones en estudios femeninos de las que Catherine y Anita ni siquiera habían oído hablar nunca. Darwin se adaptó al papel de mentora académica y, al hacerlo, encontró una pequeña distracción. Para honrar a Georgia.

En aquel entonces le tenía mucha envidia a Lucie, aun cuando quería a su mejor amiga y adoraba a la pequeña Ginger, de la que a menudo hacía de canguro. De todos modos, en más de una ocasión Darwin regresaba de comprarle a Ginger un par de playeras chiquititas para sus pies regordetes de niña y acababa por llorar en su mesa del rincón del dormitorio, y fingía trabajar mientras Dan veía la tele en la otra habitación. Pero él la conocía lo suficiente como para dejarla tranquila.

Las miradas de preocupación entre sus padres y sus suegros en las comidas de los días de fiesta, las expresiones comprensivas cuando se reunía el club de punto, las noches en las que oía por casualidad a Dan hablando por el móvil en el balcón con algún amigo de la Facultad de Medicina que se había especializado en fertilidad; todo aquello fue sucediendo a su alrededor y ella contuvo el aliento, oscilando en todo momento entre la desesperación y la esperanza.

Darwin comprendía, por supuesto, que habría sido más fácil para todo el mundo mostrarse optimista, que expresara con un «¡Nos va a pasar, sucederá!» el espíritu dinámico que calma la inquietud de los demás y con lo que hubiese tenido que lamerse las heridas en la intimidad. Pero ella nunca había sido así y, al final, acabó resultando demasiado duro.

Se había pasado gran parte de los últimos cinco años malhumorada y frustrada, y todavía sentía el aguijón de la vergüenza por estar a punto de romper a llorar cuando la hija de Lucie, Ginger, sopló las velas de su tarta de cumpleaños algunos años atrás. Una niña dulce a la que le había cepillado el pelo, le había preparado la comida, a quien había arropado en innumerables ocasiones cuando Lucie había ido a cenar con productores de cine potenciales, y entonces... ¡zas! De pronto Darwin estalló en tremendos sollozos en tanto que la polvorilla con coletas aplaudía a modo de acompañamiento del *Cumpleaños feliz* y escupía saliva sin querer por todo el pastel escarchado de color rosa mientras trataba de formular su deseo. Humillante. No es que buscase llamar la atención. Ni que quisiera que Lucie, su más querida amiga, tuviera que debatirse entre cortar pedazos de pastel de chocolate para unos niños que habían comido demasiado azúcar y parecían tener lombrices en el culo o seguir a Darwin hasta el baño y ofrecerle un hombro en el que llorar. No, Darwin habría preferido ser totalmente invisible. Pero no se trataba de que pudiera elegir el momento adecuado para una minicrisis nerviosa. De eso se encargaba su corazón, y en el dulce cumpleaños de Ginger, la ira y el dolor acumulados, sencillamente, habían rebosado.

Ojalá no hubiese tenido que soportar las interminables bromas de «¿Cuándo vais a tener hijos?», seguidas por la culpa («Deberías darle hijos a Dan») y coronadas por la curiosidad morbosa («¿Hay algún problema?») que sufrió por parte de sus colegas y familiares.

No preguntes.

No lo digas.

Se diría que estas normas tácitas eran obvias.

En cuanto se hubieron repartido todas las bolsas de regalos y Darwin ayudó a Lucie a fregar los platos en un intento por quitar el cerco de vergüenza que sentía por haber llorado delante de las amigas de su madre, aceptó un silencioso abrazo por parte de esta última. Desde que se habían conocido en el hospital después de que Lucie diera a luz a Ginger, Rosie y Darwin habían forjado su propia relación, una conexión curiosa que nacía de la cercana proximidad de ambas. Rosie había dedicado su vida a cuidar de una familia bulliciosa, cocinar, limpiar y sonar narices. Rosie era plenamente consciente de que Darwin desaprobaba su inquebrantable condición de ama de casa, pero la «adoptó» de todos modos y le regalaba inagotables tarros de salsa de tomate casera y de melocotón en conserva y admiraba cualquier logro profesional tanto como la propia madre de Darwin, que vivía en Seattle. Posiblemente incluso más.

Rosie, Lucie, Dakota, el resto de socias del club, sus familias: todo el mundo estaba emocionado por Darwin y Dan. Todo el mundo, también, tenía la sensación de que sus esperanzas, energías e incluso oraciones privadas −en el caso de Anita y Rosie− habían contribuido en cierta medida. El embarazo de Darwin fue un motivo de gran celebración.

Sin embargo, con tan sólo nueve semanas por delante, Darwin seguía estando nerviosa. Había guardado en la mochila una lista de «Cosas que podrían salir mal», a la cual iba añadiendo nuevos pensamientos a medida que surgían.

Punto 1: Un taxi podría atropellarme cuando cruzo la calle.

Punto 2: Un taxi podría chocar con el taxi que ocupo de camino al hospital.

Punto 3: Un taxi que llevara a Dan podría chocar con el que ocupo de camino al hospital.

Dan la sorprendió cuando escribía frenéticamente a las tres de la madrugada; leyó la lista, discutió cada uno de los puntos como una improbabilidad estadística —procurando analizar en especial todas las preocupaciones médicas de su esposa— y luego la rompió y la tiró a la papelera.

A la mañana siguiente, Darwin sacó los pedazos, los metió en un sobre e inició una lista nueva. Nadie, ni siquiera su querido esposo, iba a gafar las cosas.

A pesar de su furtiva contemplación de escaparates, Darwin se había mantenido firme con Dan en que sería mejor que no pintaran el cuarto de los niños —que en realidad sólo era un rincón acordonado de la sala de estar— ni compraran baberos o ranitas y que, definitivamente, no celebraran ninguna fiesta con obsequios con motivo del nacimiento. ¡Nada de fiestas con obsequios! Ésa era su norma invariable. Sólo tras muchas negociaciones consintió en asistir a clases de preparación para el parto. Darwin se había mantenido inflexible en su decisión de probar un parto natural y, diligente, buscó un médico que estuviera dispuesto a dejar que lo intentara.

—Tenemos que ir, Darwin —le dijo Dan, aunque él había asistido a cinco partos en la Facultad de Medicina y unos cuantos más de urgencia desde entonces—. Es importante estar preparado. Además, ¿y si se me olvida?

Dan nunca olvidaba nada. A menos que decidiera hacerlo. Como la malhadada noche que Darwin pasó con aquel amigo de Peri hacía mucho, mucho tiempo. Lo hablaron con un consejero y luego el asunto se desvaneció, como una pieza más de su historia compartida que no era necesario recordar. Darwin le estaba eternamente agradecida por ello, aun cuando se sintiera molesta con él por haberle roto la lista.

De todos modos, Dan no iba a actuar como médico. Se suponía que en la habitación del hospital sería el padre al cien por cien, y ello significaba quedarse a su lado. Porque esta vez sería distinta de todas las demás. En esta ocasión volverían a casa del hospital con dos bebés, sus hijos, que respiraban, dormían y se podían morir. Ya volvía a notarla crecer, la burbuja de esperanza, y era como si estuviese viendo aquella cuna brillante, como si oliera los polvos de talco. Haciendo un gran esfuerzo, Darwin subió su pesado cuerpo por las escaleras hasta la tienda de punto, oyó que sus amigas daban grititos excitados y pedían ¡chiiist! y se detuvo en el rellano con la esperanza de recuperar el aliento antes de entrar. Tardó un segundo en caer en la cuenta de lo que pasaba. El club le había preparado una fiesta con regalos.

La emoción y la superstición batallaron durante un tiempo parejo, y K.C. abrió la puerta.

—Me pareció oírte resoplar aquí fuera —gritó—. ¡Pasa, profesora Chiu! Eres la que trae a los invitados de honor.

Darwin miró dentro con cautela, a sus amigas, que se volvieron rápidamente hacia ella con bebidas en la mano, a Dakota que estaba junto a la mesa y hacía muecas mientras señalaba risueña un gran regalo asfixiado bajo un papel brillante de color amarillo.

No era la cuna excesivamente cara de sus sueños, pero se le parecía mucho. Darwin sonrió a las socias del club de punto de los viernes por la noche, que se apiñaron en torno a ella, y dejó que Catherine, K.C., Anita y Peri la palparan para notar a los dos diminutos asistentes a la fiesta que pateaban con regocijo en su interior.

Tal vez no pasara nada por ser feliz, pensó. Sólo un poco.

# Cinco

Walker e Hija quedó inundada con el papel de regalo que Darwin iba rompiendo para descubrir su recién adquirido botín de artículos para bebé.

—¡Esto es justo lo que me hacía falta! —exclamaba con cada babero, sonajero y diminuto par de calcetines, y tiraba el envoltorio por encima del hombro en tanto que Peri iba y venía en torno a ella chasqueando la lengua con bolsas de basura y un aspirador de mano eléctrico.

—¡Déjame que recoja eso! —chillaba Peri.

El suelo, recién pulido y con los acabados renovados, aún no había recibido ni un arañazo y toda aquella pintura nueva no tenía ni una mancha. Resultaba enervante tener un ojo puesto en las botas con tacones de Catherine que chirriaban en el suelo y otro preocupado por si la cinta adhesiva estropeaba los acabados. «¿Desde cuándo estoy tan nerviosa?», se preguntó. Llevaba días retorciéndose las manos con inquietud pensando en lo que diría todo el mundo sobre las reformas —¿criticarían los cambios?, ¿la juzgarían por haber apurado tanto el tiempo?—, pero no había considerado que estaría más asustada por la posibilidad de que alguna de las socias del club dejara marcas en la madera. Tal vez estuviera perdiendo la perspectiva, pensó para sí mientras desconectaba el Dustbuster.

—¡Gracias a Dios! —dijo K.C. con un susurro teatral—. Pensé que iba a tener que chillar para oír mis pensamientos. —Alargó la mano, arrancó el papel de envolver de manos de Peri y volvió a tirarlo al suelo—. Hazlo luego —dijo—. Te ayudaré y todo… unos minutos. Cinco, como mucho.

Vamos, mujer, diviértete. Vive un poco. Mira cómo nuestra Darwin abre sus juguetes.

⊂━━━━⊃

—¿Qué es ese olor? —Peri olisqueó el aire y miró a Dakota. Bajó la voz—. ¿Has estado fumando?

—No —respondió la joven—. No es lo mío.

Dakota se alejó. Peri se acercó a mirar la pared gris llena de bolsos allí donde antes se dejaba caer en el gastado sofá del antiguo despacho y charlaba con su madre sobre cómo le había ido el día. En otra vida.

El olor a humo persistía justo por... por allí.

Se inclinó para acercarse a K.C., rodeó a su amiga con el brazo y la condujo tranquilamente hacia la ventana aunque en realidad tuvo que ejercer bastante presión para empujarla.

—¿Estás fumando? —le preguntó.

—¡Pff! —repuso K.C.—. ¿Tú me ves algo en las manos?

Peri entrecerró los ojos.

—¿En qué estás pensando? No puedo permitir que ese olor se pegue a la lana.

Aquello no le hacía ninguna gracia y empezó a abrir las ventanas, las cuatro, y hasta allí llegaron los sonidos del tráfico y los cláxones de abajo, de Broadway.

—Lo siento —se excusó K.C.—. Sacaré el abrigo al rellano.

—Y ya puestos, lávate el pelo. Te daré una botella de agua y todo.

—¡Oh, vamos! —replicó K.C.—. No es para tanto.

—¿Qué pasa? ¿Quién se pone a fumar a tu edad? —preguntó Peri, intentando no levantar la voz para no perturbar la entrega de los regalos—. Lo que quiero decir es que ya sé que diste unas cuantas caladas cuando estudiabas para el examen de abogado, pero ¿esto qué es? ¿Una especie de crisis de los cuarenta?

—Por Dios, si tengo una crisis espero hacer algo un poco más dramático que fumarme un paquete de cigarrillos.

—¿Un paquete entero?

—No, quedaron unos cuantos. Mira, es que me mudé de despacho y se habían dejado un paquete olvidado en la mesa.

—¿Y el despacho no venía con papelera? ¿Pensaste que debías reciclarlos fumándotelos?

K.C. se encogió de hombros.

—Fue cosa de una sola vez. Tenía curiosidad, hacía siglos que no fumaba. Había tenido un día duro. Ya sabes...

—No —repuso Peri—, no lo sé. Nunca he fumado. ¿Y sabes por qué? Porque no hace ningún bien.

—De acuerdo, dejemos el sermón antes de que empieces —dijo K.C., y se quitó la chaqueta—. Entiendo lo que dices, pero quizá deberías volver a sintonizar un poco en general. La tienda es importante, pero no es lo único. No lo sabes todo de todo el mundo.

———————⚊

Darwin estaba totalmente ajena a Peri y a K.C. No podía dejar de sonreír. Estaba embelesada con los globos, las hortensias, las bolsas de lunares para pañales de la nueva línea de Peri, las dos chaquetitas de punto que había tejido Anita con patucos a juego, el champán que ella no podía beber, las magdalenas con distintos tipos de glaseado, el cochecito por el que se le caía la baba cuando leía catálogos de bebé por la noche. Nunca se había sentido tan... liviana. Como si sencillamente pudiera despegar y alejarse flotando en una nube de alegría.

Siempre le había parecido una tontería sentarse en círculo para mirar cómo alguien abre regalos. Siempre que veía a las mujeres hacer eso en los programas de televisión ponía los ojos en blanco y le hacía la observación a Dan de que era una necedad. Que sólo exaltaba el consumo ostentoso y que, por lo tanto, era un mal ejemplo para los tripulantes del útero. Ahora Darwin veía con claridad que nunca había reflexionado sobre lo increíblemente divertido que resultaba ser la que abría todos los regalos. Le encantaba ser el centro de atención.

—Nadie me había dado nunca una fiesta —soltó.

Se avergonzó de su frase de inmediato. Era la verdad; cuando Dan y ella se casaron se presentaron en el ayuntamiento y se habían saltado cualquier tipo de recepción, y los cumpleaños los celebraban cenando en restaurantes lujosos que Dan seleccionaba tras una investigación minuciosa en la guía *Zagat*. Él nunca sugirió ni intentó siquiera organizar una fiesta, pues había escuchado atentamente todos los motivos por los que Darwin nunca quería una. Y ahora ella se sentía como si se lo hubiese perdido.

Pero ¿dónde estaba Lucie? Todas las mujeres del club estaban allí y no veía a su mejor amiga por ninguna parte. Si aquello hubiera ocurrido hacía un año, Darwin se hubiese preocupado mucho, pues sabía que Lucie habría sido la primera en acudir. Pero ahora, no. Ni siquiera se lo había preguntado a Peri al llegar porque ya sabía que, sin duda, Lucie aún estaba trabajando. A diferencia de hacía unos años, cuando se hicieron amigas, cuando Lucie trabajaba por cuenta propia como productora para la televisión y tenía unos horarios muy flexibles, últimamente estaba ocupada con frecuencia. Y Lucie empezaba a ser conocida por llegar tarde o por llamar diciendo que no podía acudir, ya fuera a una reunión del club o a un encuentro con Darwin para comer a toda prisa una ensalada César con pollo en uno de esos establecimientos de sopas y ensaladas. Ahora, a Darwin le encantaba su trabajo, le encantaba enseñar y le encantaba exponer sus argumentos hasta que quienquiera que fuese su interlocutor acabara rindiéndose. Sabía lo que era trabajar duro. Ser una adicta al trabajo. Sin embargo, era terriblemente solitario estar casada con un médico y tener una mejor amiga cuyos correos electrónicos siempre empezaban con una explicación de por qué no le había devuelto aún la llamada. ¡Qué caramba! Como si los demás no tuvieran demasiado que hacer y muy poco tiempo para hacerlo.

De todos modos, Lucie había prometido que se tomaría unas semanas libres cuando llegaran los bebés, que estaría allí para Darwin, igual que ésta había estado allí para ella cuando nació Ginger. Le hacía mucha ilusión todo aquello: el nacimiento, que Lucie viniese a ayudarla, que Dan tuviera un breve permiso por paternidad, dar el pecho, contar cuentos y cantar canciones. (En realidad, Darwin ya leía *Buenas noches, luna* a los niños cada noche, y se daba unas palmaditas en el abdomen al volver cada página.) Darwin esperaba con tantas ganas la expansión de su familia y pasar tiempo con Lucie que hasta había pedido a sus padres y a su hermana, Maya, que esperasen unas semanas antes de ir a visitarla. De modo que iban a venir en una fecha más próxima a la fiesta que celebraría cuando los bebés cumplieran un mes. Al fin y al cabo había esperado mucho tiempo para ver aquellos rostros diminutos, y mientras antes no había querido tener mucho que ver con las tradiciones chinas de su familia, últimamente Darwin tenía un sentimiento de legado que antes nunca había comprendido. Para una mujer que se había pasado la mayor parte de su vida preguntándose adónde pertenecía, fue una sorpresa maravillosa.

Los bebés dieron una patada.

—¡Anda! —exclamó Darwin—. Les encantan los regalos.

—¿Puedo tocarte a ver si los noto? —le preguntó Catherine al tiempo que alargaba los dedos dubitativa.

—¡Dios mío! Eres una de las pocas personas que me lo ha preguntado —comentó Darwin—. Por regla general las desconocidas se limitan a extender la mano y a acariciarme la barriga en cuanto me atrevo a detenerme. Por eso las embarazadas van siempre caminando como los patos: intentamos escapar de vuestras manos sobonas.

Catherine retiró el brazo de inmediato, pero Darwin le tomó la mano y se la puso sobre su vientre.

—Tú puedes hacerlo —dijo—. Espera y verás, espera…

—¡Fíjate! —exclamó Catherine con un gritito—. ¡Es como si ahí dentro hubiera un alienígena!

–Más o menos –aceptó Darwin–. Hay dos alienígenas perfectos y muy listos. Van a ir a Harvard.

–Recuerdo que cuando estaba embarazada de Nathan –comentó Anita– continuamente tenía ganas de vomitar. Pero fue en los años cincuenta, ¿sabéis?, de modo que no paraba de intentar repintarme los labios y cepillarme el pelo.

–Y yo me acuerdo de cuando estaba en estado de Ginger –terció Lucie al tiempo que entraba afanosamente por la puerta cargada con un maletín de ordenador, un bolso y una bolsa grande de lona llena de comestibles–. Se me pusieron las tetas enormes. Me dolían de lo lindo, pero ¿y lo estupendas que quedaban con el sujetador? Hasta me compré uno de esos sujetadores con agua para levantarlas aún más.

–¿Pasaste por la tienda antes de venir? –preguntó Darwin mientras señalaba un manojo de apio que asomaba de la bolsa de Lucie.

–Sólo fueron unos minutos para comprar un poco de leche y alguna otra cosa –respondió Lucie, que se acercó a la mesa y le dio un abrazo a Darwin por detrás de la silla–. No tenía otro momento libre para hacerlo. Pero ahora estoy aquí y veo que vosotras, chicas, os lo estáis pasando muy bien. K.C., lléname la copa de lo que sea que estés sirviendo. –Tomó la copa de vino, se lo bebió de un trago y la tendió otra vez para que se la volviera a llenar–. Hoy he tenido un día pésimo en el trabajo –continuó diciendo en cuanto hubo tomado otro sorbo de la segunda copa–. La modelo era un completo desastre. Si le decía que pusiera una expresión seria, hacía un mohín. Si le decía que se mostrara sexy, ponía cara de aburrimiento. Yo ya me estaba tirando de los pelos.

–Pues a mí me parece que los llevas bien –comentó Darwin en voz baja.

Lucie le lanzó una mirada.

–¡Ya sabes lo que quiero decir! –replicó–. Y tengo una gran noticia: por fin me han comunicado que he conseguido la dirección del vídeo musical de una cantante que es lo último, todo un éxito en Europa: Isabella. Me moría de ganas de hacerlo.

—Enhorabuena —la felicitó K.C.—. Creo que la vi en uno de esos concursos de Eurovisión. —Se percató de la mirada que le dirigió Catherine—. ¿Qué pasa? Resulta que tengo satélite. Me interesa el mundo que me rodea. Los abogados pueden permitirse muchos más canales que los editores, eso tenlo por seguro.

—La cuestión es que apenas tengo tiempo de terminar este trabajo y antes de darme cuenta voy a estar en Italia.

—¿Cómo dices? —Darwin se pasó el cabello oscuro por detrás de las orejas, como si quisiera oír con más claridad—. ¿Adónde te vas y cuándo?

Quería estar sinceramente contenta por Lucie, sabía lo mucho que estaba trabajando. No sin esfuerzo, logró esbozar una sonrisa con la boca cerrada.

—Conseguí el vídeo de Isabella —le dijo Lucie a Darwin—. Pero podría ser que esto cambiara un poco las cosas, de manera que ya hablaremos luego, ¿de acuerdo? ¿Qué te han regalado? —se inclinó y susurró al oído de Darwin—: He hecho enviar una cosa a tu apartamento. Te llegará dentro de poco. —Volvió a ponerse de pie y tomó un conejito de algodón orgánico—. ¡Qué mono! ¿Quién eligió esto?

—Fui yo —dijo Catherine—. Está hecho con algodón de comercio justo. Me costó un dineral, pero me siento muy, muy bien conmigo misma.

—Nunca hubiera pensado que fueras de ésas a las que se les desorbitan los ojos cuando ven cosas de bebé, Cat —comentó Lucie—. No me pareces el estereotipo de madre.

—Sí, ya —aceptó Catherine—. No es la primera vez que lo oigo.

—No pasa nada por no tener hijos, señoras —terció K.C.—. Catherine y yo no somos las típicas mamaítas. El mundo ya está bastante superpoblado. Además, a mí los niños no me gustan. A excepción de los presentes, claro está —dijo, y alzó la copa en dirección al vientre de Darwin para hacer un brindis; luego, la movió levemente en dirección a Dakota y meneó la cabeza.

—Eso táchalo, jovencita —dijo K.C. dirigiéndose a Dakota—. Tú ya no eres una niña. Pronto estarás llevando la tienda y luego el mundo, o viceversa.

—¿Llevando la tienda? —exclamaron Peri y Dakota al unísono.

¿Ya había llegado el momento? Hubo una breve pausa en la conversación y entonces Peri empezó de nuevo a meter el papel de regalo en la bolsa de basura de manera compulsiva y Dakota se alejó para mirar por la ventana, observar los taxis amarillos que subían y bajaban por Broadway, los faros que brillaban mientras empezaba a caer la noche. Todas las demás estaban embobadas con la pareja de moisés de mimbre para los que Anita había confeccionado unas mantas al estilo de los paños de cocina, con hilo lavable a máquina, y se rieron cuando Darwin se frotó las mejillas con ellas y comentó lo suaves que eran.

¿Llevar la tienda? ¡Pero si acababa de empezar en la universidad! Dakota se maravilló de que nadie se ocupara siquiera de preguntarle si era eso lo que quería. Sólo se encontraba con suposiciones. Por parte de su padre, de que quería ir a Princeton como había hecho él. Ambos habían tenido que dar un gran salto y pasar de empezar a conocerse y tenerse únicamente el uno al otro. Él era muy distinto a su madre en muchos aspectos. La transición de ser simples amigos a que James fuese quien tomara las decisiones había supuesto todo un reto. Pues bien, no quería ir a Princeton. Quería ir a la escuela de hostelería para convertirse en repostera. Pero James dijo que su niña no iba a ir a la facultad a hacer galletas. Elaborar dulces para la familia y las socias del club estaba muy bien, había dicho, pero eso no significaba que debiera desperdiciar su vida por el hecho de tener un pasatiempo.

Su matrícula en la Universidad de Nueva York fue la solución intermedia, endulzada por el hecho de que James hubiera accedido a regañadientes a que Dakota hiciera un curso de pastelería aparte. Sin embargo, él no era el único en decidir lo que la joven iba a hacer. Incluso Anita hablaba mucho de lo estupendo que sería cuando se hiciera cargo de la tienda, y cuando Dakota protestaba, chasqueaba la lengua con desaprobación y empezaba a relatar otra versión más del día en que conoció a Georgia en el parque. «¿Por qué desentenderte de tu legado?», se preguntarían todos ellos. Pero eso no era todo. Sus amigos, la madre de su padre, el hermano de su madre, Donny, todo el mundo tenía una opinión sobre Dakota. ¿Eso era porque su madre estaba muerta o porque eran todos increíblemente entrometidos y dogmáticos? Resultaba difícil saberlo. Pero la ausencia de límites se daba incluso con los desconocidos. Dakota había tenido mucha suerte y a mitad del semestre consiguió una habitación en la residencia de estudiantes —resultaba casi imposible que los que vivían en la ciudad obtuvieran una plaza—, y su compañera de habitación pensó que bromeaba cuando le dijo que la foto de Georgia que tenía pegada con cinta adhesiva en la pared encima de una de las pequeñas camas gemelas era de su madre. Porque Georgia era blanca y Dakota era... de su propia mezcla característica de Georgia y James. Blanca y negra. Protestante y baptista. Y un poquito escocesa, también. Pero de eso nadie podía darse cuenta a primera vista.

Peri fue directa y le dijo que debía unirse al Sindicato de Estudiantes Negros.

—Todo el mundo te verá como una chica de color —le había dicho—. Así pues, abraza la idea. Puedes pasarte la vida entera diciendo que eres birracial, pero para los blancos eso no es más que otra palabra para decir negro, ya sabes.

La cuestión era que Dakota no quería que todos le dijeran quién tenía que ser y cómo debía actuar.

—A mí no me importa todo el mundo —respondió a Peri—. La que me importa soy yo.

Pero eso tampoco facilitaba las cosas. Y sólo suponía de la misa la media. Sus problemas se extendían mucho más allá de las opiniones de Peri, de la incapacidad de su molesta compañera de habitación para no dejar las toallas mojadas en el suelo y del hecho de que hubiera engordado más de cuatro kilos en menos de diez meses. No, a decir verdad, quien acaparaba todos sus pensamientos durante gran parte del día –y de la noche– era Andrew Doyle. Asistía a su clase de literatura norteamericana y era uno de esos tipos curiosamente atractivos que no acababan de encajar. No era superesbelto, ni un atleta, y tampoco tenía un atractivo convencional. Era casi tres centímetros más bajo que Dakota, tenía la nariz prominente, llevaba la misma sudadera con capucha roja todos los días, y aun así, era el chico más divertido, sexy y encantador que había conocido. Su atractivo –y Dakota había dedicado mucho tiempo a pensar en el asunto– radicaba en sus aparentemente interminables reservas de confianza en sí mismo. Andrew entraba en todas partes como Pedro por su casa. ¡Dios, cómo le gustaba eso de él!

Pertenecían al mismo grupo, totalmente. Bueno, algo así. No, la verdad era que no. Pero sí que tenían algunos conocidos comunes y muy a menudo habían asistido a los mismos acontecimientos. Como a la fiesta de Navidad de Greg Durant en su estudio de la calle Mercer, y a la concentración del Día de la Tierra en el parque de Washington Square. Además, Andrew Doyle debía de saber cómo se llamaba. No, no, lo sabía, segurísimo. Como aquella vez que pasó junto a su asiento en la sala de conferencias –ella estaba allí sentada con su amiga Olivia– y dijo: «Eh, Dakota». No dijo: «Eh, Dakota y Olivia». Sólo dijo su nombre, y ella contuvo una risita tonta y estuvo a punto de soltar un eructo cuando el codo de Olivia se le clavó en las costillas. No es que supiera qué pasaría si él llegara a invitarla a salir o algo así. A diferencia de Olivia, quien mantenía una entregada relación con un chico del Purchase College de la Universidad Estatal de Nueva York, y de Catherine, con sus ocho millones de historias de chicos en el instituto Harrisburg en los años ochenta, e incluso de Anita, que hablaba extasiada del día en que conoció a Stan, Dakota tenía un pequeño secreto vergonzoso. Nunca la habían besado. Ni una sola vez. Jamás. Ah, sí, se había citado con un chico para ir al baile de graduación del instituto, un tipo bastante simpático. Un amigo. Y si bien estuvo considerando los pros y los contras de darle un beso para quitarse de encima el tema, al final decidió esperar a un beso que significara algo. O al menos que fuera ardiente. Ardiente de verdad, tan ardiente que echara humo.

Se dio de nuevo la vuelta hacia el grupo, las escandalosas amigas de su madre; vio que Catherine tenía las mejillas coloradas, y que sus ojos castaños eran oscuros e inalcanzables. Para los demás.

—No odio a los niños, de verdad —insistía en voz demasiado alta—. En realidad se me dan muy bien.

—Pues en cuanto ves a Ginger echas a correr —señaló Peri, y el grupo rio con ganas—. No lo digo en broma —continuó, y las mujeres se rieron más aún; la expresión de Catherine se tensó.

Respiró hondo y se rio con las demás, pero en su fuero interno se sentía cada vez más perdida. Miró el teléfono móvil para comprobar qué hora era y empezó a comentar que tendría que marcharse porque había quedado con alguien.

—Sexo recreativo —alardeó K.C.—. Eres una medallista olímpica en este deporte.

Catherine hizo un leve gesto de asentimiento con la cabeza.

—Dijo la sartén al cazo —repuso mientras recogía el abrigo con una mano y le daba un breve abrazo a Darwin con la otra—. Gracias por dejar que te tocara la barriga —dijo en voz baja—. Te lo agradezco.

—Ah, espera Catherine —terció Lucie, que levantó la mirada y dejó la conversación apasionada que tenía con Anita—. Tú vas a Italia constantemente. Me vendrían bien unos consejos de viaje. Han pasado muchos años desde la última vez que fui para ver el pueblo de mi madre. Necesito saber qué hoteles, restaurantes y...

Catherine movió la cabeza en señal de asentimiento, se llevó la mano a la cara con el meñique apuntando a la boca y el pulgar al oído y le dijo articulando para que le leyera los labios: «Llámame»; tras ello, se escabulló por la puerta. En cuanto estuvo a salvo de las miradas de las demás, bajó corriendo las escaleras y empujó la puerta de cristal que daba a la calle con la esperanza de que un poco del aire fresco de la noche enfriara el ardor de sus mejillas. Pensó que habría sido una mamá estupenda si hubiese tenido la oportunidad.

Un hombre que pasaba le dirigió un rápido asentimiento con la cabeza en señal de admiración y, automáticamente, Catherine metió su tonificada tripa y ladeó la cabeza para dejar ver el cuello y parecer más vulnerable.

«No estropees el maquillaje con lágrimas», dijo para sí. Era la primera regla en los negocios. Nunca estropees la mercancía.

# Seis

Resultaba imposible encontrar el horario de El Fénix: Muebles y Vinos Selectos, ni predecirlo siquiera. Lo cierto era que este detalle no figuraba en el cartel colocado encima de la puerta principal de la tienda de antigüedades de Catherine, y en el cartel que había en el gran escaparate de cristal cilíndrico tampoco constaban las horas de atención al público. Ni en ningún otro sitio, en realidad. Al fin y al cabo, era la tienda de Catherine, una elegante mezcla de antigüedades, coleccionables y prácticamente cualquier otro artículo u objeto que a ella le pareciera atractivo. Era igual de probable que abriera a las siete de la mañana (si no podía dormir) como a las once (si dormía demasiado). En ningún caso era un modelo de cómo había que montar un negocio próspero —no se parecía en nada a la tienda de punto que su mejor amiga había puesto en marcha en Manhattan hacía tanto tiempo—, y, sin embargo, ahí estaba, floreciendo en la calle principal de Cold Spring, en Hudson Valley, al norte de la ciudad de Nueva York. La tienda era como un pequeño joyero, con su abundante revoltijo de sillas de brocado, mesas de caoba y lámparas de lágrimas tintineantes.

El Fénix tenía el mismo aspecto que si en la compacta parte delantera de la tienda hubieran metido en masa todo un magnífico salón de belleza de otro siglo. Trasponer la puerta de entrada era como una invitación a una majestuosa pero acogedora vivienda particular en la que se oía el frufrú de las faldas y la gente se reunía para tomar el té, y la habilidad que tenía Catherine para hacer de anfitriona cordial ejercía una fuerte atracción en sus clientes.

Eso, y el hecho de su anterior matrimonio con un banquero de inversiones de familia rica, cosa que intrigaba a bastantes mirones. ¿Era una primera esposa pisoteada y desechada a la que pudieran sentirse superiores? ¿O algo mucho más interesante, una mujer que intentaba empezar una vida de verdad? Algunos días hasta la propia Catherine tenía sus dudas.

La tienda contaba con una clientela bastante constante de cazadores de antigüedades serios —el hecho de no mantener una jornada laboral regular no era en absoluto un indicio sobre la calidad de las mercancías de la tienda— y seguía siendo un destino muy frecuentado por la gente que había acudido al lugar a pasar el fin de semana, gente que disfrutaba curioseando el mobiliario y luego se escabullía por la puerta cristalera que había en una de las paredes. La entrada lateral los conducía a una bodega y sala de degustación independiente que había al lado, llena de vinos, procedentes unos de viñedos locales y, otros, de lugares remotos. Este aspecto del negocio —para el que Catherine, con perspicacia, había contratado a un encargado— cumplía un horario puntual y vendía muchísimo durante el fin de semana, cuando todos los habitantes de la ciudad acudían a sus casas «rurales» y se regalaban con comidas suculentas elaboradas con productos frescos de las ferias de agricultores y brindaban una y otra vez con las copas llenas del buen vino de las estanterías de Catherine.

No obstante, ella no había olvidado su inspiración para la tienda. A un lado de la habitación había un maniquí con un precioso vestido dorado de punto, protegido y conservado en el interior de una vitrina transparente. En realidad, el único cartel que había en todo el establecimiento era una pequeña tarjeta color crema con las palabras «No está en venta» escritas en caligrafía y colocada a los pies de aquel vestido divino hecho a mano. La vitrina tenía una placa dorada que revelaba el nombre de la diseñadora del vestido. Rezaba así: «Georgia Walker. Diseñadora y socia fundadora del club de punto de los viernes por la noche».

En ocasiones, ya fuera por admiración, por vivo deseo o simplemente en el curso de la cháchara, las clientas preguntaban sobre el precio del vestido o si Georgia Walker podría confeccionarles una prenda menos ornamentada para ellas.

—No. Sencillamente no es posible.

Catherine no añadía nada más. Nunca daba más explicaciones. Nunca les contaba que su mejor amiga estaba muerta. Las pocas veces que había comentado algo, la gente hizo una mueca, como si hubieran probado algo de sabor desagradable. Una taza de infusión de mortalidad. Resulta difícil fingir empatía por un desconocido. Expresar preocupación cuando no la hay.

Incompleta. A la deriva. Así se sentía ella. Pero ¿a quién le importaba? En cambio, se acordaba de sonreír y mostrarles una tetera de cien años de antigüedad con pajaritos pintados a mano que revoloteaban en torno al pitón, de distraerlos con alguna pieza de cerámica *art déco*.

En la misma pared de la vitrina había un cuadro casi de tamaño real de Catherine Anderson vestida con el modelo expuesto, de una época en la que muchos la conocían como Cat Phillips, una persona que figuraba mucho en sociedad. Cuando públicamente fingía que su matrimonio era feliz y que tenía los días ocupados yendo de compras. Era un retrato que imponía y en el cual sus ojos castaños miraban a los observadores, retándolos a que deslizaran la mirada por el canesú que le abrazaba el pecho, siguieran la línea de sus caderas y bajaran por la falda de vuelo generoso. El cabello, tan brillante y dorado como el vestido mismo, lo llevaba recogido en lo alto de la cabeza como una aureola. A diferencia de la prenda, el cuadro sí estaba a la venta. Por el precio adecuado. Al comprador adecuado.

En El Fénix, Catherine formaba parte del entretenimiento tanto como los vinos y el mobiliario. Aquella rubia no era nada sobria y comedida, con sus grandes anillos, su ropa de diseño (negro sobre negro con toques de negro, todo ello rematado por un poco de colorido en forma de un bolso de color lima o unos zapatos rojos), su voz melosa y sus leves flirteos con los atractivos esposos de sus clientas. A menudo lucía una D de diamantes en el cuello y le encantaba explicar que no era la inicial de su nombre, sino la de «divorciada».

Sus días constituían un reto maravilloso que consistía en ver cuánto tiempo podía encandilar a alguien para que permaneciera en la tienda. La venta de aquellas chucherías era algo totalmente secundario. Catherine se alegraba visiblemente cada vez que un cliente entraba por la puerta —sobre todo si se trataba de gente a la que no había visto con anterioridad— y le encantaba charlar con ellos sobre todas las piezas que vendía. Porque si algo era Catherine, era precisamente una estudiante aplicada de historia del arte y las antigüedades: se había especializado en historia del arte en Darmouth, aunque también se pasó buena parte de sus años de universidad persiguiendo al hombre que se convirtió en su esposo. Todas y cada una de las mesas o armarios cautivaban su mirada, la enamoraban un poco con su belleza y luego le rompían el corazón al venderse al mejor postor y mudarse con su familia perfecta. Así era como pensaba en sí misma: como una especie de madre adoptiva de artículos hermosos y deslustrados a los que ayudaba a encontrar un hogar permanente. Era una habilidad por la cual cobraba espléndidamente.

¿El vino? Todo tenía que ver con la diversión.

Catherine necesitaba atención en la misma medida en que la mujer media necesitaba el oxígeno, y hasta el último detalle —desde la manera en que contoneaba las caderas al andar hasta las blusas que nunca parecían ceñidas y, sin embargo, se adherían a todas las curvas de su bien dotado cuerpo— estaba pensado para atraer las miradas.

—El hecho de que una chica deje de ser una esposa trofeo no significa que abandone sus atractivos —había dicho Catherine más de una vez a la hija de Georgia, Dakota.

Aunque Dakota vivía con su padre, James, ellas dos seguían disfrutando con frecuencia de sesiones de andar por ahí los domingos por la tarde. Y, por supuesto, se veían siempre que había reunión del club. Así pues, la vida podía haber estado bien. Catherine Anderson era muy popular en Cold Spring. Y no sólo por dirigir la tiendecita más mona de esa parte de la ciudad de Nueva York.

No, se había ganado fama de mujer pintoresca al viejo estilo: daba pasto a los chismosos del lugar. Poco después de empezar con el negocio, Catherine metió la pata repetidas veces con las relaciones: se acostó con el quesero que había calle abajo y que era todo un monumento, así como con un tipo divertido que pasaba los fines de semana en el lugar y que resultó haber olvidado mencionar la existencia de una esposa en la ciudad, e incluso con el hombre que le vendió el seguro para su negocio, quien le proporcionó una emocionante diversión antes de que ella descubriera que aborrecía todo cuanto aquel tipo tenía que decir y que discrepaban en todo, desde la política hasta el sabor de los helados. Incluso había considerado un intento de caldear el flirteo con un estudiante universitario de veinte años que trabajaba en el restaurante de la esquina. Pero le pareció mucha molestia para un revolcón que con toda probabilidad sería atlético, pero difícilmente satisfactorio. Por no mencionar el hecho de que cayó en la cuenta de que, próxima a cumplir los cuarenta y tres, tenía casi la misma edad que la madre del joven en cuestión.

Y todo ello fue mejor que los quince años que estuvo casada con el insensible Adam Phillips. Ah, sí, a él le gustaba mucho el sexo: Adam siempre procuraba tener una sucesión de novias, además de a Catherine. Y todo se centraba siempre en él, él y otra vez él. El suyo había sido un matrimonio solitario y, una vez liberada de todo aquello, Catherine se deleitaba al descubrir que había muchos hombres dispuestos a ayudarla a compensar el tiempo perdido. Hombres que la encontraban encantadora. Hombres a los que gustaba. Hombres que eran… generosos. Sin embargo, nada terminaba de cuajar.

No estaba del todo segura de lo que había esperado a esas alturas –¿sabiduría?, ¿calma?, ¿satisfacción?–, pero cada día se sorprendía de nuevo de no tener ataduras. De alguna manera, ser feliz le parecía una deslealtad hacia su sentido de sí misma como mujer independiente. Pero siempre había esperado estar casada. Ser madre. Y aunque, sin lugar a dudas, era una mujer guapísima y muy consciente de ello, Catherine notaba que le faltaba el aliento y que el pánico se apoderaba de ella siempre que reflexionaba acerca de su vida privada. Sus padres habían muerto años atrás y hacía tanto tiempo que estaba distanciada de sus hermanos que sus insinuaciones sinceras de ir a visitarlos fueron acogidas con tan escaso interés que al final todo volvió a limitarse a los correos electrónicos esporádicos y a alguna que otra comida de día festivo.

Lo único que tenía era un exceso de carencias. Carecía de amor. Carecía de familia. ¿Carecía de amigos? Catherine se preguntaba eso también. Le resultaba imposible deshacerse del doloroso sentimiento de no pertenecer del todo a ninguna parte. Después de todo aquel tiempo seguía sin poder desprenderse de la sensación de ser una impostora. De haber endilgado su presencia a las socias del club de punto de los viernes por mediación de Georgia. Por respeto a la memoria de Georgia le habían permitido continuar rondando por allí. Al fin y al cabo, si Georgia pensaba que algo bueno había en ella es que debía de haberlo, ¿no?

Pero ¿y si Georgia se había equivocado con ella?

Cuando se hubo acomodado en su última y brillante interpretación de la divorciada que vivía la vida, su propia tienda era el único lugar en el que se sentía convenientemente oculta y, por lo tanto, a salvo.

Pensaba que una mujer de cuarenta y tantos con aspecto de estar necesitada tenía algo que resultaba muy irritante. De algún modo era más fácil rechazarla, porque a su edad tendría que habérselo pensado mejor. Tendría que haber sido mejor. Así pues, se esforzaba por ser la mar de divertida cuando pasaba por la tienda de punto de Georgia en la ciudad. Al cabo de todos aquellos años seguía deseando con todas sus fuerzas caer bien a las demás. Caerles bien y ya está.

Le habría resultado muy útil hablar con Georgia sobre el tema. Le seguía costando aceptar que su vieja amiga hubiese muerto al cabo de tan poco tiempo de haber reanudado el contacto. Había días en que prefería fingir que nunca se habían vuelto a encontrar, que los veinte años que pasaron sin hablarse nunca se habían salvado; de este modo podía soñar con que Georgia seguía trabajando en su tienda, viviendo su vida, y que en algún momento futuro, un día que estaba aún por llegar, Catherine se pondría en contacto con ella y renovarían su relación. Había momentos en que todo lo centraba en ella y en los que tenía la sensación de haber sido castigada por sus errores y obligada –¿por Dios?, ¿por el universo?– a experimentar qué se siente cuando te dejan atrás desconcertada. Cuando tienes muchas preguntas y no sabes a quién hacérselas.

Casi siempre, no obstante, sencillamente, acababa renunciando a intentar entenderlo. Leyó un libro sobre el dolor e hizo la primera cosa de la lista: buscarse un pasatiempo. Se aficionó al vino, y en ocasiones probaba demasiado. Sólo muy de vez en cuando.

La vertiente vinícola del negocio surgió de manera natural cuando decidió probar a vivir parte de la semana en Cold Spring. Fue un experimento, si es que se le podía llamar así, con la responsabilidad.

–Podrías llegar al trabajo a tiempo si no tuvieras que viajar tanto trecho –había sugerido Anita, sin mala intención.

Técnicamente hablando, Anita también era su casera, porque años atrás Catherine se había mudado al descomunal apartamento del edificio San Remo cuando la viuda se fue a vivir con Marty. Para horror de los tres hijos adultos de Anita, quienes no estaban nada contentos, no sólo con la aparición de Marty, sino también con la idea de que Catherine ocupara el apartamento de la familia.

En un primer momento, Catherine supuso que Anita quería que se marchara.

—Aun así, podrás ocupar el San Remo siempre que quieras, o de forma permanente si no funciona —añadió Anita antes de que Catherine hubiera respondido siquiera. De su boca siempre parecían brotar las palabras adecuadas—. Lo único que me preocupa es que te vas a pasar la vida en el tren y no tendrás tiempo para divertirte.

De modo que Catherine encontró una casa de una sola planta que adquirió con inquietud y de la cual no tardó en dejar más que las cuatro paredes. Luego, unió dos dormitorios pequeños para hacer una habitación enorme, añadió un baño adjunto de lujo y restauró toda la casa con suelos color cereza y revestimiento de paneles de madera blancos. La puerta principal, de color rojo vivo, destacaba en el corto camino de entrada, enmarcado por un sendero de pensamientos. La casa resultó ser el lugar perfecto para las diversas citas de Catherine. Por no mencionar que se sentía a sus anchas decorándola con piezas de El Fénix, que luego ponía a la venta cuando se aburría de ellas.

Y cuando se dio cuenta de lo limitada que era la selección de vinos en Cold Spring, se gastó el dinero suficiente para convencer a los de la tienda de al lado de que se trasladaran al otro lado de la calle y le alquilaran el local para su tienda de vinos. Fue la culminación de la metamorfosis de El Fénix en lo que ahora Catherine describía como una *boutique* de «cosas maravillosas».

Y, sin embargo, con frecuencia se preguntaba qué pensaría Georgia de todo aquello. Qué pensaría de la tienda. De Catherine. Y de su fuerte y poderosa conexión con James.

# Siete

Catherine vio los hombros encorvados de James a través de la ventana y supuso que llevaría un rato esperando en el restaurante. Entró en el establecimiento con paso resuelto, y las campanillas de la puerta anunciaron la llegada de otro cliente más en una atareada noche de viernes. Al llegar a la mesa le puso la mano en el hombro con suavidad.

–¿Lo de siempre? –preguntó una menuda camarera asiática que sostenía en equilibrio sobre el hombro una bandeja de bebidas de color rojo vivo con parasoles de papel diminutos. Tras ella, un grupo escandaloso de jóvenes profesionales liberales esperaban ansiosos que les llevaran más bebida.

–Sí, por favor –contestó Catherine mientras deshacía el nudo del cinturón de su gabardina de microfibra de color beige y James se incorporaba para retirarle la silla.

Él siempre era un caballero, el señor Buenos Modales, incluso cuando estaba preocupado. Otro motivo por el que no era una buena idea perseguir al universitario de Cold Spring: aquel jovenzuelo no tenía ningún sentido del protocolo cuando no se trataba de mensajes de texto. Aunque, para ser sincera consigo misma, en realidad no buscaba intimar con él.

Tomó asiento y se puso la servilleta de papel sobre sus pantalones oscuros. Vio enseguida que la mesa estaba dispuesta para tres comensales.

–Hemos estado hablando –dijo James con un gesto dirigido hacia el otro extremo del mantel–. Mientras esperábamos que vinieras. Siempre llegas tarde, ¿lo sabes?

—Lo sé, cielo —repuso Catherine, que puso la mano sobre la de James y luego le dio unas suaves palmaditas—. Es toda una vida tratando de hacer una entrada. Cuesta mucho quitarse el hábito. —Señaló hacia el otro lado de la mesa con la cabeza y tomó unos cuantos sorbos de agua.

—¿Estás disgustada?

Catherine se encogió de hombros.

—¿Dakota se lo estaba pasando bien?

—No estoy segura —admitió Catherine—. Está un poco desconcertada con los cambios en la tienda, aunque no quiera confesarlo. Pero en general la reunión estuvo bien. Darwin se quedó sorprendida. De hecho, creo que estaba contentísima.

—Es bueno que os tengáis unas a otras —observó James, y se fijó en que Catherine arqueaba una ceja—. Es importante para Dakota.

La camarera se acercó a la mesa con rapidez y eficiencia y dejó un vaso de whisky escocés delante de cada plato. James y Catherine tomaron un sorbo, luego otro.

—¿Y la invitada? ¿Esperamos o pedimos ahora? —preguntó la camarera, que aguardó con expresión calmada y agradable mientras el dúo parecía considerar la cuestión.

—Pediremos —decidió James con voz resonante y un poco demasiado alta—. De todos modos nunca sabemos con seguridad si acabará apareciendo —sonrió a la camarera.

Ésta sacó un bloc de notas del delantal y escribió con diligencia mientras James le pedía su opinión sobre la frescura de los espárragos y si podían poner más picante a su pollo del General Tso. En todos los años que llevaban frecuentando aquel establecimiento, la camarera sólo había intentado llevarse el tercer cubierto en una ocasión. Tras sobrevivir a la ira de Catherine lo dejó estar y a partir de entonces preguntaba si su amiga iba a venir, sin inmutarse cuando pedían comida para tres. Por si acaso. A cambio, la camarera se embolsaba una generosa propina. ¿Qué más le daba a ella si aquellos dos estaban a todas luces chiflados?

Era una locura, por supuesto. Entre los dos habían acordado un millón de veces dejar de encontrarse en aquel cuchitril. Pero les parecía mejor reunirse en aquel pequeño tugurio de mala muerte estilo Asia-fusión situado a unas cuantas manzanas de Walker e Hija, pedir los rollos de sushi y el pollo Satay que tanto gustaban a Georgia. Era como una especie de vínculo con otro tiempo, con todas las comidas de las que ella había disfrutado, con poder hablar de Georgia sin tener que ser comedido y maduro.

Algunas veces, después de tomarse una o dos copas, llegaban incluso a dirigirle unas cuantas frases al plato vacío. Hacía ya mucho tiempo que habían dejado atrás el sentido del ridículo, ambos habían dejado clara su necesidad de imaginar, aunque sólo fuera durante unas pocas horas, que Georgia estaba allí, en alguna parte. De alguna manera.

———

Una hora y muchos bocados después, Catherine se sentía mucho, mucho mejor. Supuso que necesitaba llenarse un poco el estómago, comer algo más que los dulces de la fiesta de Darwin. No era sólo la comida lo que hacía que se sintiera mejor, por supuesto. Era la ficción. La fantasía de que sencillamente estaban esperando.

—Nos posibilitamos el uno al otro, ¿sabes? —dijo a James mientras tomaba un sorbo de su té verde—. Estamos mal de la cabeza. Lo que quiero decir es que, ¿a quién le contarías esto, eh?

Todo empezó, lógicamente, pocos meses después del funeral. James y ella quedaron para tomar un café, tal como habían hecho en alguna ocasión cuando Georgia estaba gravemente enferma, a escondidas. Lejos de la tienda, de Dakota y de cualquiera que pudiera verles y desconfiar. Preguntarse qué estaban haciendo la rubia esbelta y el hombre alto y atractivo con las cabezas juntas, conversando solapadamente. Ellos mismos se lo preguntaban, y reconocían en el otro a un alma gemela. James y Catherine se convirtieron en confesores mutuos, capaces de revelar las maneras en que habían herido a Georgia y de brindar algún tipo de absolución. Absolución de una de las partes apenadas y culpables para la otra.

Porque, en realidad, eran las dos únicas personas del planeta que podían comprenderse mutuamente de verdad, que podían decir las palabras que necesitaba oír la otra persona sin dar la impresión de ser unos narcisistas que sólo pensaban en sí mismos.

—Tengo la sensación de que estoy recibiendo un castigo —le dijo a Catherine frente a una taza humeante muchos años atrás—. Es la venganza divina. Consigo verla, tocarla, ganármela… y entonces mi karma me alcanza y me hace pagar por todo lo que hice mal, dejándome que la vea, que la toque, para que luego desaparezca todo.

—Asumiste la responsabilidad —señaló Catherine—. Dijiste que lo habías hecho.

—Y esto es lo que obtengo a cambio —repuso James, y arrugó la servilleta de papel en la mano—. Va y se muere.

—Justo cuando la cosa empieza a ir bien —dijo Catherine—. Justo cuando va a salir bien. Justo cuando más la necesitas.

—¡Estoy tan cabreado! —James había alzado la voz lo suficiente para llamar la atención de los demás clientes. Bajó el tono y continuó diciendo—: Quería tener una vida con Georgia y nuestra hija, y en cambio tengo que vivir su vida como padre soltero. Sin compañía. Sintiéndome solo. Confuso. —No había tomado ni un sorbo de su bebida—. ¿Crees que soy un gilipollas autocompasivo? —Dirigió una mirada inquisitiva a Catherine.

—Más o menos —había dicho Catherine devolviéndole la mirada—. Pero en este tema yo no soy mejor que tú.

Y eso hacía que el ritual supusiera un gran alivio. Las reglas de campo estaban ahí desde el principio: podían decir cualquier cosa. No habría juicios. Y lo que dijeran nunca saldría de su círculo. Al fin y al cabo, no era… habitual.

Sus encuentros para tomar café pasaron a ser cenas cuando Catherine mencionó un artículo que había leído sobre

71

disponer un lugar en la mesa para los fallecidos los días de fiesta.

—Se supone que es catártico —comentó días después del primer aniversario de la muerte de Georgia—. ¿Quieres probarlo?

—Eso es una estupidez —dijo James mientras contemplaba fijamente el café que no había tocado—. Vayamos a ese restaurante asiático que le gustaba —farfulló sin levantar los ojos de la taza.

Algunas veces acudían al restaurante con frecuencia, como en octubre, cuando se acercaba el aniversario de la muerte de Georgia, y otras esperaban meses para hacerlo, con la esperanza de suspenderlo, pero luego sentían que la necesidad iba en aumento, les dominaba y los empujaba, como guiados por un piloto automático, a beber whisky escocés y comer rollitos de primavera crujientes en nombre de Georgia.

—Ella es mi única amiga de verdad —reconoció Catherine, que a menudo hablaba de Georgia en presente—. Las demás me toleran por ella. Pero a Georgia le caigo bien, le caigo muy bien. Ella ve mi parte buena.

—Exactamente —coincidió James—. Es una susurradora de personas. Te hace mejor de lo que eres.

—Aunque también puede ser muy mala —le recordó Catherine.

—Sí —afirmó James—. Pero eso también me gusta. No cabe confusión.

—Se le da bien tomar decisiones —dijo Catherine—. Como esa vez, cuando las dos trabajábamos en el Dairy Queen y rompí la máquina de los granizados y…

Y seguían, dale que dale. Llevaban ya más de cinco años con variaciones de la misma conversación, desde los «Recuerdas cuando» hasta los pequeños contratiempos que les habían acontecido durante la semana —perder el tren, romper un plato—, cuya repetición podría parecer aburrida y que, sin embargo, era necesario compartir con alguien. Puedes llegar a sentirte muy aislado si piensas que no hay nadie a quien le importe que te hayas cortado con un papel.

Dejaban en la puerta todos los «tendrías que»... Tendrías que pasar página. Tendrías que sentirte mejor. Tendrías que dejarlo. En cambio, forjaron una asociación secreta, más poderosa si cabe porque era clandestina. Estaba su relación pública –siempre cordial– y luego, la intensidad de su conexión íntima.

Esto es de lo que hablaban: de la incapacidad de James para salir con alguien durante más de tres meses («No quiero enviar el mensaje equivocado de que mis intenciones son serias», decía). Del color de la pintura que Catherine había elegido para el comedor («Sé que todo el mundo dice que el rojo estimula el apetito, pero a mí me hace pensar en animales muertos», dijo, explicando por qué había optado por un anaranjado intenso). De su convicción, tras todas sus primeras citas, de que todas las nuevas relaciones tenían posibilidades de amor («Tenías razón –admitía después de cada ruptura, ya fuera dramática o rutinaria–. Era un tipo odioso»). Del descontento de James en su trabajo como vicepresidente de diseño de los hoteles V –era un buen cargo, pero él se sentía coartado desde el punto de vista creativo– y de su firme opinión de que tenía que quedarse como estaba por el bien de Dakota. Pareció prestar mucha atención cuando Catherine insistió en que se había enamorado por teléfono de su importador de vinos italiano («Es por su manera de preguntarme cómo estoy –declaró emocionada–. Y esa voz... es para morirse. Me flaquean las piernas cuando lo veo en el identificador de llamadas»). Se quejaban de su incapacidad compartida de pasar más de dos semanas sin soñar con Georgia, y del hecho de que ambos siguieran muriéndose por un cigarrillo cuando llevaban más de veinte años sin fumar.

James escuchó con atención cuando Catherine le contó que su ex marido, Adam, se había casado otra vez y que su esposa y él iban a tener un hijo.

—Lo vi en el dichoso periódico —había dicho Catherine con amargura—. Lo odio a muerte. ¿Por qué tendría que ser feliz?

—¿Y quién dice que es feliz? —James intentaba animarla, pero alzó una mano al ver su expresión—. Hay quien lo tiene todo, aun cuando no se lo merece. Así son las cosas. Y a veces hay quien no lo tiene.

Ninguno de los dos tuvo que explicarle al otro en qué categoría habían entrado ellos.

James no se rio cuando ella insistió, muy seria, en que iba a escribir una novela policíaca titulada *Los muertos no vuelven a casarse*, sobre un asesino en serie que mata a hombres prominentes que son crueles con sus esposas.

—Y el asesino, además, roba sus mascotas y se las da a niños solitarios que las cuidarán con amor —anunció Catherine haciendo un ademán para dar énfasis a sus palabras.

—A mí me parece una buena idea —respondió James—. Estoy disponible para leer unas páginas en cualquier momento.

A cambio, ella le había contado los pormenores de ganarse a la abuela escocesa y lo ayudó a confeccionar un álbum de fotos de Georgia y Dakota para llevárselo como un obsequio. Con el sueldo de James, Dakota había podido ver a su bisabuela con mucha más frecuencia que nunca desde que Georgia falleciera, aunque ahora la anciana se desenvolvía con más lentitud y tenía una asistenta interna para hacerle la comida y encargarse de la casa. Con todo, la mujer se aferraba con tenacidad a la granja en Escocia y cada vez que hablaba con Dakota por teléfono prometía solemnemente que sólo la sacarían de allí con los pies por delante.

En resumen, Catherine y James dejaban los cumplidos y la cháchara en la puerta y pasaban a hablar de todo y de cualquier cosa, ya fuera de sexo, de trabajo o del tráfico, o hasta de lo que habían cenado la noche anterior: no había ningún tipo de restricciones. Y, sobre todo, hablaban de Georgia.

—Esa mierda de seguir adelante no nos sirve —decía Catherine con voz ahogada cuanto más avanzada estaba la noche. Decía lo mismo cada vez—. Pero al menos nos lo guardamos para nosotros. No puede decirse que pongamos esos mensajes tipo «In Memoriam, feliz cumpleaños» en los anuncios por palabras.

Sus emociones con respecto a la amiga y la amada que habían perdido parecían estar presentes constantemente, como un guijarro diminuto metido en el zapato e imposible de sacar. Lo notaban siempre, ejerciendo presión, rozando, haciendo daño. Sin embargo, esa misma molestia llegó a ser tranquilizadora de tan familiar. La reconocían el uno en el otro y la aceptaban. Por consiguiente, esto ya supuso un alivio en sí mismo.

—Quizá tendríamos que acostarnos juntos —sugirió Catherine en una ocasión—. Ya sabes, sexo loco y desenfrenado. Con muchos jadeos, resoplidos y gemidos. Total, así es como hacemos frente a todo.

El hecho de que estuviera mirando por la ventana mientras masticaba un rollito de primavera con aire ausente dejó claro que no lo decía completamente en serio.

—Sí, de acuerdo —asintió James—. El año que viene por estas mismas fechas.

—¿Sabes una cosa? —dijo Catherine, que apartó la mirada de una pareja que salía discutiendo de un taxi a la noche lluviosa de Nueva York y sintió una punzada de envidia, aunque sólo fuera por la unión que entrañan las discusiones—. En realidad, es lo único que se me ocurre que la traería de vuelta seguro. Si durmieras conmigo ella vendría hasta aquí y te patearía el culo.

—¿A mí? ¿Y tú qué? ¡Tú eres la instigadora!

—¡Ja! —exclamó Catherine—. Georgia te encontraba irresistible. ¿Cómo podría resistirme a tus encantos, a la manera en que masticas la carne de buey y el brécol y te los echas en la camisa continuamente? No eres tan perfecto, señor James Foster. No sabes comer.

—¿No sé comer? ¿Eso pensaba ella? ¿Que era irresistible?

Y así pasaron al siguiente nivel de su relación: contando todas las cosas secretas que Georgia había dicho del otro. Lo bueno y lo malo, lo sorprendente y lo que ya sabían. Repasaban minuciosamente todas las conversaciones que recordaban, compartían todos los detalles y el resultado proporcionaba una nueva dimensión a todo. De pronto, Catherine supo a ciencia cierta que Georgia pensaba que el color de pelo que llevaba antes parecía demasiado artificial y James descubrió que a Georgia nunca le había gustado su traje azul marino de raya diplomática. Y en lugar de hacer que se sintieran ofendidos o enojados, las revelaciones reportaron un nuevo deleite: aprender y comprender más aún a Georgia. Era como encontrar un tesoro oculto, una cámara llena de información que podían pasar por el tamiz y, al hacerlo, tener la sensación de que ella estaba viva. Casi allí mismo. Inalcanzable sólo por unos centímetros.

Aquellas cenas se convirtieron en una adicción emocional. Una obsesión con el recuerdo y con la pena. Pero, por encima de todo, hacían que se sintieran capaces de funcionar el resto del tiempo, de estar disponibles para Dakota, de ser profesionales en su vida laboral, de tener devaneos, vida sexual y relaciones casi amorosas. Todo porque de vez en cuando podían soltar la verdad, podían abandonarse al dolor y hablar de él honesta y completamente.

A nadie le pareció extraño que Anita tejiera un chaleco tras otro para su difunto marido; les parecía una muestra de devoción. Pero Catherine y James sabían que el mundo no sería indulgente con ellos. Eran más jóvenes. Se suponía que tenían que ligar.

—Gracias por no hacerme sentir como un bicho raro.

Catherine apuró su segundo whisky. James sabía perfectamente que ella lloraría si dejaba que se tomara una tercera copa, aquella a la que ambos se referían como un «G.W.», un Georgia Walker. Ese poco más de alcohol que

76

te empuja a rebasar el límite de tus inhibiciones y garantiza las lágrimas.

A veces, lo que se necesitaba era un buen llanto.

—Te las devuelvo.

De vez en cuando, James se preguntaba qué habría pensado su hija sobre estos tejemanejes. Una vez le sugirió que cortaran un pedazo de pastel de cumpleaños para Georgia y se encontró con tal mirada de incredulidad que afirmó que había sido un lapso. Y se preguntaba también cómo se sentiría Dakota si supiera que Catherine y él estaban tan unidos. Por una parte, a ella parecía gustarle que James hubiera entablado una sólida relación con Anita y Marty, y con sus abuelos, y siempre se moría de ganas de salir con Catherine. Pero daba la impresión de que ella veía todo aquello como algo suyo. Era su mundo, un mundo que había compartido con su madre y, en tanto que a él se le permitía visitarlo, nunca pudo residir allí de verdad. No pudo formar parte de él del todo. En cambio, James y Dakota habían forjado su propia relación, habían aprendido a ser padre e hija. Aunque estaban unidos, seguía existiendo cierta frialdad entre ellos, y a James le preocupaba que fuera así siempre. Él nunca podría llenar el vacío que había dejado su madre en su corazón. Y los años de instituto fueron difíciles. Nunca estaba seguro al cien por cien de lo que debía hacer.

—¿Sabes que creo que eres el único hombre que no ha sido nada más que un amigo para mí? —se aventuró a decir Catherine, que sin duda estaba dando vueltas a la idea de un G.W. mientras agitaba los cubitos de hielo casi derretidos del fondo del vaso.

—Tengo que decir lo mismo de ti —contestó James, y sacudió un poco la cabeza al pensarlo—. Si la primera vez que te vi en la tienda de Georgia, con esos aires de señora de la casa y los labios tan llenos de colágeno que parecía que te hubiera picado una abeja, me hubieran dicho que te convertirías en mi confidente... —hizo una pausa, inspiró profundamente y soltó el aire despacio—. ¡Joder, esta vida es una mierda!

—Más o menos —dijo Catherine en tono afable, y se reclinó en su asiento, mientras con aire distraído daba golpecitos en la mesa con un paquete de edulcorante Sweet'N Low. Y entonces sugirió una cosa que nunca había considerado seriamente en todos los años que hacía que Georgia ya no estaba—: Me gustaría que vinieras conmigo a un sitio —le dijo a James.

Lo manifestó con voz monótona y soltó un suspiro. La noche había sido larga y la verdad era que los whiskys no habían servido de mucho. Los comentarios que hizo K.C. en la fiesta de Darwin la habían fastidiado, sin duda.

«Yo no tenía planeado convertirme en una divorciada a quien se le muere su mejor amiga —pensó—. Pero apúntame en la lista. Aquí estoy.»

—Creo que ha llegado el momento de acudir a un grupo de apoyo para personas en duelo —anunció Catherine, que sacó una hoja de papel del bolso. La imprimió hacía meses, la dobló en un cuadrado y se la guardó—. Creo que ya es hora de que nos enfrentemos a la realidad de que Georgia no va a venir a cenar.

# Ocho

Son cosas que pasan. Es lo que dice la gente cuando no tiene nada mejor que ofrecer.

Cuando empezaron las contracciones, Darwin estaba dando su clase de introducción a los estudios femeninos como cualquier otro miércoles del semestre. En un primer momento pensó que se había puesto de parto antes de tiempo y se entusiasmó. Al considerarlo de nuevo, también entendió que tal vez se hubiera puesto de parto antes de tiempo y se alarmó. Todavía faltaba mucho para salir de cuentas; sólo estaba de treinta y dos semanas.

—Hoy vamos a terminar pronto —anunció, agarró el bolso y salió del aula sin mirar atrás.

Hizo una parada en el baño, llamó a Dan y tomó un taxi para visitar al obstetra. Al cabo de unas horas, Darwin estaba oficialmente obligada a guardar reposo en cama.

Aunque no es que reposara mucho, claro. Tenía la cama entera para ella, puesto que Dan dormía en el sofá a fin de dejarle más espacio para que se relajara. Pero ¿quién podía dormir en momentos como ése? Por otra parte, lo cierto es que no conseguía estar cómoda de ninguna manera.

Se temía que se pusiera de parto prematuramente, antes de que los bebés tuvieran los pulmones desarrollados del todo. Ahora no podía alterarse demasiado o sus hijos tendrían que tomar el tren para ir a la Unidad de Cuidados Intensivos Neonatales. O algo peor.

No había hecho falta que nadie se lo explicara. En su lista de preocupaciones tenía apuntada esta posible complicación, en los primeros puestos.

Así pues, Darwin no se resistió a quedarse tumbada de lado, con una almohada entre las piernas, esperando. Y esperando un poco más. Aceptó que, durante cierto tiempo, no vería más paisaje que el de los dos pasos que mediaban del salón al baño.

Antes de las pérdidas, la idea que tenía respecto al descanso en la cama había sido completamente distinta.

¿No sería maravilloso, pensaba a menudo, que le mandaran guardar reposo y Dan le ofreciera vasos de leche orgánica y le practicara ilimitados masajes en los pies? Dormitaría, trabajaría con el ordenador portátil y quizá incluso viera una película de arte y ensayo en el DVD.

Pero lo que obtuvo en realidad fue una mezcla de aburrimiento y frustración, combinada con un sentimiento de incompetencia y preocupación.

Antes de las pérdidas había seguido acometiendo las cosas de lleno, enseñando, arrastrando su trasero regordete arriba y abajo por las escaleras del metro, yendo a clases de estiramientos cuando hubiera preferido echar un sueñecito. Siempre estaba ocupada: todo formaba parte del nuevo mito del embarazo, en el que las mujeres parecían delgadas como lápices excepto por sus vientres como balones de baloncesto y mantenían un paso vivo hasta el momento de dar a luz. Lo último que Darwin quería admitir era que algo la estaba situando en desventaja, y trabajó con diligencia durante todo su embarazo. No, no trabajó en exceso. Pero tampoco se rezagó. No estaba dispuesta a que sus colegas utilizaran su agotamiento en su contra, devanándose los sesos en artículos brillantes mientras ella veía otro episodio de *A Baby Story*.

¡Qué estresante era vivir en un país donde las madres poco después del parto vuelven al trabajo a toda prisa pasadas doce semanas, obligadas, por la necesidad de percibir un sueldo, a comulgar en la oportuna suposición de que el embarazo, el parto y el alumbramiento no constituyen una experiencia médica grave, ya sea natural o no! Darwin se aferraba a su creencia sobre la necesidad de un permiso de maternidad más largo en Estados Unidos, pero al mismo tiempo hacía lo imposible por demostrar a su decano y a sus colegas que era igual de competente. O tal vez más.

No había lugar para limitarse a dejar que las cosas siguieran su curso y deleitarse con la alegría y los cambios de su cuerpo. Para echarse una siesta sin remordimientos, sólo porque se sentía cansada. Y no era sólo el hecho de que Darwin tuviera una carrera profesional: había hablado —o más bien interrogado; como siempre, Darwin seguía siendo un poco brusca— con la gente de su clase sobre el método Bradley, y todas las mujeres estaban en la misma situación. Incluso las amas de casa se sentían presa de las nuevas expectativas. Ya no bastaba con estar creando un bebé en tu cuerpo. Ahora la futura mamá debía presentar un aspecto estupendo, al tiempo que realizaba todo lo que tenía apuntado en su lista de cosas por hacer.

Cuando era adolescente, Darwin había estado totalmente de acuerdo con la opinión colectiva de que menstruar no era nada del otro mundo. Pero luego experimentó el dolor, la hinchazón, los retortijones, el dolor de espalda y el malhumor general… además de aprender a actuar como si fuera un día como cualquier otro.

«Sólo estás embarazada.» Esto es lo que oía con tanta frecuencia que ya había perdido la cuenta. Sólo estás embarazada.

Sí, así es como estaba: construyendo otro ser humano con su cuerpo.

—Seguro que tiene que haber un término medio entre no querer que las mujeres estén limitadas en su educación, profesión y estilo de vida —había planteado a sus alumnos de pie al frente del aula, con su embarazo ya avanzado— y la pretensión cultural de que todo lo que es exclusivo de la experiencia de la hembra humana no es extraordinario. O mimamos o despreciamos. Lo que hace falta promover es el respeto. R-E-S-P-E-T-O.

En casa había procurado encontrar tiempo para los estiramientos, para leer e incluso para cocinar. Darwin, a quien la cocina nunca se le dio muy bien, sentía un deseo instintivo de atiborrar el diminuto congelador que había en la parte superior de su frigorífico con guisos que hacía con recetas de Internet. Aunque con frecuencia, cuando ya estaba a medias, descubría que no contaba con los ingredientes adecuados y tenía que improvisar. Sustituir una pizca de calabaza por zanahoria. La comida de color naranja es comida de color naranja, ¿no? Dan insistía en que se las comía cuando ella estaba durmiendo, pero Darwin sospechaba —aunque nunca encontró la basura que lo demostrara— que podía ser que las hubiera estado tirando.

—Ese plato era muy sabroso —decía por la mañana—. ¿Quieres que te traiga zanahorias cuando vuelva a casa esta noche?

Pero ahora ya se habían terminado los guisos en la cocina. Ahora se trataba de tomárselo todo con calma. De pensar cosas buenas. De encontrar su espacio tranquilo.

Esperando a Lucie.

Sí, había enviado un correo electrónico y devuelto la llamada de Darwin casi de inmediato.

—¿Estás bien? —preguntó, aunque la respuesta tendría que haber sido obvia.

—Esto… ¿no?

—Vale, no; vamos, lo digo en serio —dijo Lucie—. ¿Están bien los bebés?

—Siguen a bordo, si es lo que preguntas.

—Bien.

Las largas pausas que tenían lugar entre sus palabras indicaban que lo más probable era que no estuviera prestando mucha atención. Quizá estuviera leyendo el correo electrónico, o editando alguna toma.

—¿Vas a venir pronto?

Pensó que sería estupendo que Lucie fuera a verla. Quizá le llevara jengibre confitado como había hecho ella cuando Lucie estaba embarazada. O tal vez Lucie trajera las cosas para la canastilla que Darwin suponía que debía de estar preparando. Una de las mejores tejedoras de encaje que había no se limitaría a mandar a su mejor amiga un juego de caballitos de balancín, ¿no? Era un regalo caro, por cierto, y ella se lo agradecía mucho. Pero a Darwin le parecía que era necesario algo más personal.

—Sí —respondió Lucie tras una pausa—. En cuanto pueda.

La charla no había resultado tranquilizadora para Darwin.

Bueno, lo cierto era que Darwin no tenía un montón de amigos. Tenía a Lucie, y también a las otras socias del club, y a Dan. No obstante, seguía resultándole difícil establecer relaciones: a menudo arremetía con sus firmes opiniones y se olvidaba de escuchar las ideas de los demás. Este hecho no aumentó su popularidad entre el resto de profesores de Hunter y tampoco la convirtió en favorita entre los colegas médicos de Dan. Y si Lucie parecía estar distanciándose, ¿entonces qué? La perspectiva resultaba sombría.

—Se está separando de mí —comentó Darwin a Dan en voz baja.

Él estaba tendido sobre el cobertor, arropándola antes de irse a dormir unas horas al sofá. La verdad era que Darwin no había tenido ningún otro novio antes de Dan, por lo que nunca experimentó la humillación y confusión de verse rechazada por alguien a quien amaba. Bueno, su madre la criticaba, sin duda. Pero no podía decirse que esperase que su madre dejara de contestar al teléfono. Podía ser que le largara un rapapolvo, pero siempre contestaba a las llamadas de Darwin.

—Supongo que no soy lo bastante importante, ahora que dirige y todo eso —explicó—. Tal vez esté conociendo a personas fascinantes, que son más divertidas y más presentables.

—Es posible.

Dan asintió, no porque pensara que Darwin tuviese razón, sino porque comprendía que ella sólo quería que escuchara. Quería soltarlo sin tener que debatirlo o razonarlo como hacía cada día, sólo quería sentirse un poco triste y exudar sus emociones sin interrupción.

«Sería un gran psiquiatra», pensó Dan mirando al techo mientras acariciaba la frente a Darwin, peinada con dos coletas que separaban sus cabellos negros. Llevaba una camiseta azul tan grande que le quedaba holgada incluso sobre su amplio vientre, y gesticulaba enérgicamente aun cuando estaba tumbada de lado.

—Sólo me gustaría saber qué hice para ofenderla —susurró.

Dan la quería porque era brillante, porque era amable, porque era vehemente e impetuosa como él y porque en su compañía bajaba la guardia y revelaba su vulnerabilidad oculta. Paseó la mirada por la habitación, por la vieja y desportillada cómoda de melamina blanca que tenían desde antes de casarse, por la mesa de madera llena de papeles colocada junto a la cama en lugar de una mesita de noche. Se dio cuenta de que era bastante deprimente y que sin duda contribuía al malestar de Darwin.

—Necesitamos algunos muebles nuevos —dijo.

—No quiero elegir nada más.

Darwin no quería empeorar potencialmente las cosas comprando enseres para los bebés. Había dejado de fantasear sobre esa cuna extravagante, salvo durante cinco minutos todas las noches, cuando se permitía una selección limitada de pensamientos optimistas. Lo justo para mantener una chispa de esperanza, lo justo para no tentar a las Parcas.

—No. Para nosotros —aclaró Dan—. Nos vendría bien una cama nueva. Una cómoda. ¿Y qué me dices de ese salón?

—Yo no puedo ir de compras...

—Pues claro que puedes —rebatió Dan—. Tienes tu ordenador y tu tarjeta de crédito. Lo único que hemos de hacer es fijar las entregas para cuando yo esté en casa y ya está.

—No tenemos presupuesto para eso, la verdad —le recordó, aunque no es que Dan necesitara que le señalase el montón de facturas que había sobre la mesa desordenada, los posibles gastos médicos que se avecinaban tanto si las cosas salían bien como si salían mal.

—¿Qué más da?

Dan solía ser meticuloso cuando se trataba de ajustarse a sus recursos. Su habilidad para ahorrar les había ayudado a reunir la entrada del apartamento a la vez que intentaban que sus aspiraciones merecieran la pena. Parecía muy fácil, para dos chicos listos, convertirse en médico y en profesora universitaria. Estaba muy bien sobre el papel. Pero cuando tuvieron más papeles —en forma de facturas de préstamos universitarios—, el caché de sus carreras inteligentes, no manuales, quedó un tanto deslucido.

Pero Dan creía que lo que entonces necesitaba Darwin era distraerse de la salud de los bebés y de la falta de atención por parte de Lucie. Hubiera llamado a toda la pandilla del club de los viernes, pero le preocupaba provocar demasiado alboroto. Por no mencionar que tendría que limpiar para ahorrarle a Darwin la vergüenza del estilo de vida «calcetines sucios por el suelo» que llevaban; y él no tenía tiempo para limpiar porque estaba de guardia todo el fin de semana.

Deseó sinceramente tener a alguien que pudiera venir y hacerle compañía a su esposa. Pero una visita de la madre de Darwin no era la fórmula para lograr relajarse, y sus respectivas madres nunca se habían llevado bien.

A decir verdad, Dan contó mucho con Lucie. Él no había pasado tanto tiempo con Ginger como Darwin, pero cumplió su condena jugando a Candyland. Y habría agradecido un poco de apoyo cuando era el momento.

—Pide todo lo que quieras —dijo, intentando animar a Darwin y alejarla de sus miedos.

Quería ayudarla a encontrar formas de entretenerse y, sobre todo, de sentirse útil. Nunca se le había dado muy bien eso de apalancarse en el sofá ante el televisor. Ella decía que en la televisión nunca daban nada que quisiera ver, y explicaba que casi todos los programas cubrían la misma franja estrecha y antifeminista una y otra vez. Las familias igualitarias y funcionales no eran un entretenimiento convincente.

—Bueno —repuso entonces Darwin, pensando en qué otra cosa podía hacer sin que se le ocurriera nada—. Podría echar un vistazo rápido en Craigslist.

---

Al final fue Dakota quien la salvó de la demencia.

—¡Estás enorme! —había dicho al llegar al dormitorio, cuando se presentó de improviso para hacerle una visita.

—¡Qué dices! —exclamó Darwin, quien se acodó en la cama e hizo un gesto hacia sí—. Tráeme el espejo de mano que hay en el baño. —Se observó detenidamente en él mientras Dakota también miraba—. No es verdad.

—Es que sólo te miras la cara —señaló Dakota—. Tienes los tobillos que parecen salchichas.

—La vista no me alcanza tan lejos —admitió Darwin—. Supongo que habrás traído algo para picar, ¿no?

—Sin duda alguna —contestó Dakota, que sacó de su atiborrada mochila amarilla un poco de pan de plátano—. Lo hice en la cocina de casa de mi padre.

—¿Sólo has traído esto? —Darwin ya había arrancado un pedazo y se lo había llevado a la boca—. En cuanto coma un par de bocados estaré llena, o sea, que supongo que da igual.

—¡Ah, es dramático! —exclamó Dakota al tiempo que sacaba una carpeta—. Me preguntaba si querrías ayudarme con mi trabajo sobre las guerras mundiales y sus efectos sobre las mujeres.

Darwin alzó la voz:

—¿Has venido para pedirme ayuda con tu trabajo?

—Sí —respondió Dakota, que a menudo recurría a Darwin cuando se trataba de cuestiones de educación y feminismo.

—¡Ésta es mi chica! —se exaltó Darwin, y alzó el brazo para chocar esos cinco—. ¿Dónde te habías metido, señorita? ¡Llevo semanas sin mover el culo de aquí!

–Entonces, imagino que las cosas por fin están mejorando –concluyó Dakota, que se inclinó y chocó palmas con su profesora favorita–. Algunas veces las cosas van bien, ¿sabes? Y para demostrártelo, voy a enseñarte a tejer unos calcetines de bebé.

# Fácil

Se trata sólo de pillarle el truquillo a las cosas. Basta con no forzarlas; tómatelo con calma. Con el tiempo lo entenderás todo. Pero, de momento, sigue intentándolo. Presta atención y evita la tentación de avanzar más de lo que tu nivel te permita. Habla menos. Y escucha más.

# Nueve

Echar un vistazo al correo.

Ésta era la única norma que Anita había impuesto a Catherine para quedarse en el apartamento del San Remo.

—Siempre lo hago —había bromeado Catherine, que en ese momento se percató de la mirada severa que le dirigía Anita, quien nunca había tolerado el humor de devoradora de hombres de Catherine.

—No tires absolutamente nada —le había dicho Anita.

Por supuesto, no le preocupaba lo que hiciera Catherine con sus propias cartas y folletos publicitarios. Sencillamente, explicó que quería que Catherine apartase todo lo que llegara dirigido a cualquier Lowenstein: Stan, Anita, Nathan, Benjamin o David. Daba igual que ninguno de ellos viviera ya en el apartamento, que en realidad los chicos fueran unos hombres de mediana edad que vivían su propia vida con sus familias en Atlanta, Zurich y Tel Aviv.

Anita tuvo la gentileza de proporcionarle una cesta de merienda de mimbre (sin rastro de tela a cuadros) para guardar en ella los sobres. Catherine colocó la cesta en la cocina, en un extremo de una larga encimera. Al igual que todas las habitaciones del apartamento que Anita y Stan habían compartido, la cocina era espaciosa y hasta el último detalle estaba perfectamente combinado, desde el denso barniz de las anchas tablas de madera del suelo hasta el lacado de un intenso color café de los armarios extragrandes.

—Este mes no parece estar muy llena.

El comentario era de Anita, que echó un vistazo al interior de la cesta y luego levantó la mirada. Regresar al San

Remo era como canalizar una vida pasada. Un sueño que había tenido y del cual recordaba algunos detalles con mucha claridad, en tanto que otros eran borrosos y parecían desvanecerse cuando intentaba atraparlos en su memoria: «Esta cuchara la utilizábamos para remover la salsa de carne. Esa taza, antes era mi preferida para la infusión de menta...».

Anita acudía al apartamento de vez en cuando, a veces con Marty y en ocasiones sola. Catherine pedía demasiada comida en el restaurante italiano de la esquina y descorchaba una buena botella de vino que traía de El Fénix.

—Es de Cara Mia, mi nuevo viñedo favorito de Italia —explicó Catherine entonces mientras servía una copa—. Está en Velletri, no lejos de Roma. El hijo que se encarga de las exportaciones tiene una voz profunda y sensual... A veces lo llamo sólo para preguntarle qué tal crecen las uvas.

Estaba muy emocionada por tener a Anita en la casa, pues desde la fiesta con obsequios de Darwin de hacía algunas semanas había intentado pasar inadvertida. Para empezar, estuvo trabajando a fondo en la novela policíaca que le había mencionado a James, *Los muertos no vuelven a casarse*. Pero la mayor parte del tiempo se había sentido muerta de miedo.

—Mi tienda es una de las pocas que importan sus productos en Estados Unidos —continuó diciendo Catherine—. Se trata de un negocio familiar y la generación más joven se ha diversificado para probar con algunas variedades nuevas de uva...

Anita interrumpió sus divagaciones.

—Estás separando el correo —afirmó con rotundidad. Anita no alteró el tono de voz pero sus labios apretados revelaban su enojo—. Recoges mi correo y lo tiras. Te estás deshaciendo de él sin decir nada. Y eso que te pedí expresamente que no lo hicieras.

Era cierto, y Catherine sintió que la culpabilidad la embargaba. Durante años había recogido obedientemente todas las ofertas de crédito ya aprobadas y todas las invitaciones para refinanciar la hipoteca y cobrar el capital principal, había amontonado los folletos de cruceros encima de los cupones de ValuPak que llegaban cada semana. (¿En serio? —se había preguntado—. ¿Envían cupones al San Remo? Pero, por lo visto, las empresas de venta directa no dedicaban mucho tiempo a cribar sus listas. Por ese motivo, Catherine recibía sus propios libros de cupones en la misma dirección.)

Rara vez llegaba una carta personal. O una postal. Anita llevaba ya tanto tiempo viviendo con Marty que casi todas las personas de su vida sabían dónde ponerse en contacto con ella. Lo más probable era que la correspondencia privada fuera dirigida al San Remo simplemente por la fuerza de la costumbre o porque la memoria de algún amigo ya no era la misma de antes. Catherine siempre se había asegurado de apartar dichos envíos.

Sin embargo, últimamente había decidido ser un poco más útil —estaba muy contenta con su iniciativa— y se le ocurrió reciclar los omnipresentes catálogos de grandes almacenes que parecían reproducirse por la noche en el buzón. Por lo visto, no había ni una sola tienda que no estuviera en un estado constante de ¡Rebajas, Rebajas, Rebajas!

—Sólo la propaganda, Anita —rebatió, pausada—. De todos modos, estoy segura de que recibes lo mismo en casa.

—Esto es sencillamente inaceptable, Catherine —afirmó Anita, con dureza en sus palabras—. No te pido mucho en este aspecto. Me da igual si hay algo que parezca sólo propaganda, quiero que se recoja y se me entregue —finalizó, sin levantar la mirada de la cesta, pero Catherine notaba su expresión ceñuda y no le gustó en absoluto.

—Lo siento.

—¿Lo revisaste todo bien? —preguntó Anita, que aún estaba molesta pero fingía estar calmada para obtener la máxima información. El viejo truco de madre—. ¿Te aseguraste de que no hubiese nada pegado a cualquiera de esas cosas que tiraste?

—Pues… no —admitió Catherine—. ¿Estabas esperando algo?

—La cuestión no es si esperaba algo o no —repuso Anita con acritud—. Eso no es de tu incumbencia. A veces eres muy impertinente, ¿lo sabías?

Anita lamentó su tono áspero de inmediato, al ver que Catherine hundía los hombros de manera instintiva. Sólo se trataba de una postal, se dijo en silencio. Sin pronunciar palabra, abrazó a Catherine y luego le dio una palmadita en la mejilla.

—Perdóname, querida —dijo—. Tomemos una copa de vino y pidamos el menú para llevar. Creo que volveré a comer ñoquis.

A cambio, Catherine le dirigió una sonrisa forzada. Aun después de todos los años que llevaba viviendo en el apartamento de Anita, siempre tenía esa leve sensación de inseguridad, de que ella sólo era las sobras. Dakota era la que importaba de verdad, sin duda, una parte genuina de Georgia. Pero ella era los restos de aquel último verano con Georgia, alguien con quien Anita seguía tratando por lástima, aun cuando Catherine tenía una fuerte necesidad de estar en buenas relaciones con la anciana para siempre. No hay momento en el que no queramos el amor de una madre.

—No, perdóname tú, Anita —dijo—. Me he pasado de la raya y te pido disculpas.

Anita le hizo un ademán para que olvidara el asunto y se dirigió al salón. Como de costumbre, disfrutó echando un buen vistazo por el apartamento, no tanto para comprobar el desgaste natural provocado por la estancia de Catherine como para obsequiarse con una pequeña historia sobre todos y cada uno de los muebles. Anita se había llevado algunas antigüedades, todos sus álbumes de fotografías, varios cuadros y su guardarropa cuando ella y Marty compraron su nuevo apartamento. Aparte de eso, ellos habían adquirido las cosas juntos y amueblaron su hogar desde cero, dejando a Catherine una casa hermosamente equipada que no era en absoluto de su gusto. Pero Catherine lo había preferido así, disfrutó de la sensación de que se hallaba en un paréntesis, de que estaba de vacaciones en algún sitio y no del todo preparada para tomar decisiones permanentes. Esto aumentaba la sensación de que el tiempo —y la vida, incluso— estaba en suspenso. Y hasta hacía poco, no se había encontrado cómoda con casi nada.

—Bueno —dijo Anita, que se sentó en el sofá que eligió con Stan en 1980 y había vuelto a tapizar con un brocado magnífico en 1995. Dio unas palmaditas en el asiento a su lado—. Tengo una noticia que compartir contigo…

Anita y Marty, como cualquier otra pareja, habían llegado a ciertos acuerdos. Tuvieron que resolver en qué lado de la cama dormía cada uno, quién fregaría los platos y si era importante o no para la pareja seguir los mismos programas. Por no mencionar sus divergencias en lo concerniente a los pasatiempos: a ella le gustaba la ópera, a él le gustaban los partidos de béisbol; o, para ser más exactos, los de los Yankees. A ella le gustaba tejer; a él, ver a los Yankees en televisión. A ella le gustaba pasear por el parque; a él, escuchar los partidos en el iPod.

—¿Qué más me da? —le había dicho Anita a Dakota hacía mucho tiempo—. Es un hombre bueno y dulce y me alegra que se interese por mí. Esto mantiene la mente activa.

Y aun cuando Marty nunca se interesó por el punto, Anita lo acompañaba a ver a su equipo, a los jugadores situados en las bases a la espera de que alguien lanzara un *fly* o vete a saber qué. «Es alto», comentaba ella; o «Si el equipo fuera mixto no creo que escupieran tanto». Se sumergiría, como siempre, en una tórrida novela romántica, de las que compraba en la tienda, y sólo levantaría la mirada cuando la multitud se animara. Como siempre, le repetiría a Marty que le parecía una falta de criterio que el estadio de los Yankees tuviera un problema con las agujas de hacer punto.

—Otros equipos dejan que las tejedoras chasquen las agujas a su antojo —decía—. Incluso las invitan a que traigan a sus amigas. Alguien debería escribir una carta al señor Steinbrenner y decírselo.

Y, como siempre, Marty asentía con solemnidad mientras tomaba nota de los resultados en su programa y luego guardaba con cuidado el papel en el archivador de color azul Yankee de la charcutería, con otros documentos importantes.

Actualmente Marty seguía trabajando, y acudía a la charcutería casi a diario para elaborar altas pilas de sándwiches perfectos con pastrami y mostaza picante. Era lo que había hecho toda su vida, sustituyó a su padre en el negocio y lo compartió con su hermano, a quien más adelante compró su parte y entonces se ocupó él solo de todo. Y en el transcurso de todo ese tiempo, poco a poco y con meticulosidad, invirtió en valores inmobiliarios en el Upper West Side, primero con el edificio en cuya planta baja se encontraba la charcutería y en el primer piso, Walker e Hija, y luego con casas de piedra rojiza y otras propiedades comerciales y residenciales. De hecho, Marty Popper era uno de esos millonarios discretos que podrían permitirse prácticamente cualquier cosa que quisieran y que, sin embargo, optan por vivir con sencillez.

—¿Quién serviría el café? —respondía siempre que le preguntaban si, con setenta y tres años, no pensaba ya en retirarse, si bien, cuando le insistían, admitía cierto deseo vehemente por una caravana bien equipada, donde Anita haría punto con atención, viajando como guardia armado y viendo cómo los árboles pasaban ante la ventana.

El interés por los viajes era una cosa que compartían. En cuanto Anita y Marty se fueron a vivir juntos, él se encargó de buscar un brazo derecho que se hiciese cargo de todo y asumiera algunas de las tareas de ínfima

importancia que Marty sentía que ya había realizado durante tiempo suficiente, una persona que cuidara de la charcutería cuando Anita y él tomaran el tren para recorrer la
campiña en otra segunda luna de miel.

—No podemos tener una segunda luna de miel —bromeó Anita por la noche, cuando él se metió en la cama a
su lado—. No hemos tenido una primera.

Eran pareja, cierto, pero no eran marido y mujer.

Marty no se había casado y no tenía hijos: el hecho
mismo de que fuera un huérfano sin hijos facilitó un poco
su unión. Por otro lado, Anita aportó familiares proble-
máticos más que suficientes para una relación. Había pillado desprevenidos a sus hijos, la verdad sea dicha, los asus-
tó con la idea de que necesitaba compañía y quizá, aunque
no se atrevieran a profundizar demasiado al respecto, una
vida sexual. No era que quisieran verla muerta, ni mucho
menos. Ellos hubieran preferido que actuara como si lo
estuviera… en ciertos aspectos. Ésa era la cuestión. ¿Acaso las mujeres mayores no podían centrarse en otra cosa
que no fueran las labores de punto y el Mahjong?

La solución de Marty y Anita fue seguir un camino
neutral en el tema de los hijos. Alojarse siempre en hoteles cuando iban a visitar a Nathan y a su familia en Atlanta, por ejemplo, para evitar la discusión de quién dormi-
ría con quién y en qué dormitorio. («Es por los niños,
mamá», insistió él, aunque, de todos modos, resultaba tan
difícil que sus nietos le prestaran atención que Anita duda-
ba de que se hubieran dado cuenta siquiera.)

Anita nunca tenía la sensación de ver a sus nietos tanto como deseaba. Hubo una época en que fue porque los
niños eran jóvenes y andaban atareados con actividades, y
a Anita, a quien le daba miedo volar, no le resultó fácil realizar los viajes. Pero luego los nietos crecieron y, ¡quién
lo iba a decir!, no estuvieron menos ocupados sino todo
lo contrario. Incluso cuando había ido invitada a casa de
sus padres, suponía toda una hazaña conseguir sentarse a
charlar con sus nietos, que siempre comían a toda prisa y

salían corriendo a los partidos y a las clases de danza y a trabajos temporales voluntarios que constarían como altruistas en sus solicitudes para la universidad. Anita suponía que ella manejaba igual su casa cuando sus hijos eran jóvenes y ella tenía el pelo castaño en lugar de plateado, pero le parecía que hoy las vidas de los niños tenían un calendario demasiado apretado y prolongado.

—Toda esa diversión va a acabar por estresarlos —advirtió a Nathan, que le hizo caso omiso, como siempre.

Pero en fin... Ella no había permitido que la reticencia de sus hijos la disuadiera de irse a vivir con Marty. Hablaron sobre el matrimonio muchas veces y Anita siempre había expresado sin ambages que lo consideraba innecesario y potencialmente complicadísimo. Además, ese tipo de limitaciones eran para la gente de menos de sesenta años, se dijo, personas que carecían del sentido común necesario para apreciar la excepcionalidad de encontrar un verdadero compañero.

Así pues, cuando se levantó durante la pausa previa a la séptima entrada en la que Marty y todos los demás seguidores se ponían a cantar, vio con gran sorpresa que Marty no se unía con su entusiasmo habitual. Al contrario, estaba sudando.

—¿Estás enfermo? —le preguntó.

—Nervioso —respondió él, que le tomó la mano mientras la gente que los rodeaba se desgañitaba con los últimos compases de «... el viejo juego de pelota».

—Anita, ¿quieres casarte conmigo?

Tras hacer la pregunta, Marty rebuscó en su bolsillo y sacó una cajita de terciopelo que, al abrirla, reveló un anillo de diamantes y rubíes enormes. Anita se sonrojó al notar las miradas de los desconocidos de alrededor que la observaban. Pero sólo tenía ganas de reírse tontamente. De echar la cabeza atrás y estallar en carcajadas. Por aquella situación absurda, por aquel hombre alocado y generoso que pensaba que compartir su amor por el juego más lento del mundo con ella era el súmmum de la conexión. Y lo amaba por ello.

Pedirla en matrimonio en el estadio de los Yankees era algo que Stan no hubiese hecho nunca. Y de hecho, en cierto sentido, eso era parte de la cuestión. Parte del atractivo de Marty. A las mujeres no les gusta sólo una clase de comida y tampoco les gusta sólo una clase de hombre.

Entonces fue cuando se decidió. Sí, se casaría con Marty. Y le diría a Catherine que estaba dispuesta a vender el apartamento del San Remo.

# Diez

Lo más fácil fue dar el sí.

Ahora, su lista de cosas por hacer estaba fuera de control; y eso que tan sólo había transcurrido una semana desde la proposición. Anita se había reservado un poco la noticia, sólo para saborearla, y luego compartió los detalles con Catherine, Dakota y James, tras lo cual se sentó con las socias del club en Walker e Hija y lo anunció alegremente. Fue una buena noche, y se alegró de oír que Darwin estaba fuera de peligro y que había dado a luz a sus dos bebés sanos de dos kilos setecientos, Cady y Stanton.

Las cosas marchaban muy bien para todo el mundo.

—Ya que vamos a casarnos, lo haremos bien —le contó a Peri una de las mañanas en las que acudió a la tienda—. No queremos una cosa discreta. Nosotros vamos a hacer una fiesta de proporciones épicas.

—Entonces, ¿habéis fijado ya la fecha?

—No —respondió Anita con un suspiro—. Me temo que no hemos dado muchos pasos en ningún sentido.

Marty accedía a todas las sugerencias de Anita, incluso cuando éstas se contradecían. ¿Casarse en Central Park? Fabuloso. ¿Casarse en la sinagoga? Por él, estupendo. ¿Una recepción en el hotel Saint Regis? ¿En el Plaza? ¿En el Essex House? Bien, bien, bien.

—Al ritmo que vamos, cumpliremos los noventa y no tendremos nada organizado —rezongó Anita—. Nos preguntábamos si celebrar una fiesta de compromiso para empezar, que los chicos vinieran en avión y reunir a la familia y los amigos.

—¿Cuándo será eso?

—Tampoco lo tenemos programado —contestó—. Lo que pasa es que da la sensación de que hay mucho por hacer: banquete, lugar, flores, vestido...

—No hagas lo sensato y no te compres un buen traje de color crema —indicó Peri—. Ponte algo fantástico. Al fin y al cabo, eres la novia.

—Aunque esté un poco arrugada —precisó Anita—. Sí, soy una novia. ¡Una novia!

Una de las cosas que se encontró haciendo todas las mañanas en cuanto Marty salía del apartamento era sacar sus viejos álbumes fotográficos y examinar las fotos de su boda, maravillándose de todo. Su piel, sin ir más lejos, era muy suave. O el pelo, rizado con bigudíes al estilo de los años cincuenta y tirante sobre la cabeza. Los labios tersos y rojos. La seriedad con la que miraba al fotógrafo, una actitud bravucona que adoptaba cuando en el fondo estaba nerviosa. Esa foto tan natural en la que hacía un gesto admonitorio con el dedo a una persona que estaba fuera del enfoque de la cámara. Se había olvidado de ello hasta que empezó a ojear de nuevo el álbum. Recordó otra vez a la pequeña de las flores con su vestido de color verde menta que comía bombones a escondidas y se estropeaba los guantes. Anita se había quedado lívida, temerosa de que esos deditos sucios lo tocaran todo.

—Haz algo —le había dicho a su madre—. Asume el control.

A Marty no le hubiese importado que quisiera mirar las viejas instantáneas; habría estado encantado de sentarse allí con ella en la barra de granito en la que desayunaban y oírla hablar de su primera boda, de su primer matrimonio. Anita nunca tenía que fingir que no tenía una vida anterior a él. Pero, no sabía por qué, le parecía mejor ver las fotografías en privado. No tenía que modular su tono. No tendría la sensación de que debía enjugarse las lágrimas, o que tenía que afrontar la incomodidad de dejar que él la consolara suponiendo que lloraba por Stan.

¡Ojalá Catherine no hubiera decidido expurgar el correo!

Anita había examinado cuidadosamente todos los panfletos y folletos, pero aquella maldita cesta de mimbre sólo contenía propaganda. Llamó a Catherine, con toda tranquilidad, y le dijo que quería volver a visitarla, mirar por la cocina, para ver si se había caído algo detrás de la nevera.

—¿La nevera? —repitió Catherine—. Apenas la he abierto en cinco años, no digamos poner nada detrás.

¿Dónde estaba entonces? ¿Por qué no había llegado?

Sus hijos manifestaron claramente que les parecía extraño que hubiese dejado tantas cosas cuando abandonó el apartamento del San Remo para irse a vivir con Marty, pero, de hecho, ella se llevó lo que de verdad le importaba: las fotografías, las joyas de Stan y las postales. El montón de postales sin nada escrito, enviadas desde lugares de todo el globo, que había guardado en un cajón de la cocina lleno de cachivaches; allí donde nadie se molestaba nunca en mirar. La verdad era que al principio intentó dejarlas, aguardó unas semanas y al fin regresó en busca de las postales a escondidas, cuando Catherine no estaba en el apartamento. En cierto modo se sintió como una ladrona, robando sus propias cosas. Y allí estaban: el Big Ben, la Torre Eiffel, el Coliseo. Atadas con una gastada goma elástica y remetidas en ese cajón. Había metido todo el montón en el bolso y regresó a su nueva vida, de modo que la única pista de su apego a esas postales era su en apariencia intensa fascinación por la propaganda recibida por correo. Marty no parecía darse cuenta de que no revisaba la propaganda que llegaba aleatoriamente a su casa. A ella sólo le importaba la que llegaba al San Remo.

—¡Ay, Sarah! —suspiró Anita, mirando las fotografías de la niña de las flores como si éstas pudieran decirle por qué este año no había tenido noticias de su hermana menor—. ¿Qué te ha pasado?

Dejar a Ginger con Rosie estaba resultando un problema más que una ayuda. Lucie había llegado a su apartamento esperando encontrarse a su madre y a su hija haciendo la cena, como de costumbre. En cambio, su madre roncaba levemente en el sofá y la pequeña estaba sacando comida de la nevera. Había zumo de naranja derramado por el suelo y huevos cascados solidificándose en las baldosas.

–Estoy ayudando –explicó Ginger, que acto seguido se llevó el dedo a la boca–. ¡Chiiist…! La abuelita está cansada.

Lucie respiró hondo. ¡Justo lo que necesitaba! Y sólo faltaban dos semanas para que supuestamente se fuera a Italia. El plan había consistido en agarrar a Ginger y el conejito de peluche al que la niña llamaba Dulce, llenar la maleta con el dibujo de Elmo de *Barrio Sésamo* de leotardos y vestidos de algodón para toda una semana y una abundante dotación de *Barbie y sus amigos*, y mandarla a casa de Rosie por unas semanas mientras Lucie se ocupaba de su trabajo. Sin embargo, si sólo un día de soportar a Ginger a tope daba como resultado una madre exhausta y una hija sin supervisión…, ¿quién sabía lo que podía ocurrir en un par de semanas? Ginger acabaría columpiándose en las lámparas de la casa de dos niveles de su madre en Nueva Jersey, en tanto que Rosie permanecería sentada en su butaca reclinable La-Z-Boy de color azul pastel con una bolsa de hielo en la cabeza. Sería buscarse la intervención de los Servicios Sociales.

Sobornó a una Ginger hambrienta con un sándwich de mantequilla de cacahuete y un episodio de *Barrio Sésamo* y a continuación tapó a su madre con una de las mantas Georgia que había tejido para donarlas a la beneficencia.

–Sólo he cerrado los ojos un segundo –farfulló Rosie, que volvió a dormirse en tanto que Lucie le daba unas palmaditas en el hombro.

Se dio cuenta de que no era justo esperar que su madre cuidara de Ginger.

«Mi madre está vieja», susurró para sí misma, y experimentó esa especie de sorpresa tanto por percatarse de ello como por la conciencia de haber tardado tanto tiempo en asimilar el hecho. Estaba claro que vigilar a Ginger era una carga excesiva: la dejaba a ella agotada, y eso que era muchos años más joven. Así pues, ¿qué iba a hacer respecto al trabajo temporal en Italia? Sus hermanos mayores y sus familias no tenían mucho espacio para una pequeña precoz, ni siquiera durante unas semanas. Ellos ya habían tenido su buena dosis de enfundar piernas gordezuelas en leotardos y soportar clases de natación mirando cabecitas que espiraban con orgullo y formaban interminables corrientes de burbujas.

Un año antes se lo hubiera pedido a Darwin y a Dan, por supuesto, que habrían estado encantados de acoger a Ginger y la hubiesen tratado como a su princesita. Pero ahora estaban atareados con sus dos hijos propios.

—Atareados, atareados, atareados —dijo Lucie entre dientes y en un tono de voz curioso, al tiempo que se apartaba el cabello rojizo recién teñido con el dorso de la mano, se ocupaba de recoger las cáscaras de huevo y las echaba a una servilleta de papel—. Atareados con los bebés.

Oyó sus palabras casi como si fuera otra persona quien las hubiera pronunciado. «Atareados con los bebés.» ¿Era posible que tuviera celos de Darwin por haber sido madre al fin?, pensó con un sentimiento de horror. ¿Estaba tan acostumbrada a contar con su apoyo que eso le causaba cierta amargura, la preocupación de que Ginger ya no fuera la niña de los ojos de su tía honoraria?

—¡Oh, Dios mío! —exclamó Lucie, que estaba hasta el moño de zumo de naranja y cáscaras de huevo y tenía un nudo de culpa en el estómago—. Soy una mala persona.

Ginger apartó la mirada de la pantalla del televisor.

—Pero mamá, no importa —dijo—. Haces unas cenas muy buenas.

El simple hecho de que algo sea natural no implica que vaya a ser fácil. Eso es lo que tendría que haber dicho alguien en la sala de partos. Y volver a repetirlo, más adelante, cuando le llevaron a los bebés para que los amamantara. Tal vez el hospital tendría que poner un letrero en alguna parte. Miró a Dan, su incondicional, el médico, pero sus ojos sólo reflejaban su preocupación.

«Vale, tengo tetas —se dijo Darwin cuando sus bebés empezaron a lloriquear—. ¿Y ahora qué?» Nadie las había necesitado nunca. Y eso eran los bebés: la necesidad constante, día y noche. Incluso cuando dormían requerían su vigilancia, comprobar que respiraban, que estaban calentitos, tranquilos y satisfechos.

Había momentos felices, muchos. Como cuando Cady lloró por primera vez, seguida a poco por su hermano. O como cuando los sostuvo en brazos y ellos suspiraron como para decir: «Por fin. Estar aquí contigo, mamá, es lo mejor del mundo».

Darwin hacía eso muchas veces, inventar pequeños diálogos para los bebés, tanto si se hallaba sola como, a veces, si estaba Dan. «Os quiero, mis pequeños ovillitos», les decía en media lengua, y le entraban ganas de odiarse por ser ridícula aunque, no tan en el fondo, le encantaba. Se encontraba pronunciando a borbotones una interminable retahíla de apodos —conejito, piruleta, barriguita, tontín, bollito— y fingía comerles los dedos de las manos y de los pies con una regularidad alarmante.

En fin. Darwin llevaba días sin lavarse el pelo; seguir el hilo de las horas constituía todo un reto. Su cuerpo la fascinaba y la asqueaba al mismo tiempo. Por lo que podía hacer, por cómo se quedaba sin fuerzas al término de la acción. Y todo —su cuerpo, los gemelos, la casa— estaba desagradablemente sucio. Asqueroso, incluso.

Estar con los bebés era como una montaña rusa continua, con las subidas de niños limpios, fragantes y dormidos, y las bajadas de unas bolas de furia malolientes, malhumoradas y sollozantes que se iban poniendo cada vez más coloradas con cada segundo que pasaba si ella malinterpretaba sus señales. Intentaba cambiarles los pañales cuando lo que necesitaban era eructar, o los envolvía con otra manta cuando ya tenían demasiado calor, y ellos apretaban sus dedos diminutos, y agitaban los puños como si dijeran: «¡Mamá! ¿Por qué eres tan tonta?».

—No puedo hacer esto sola —le gritó a Dan una noche en que los pechos le rezumaban y los recién nacidos lloraban; eran las cuatro de la madrugada y sólo habían podido dormir media hora entre los dos.

—Llamemos a tu madre —sugirió él—. O a la mía.

—No —dijo Darwin, y rompió a llorar—. Lo único que hacen es decirme cómo tengo que hacerlo todo.

—Pero es que en realidad no sabemos lo que estamos haciendo —repuso Dan mientras la crispación se reflejaba en su voz—. ¿No deberíamos pedir ayuda?

—Soy inteligente —afirmó Darwin, llorosa, sintiéndose desesperada y abrumada—. Tengo un doctorado. ¿Por qué no iba a poder cuidar de mis hijos?

Los libros no habían resultado muy esclarecedores, la verdad. Oh, sí, aludían al sufrimiento, a la depresión posparto, al sentimiento de frustración cuando los pequeños no podían agarrarse al pecho y al dolor de los pezones agrietados. Pero sólo eran problemas teóricos. Temas a los que Darwin había confiado no tener que enfrentarse.

Quería muchísimo a sus hijos. Llevaba años soñando con ellos. Por lo tanto, todo iba a ser alegría, sin duda, ¿no?

Pues no. Resultaba que ser madre era más de lo que había esperado.

—No estoy preparada —le confesó a Dan cuando empezaba a amanecer—. ¡No soy capaz de hacer esto!

—Bueno, pues ahora ya no podemos separarnos de ellos, cariño —señaló él—. Creo que la cosa mejora cuando cumplen los veintiuno.

Sin embargo, no todos los sentimientos tenían que ver con Cady y Stanton. El hecho de convertirse en madre estaba obligando a Darwin a pensar más en sí misma como hija. «Imagínate —pensaba— si Cady no me llamara durante un mes. Una semana. Un día.» ¿Cómo podría soportar estar tanto tiempo separada de su niña? No obstante, la comunicación con su madre, que vivía en Seattle, era muy irregular. Rara vez llamaba sólo para saludarla.

Después de pasar tres días en casa con los gemelos, viendo salir el sol otra vez tras pasar la noche en vela, Darwin estaba dispuesta. Quizá tener dos hijos fuera el estilo de las estrellas de cine, pero perdía atractivo cuando no tenías personal a tu servicio.

Ponía en duda poder volver a dormir algún día.

—Llama a las mamás —pidió a Dan con un suspiro cansino—. Necesitamos refuerzos.

A Catherine no le daban miedo los cambios. Los agradecía. Es decir, siempre que fuera ella quien estuviese al mando. No le sentó nada bien que Anita hubiera decidido vender el apartamento. Y no era que Catherine tuviera mucho que hacer. Empaquetar un poco de ropa, un cepillo de dientes, unas cuantas botellas de vino que aún no se había bebido... Era en la casita donde había descargado todas las cosas que había acumulado durante años, el armario que antes debía de tener escondido en su enorme vestidor, porque Adam no podía soportar nada que no fuera liso y brillante y, preferiblemente, metálico. Igual que su corazón.

Sin embargo, tener que adaptarse a la agenda de otra persona era algo completamente distinto y, aunque se sentía un tanto infantil por ello, Catherine estaba un poco molesta con Anita.

Telefoneó a Anita al móvil una tarde en la que se encontraba sentada en El Fénix haciendo tiempo hasta la hora de la degustación de vinos que había organizado aquel día:

—¿Esto es porque tiré los cupones?

—No, por supuesto que no —contestó Anita—. Sucede que ha llegado el momento. Y ahora ya tienes tu casa.

—Una chica necesita un apartamento en la ciudad —insistió Catherine.

—Puedes permitirte perfectamente comprar uno, querida —señaló Anita.

—Bueno, es que me gusta vivir en el tuyo —repuso Catherine, adulándola sólo un poquito; cosa que, por desgracia, nunca surtía efecto en Anita.

—Ya lo hablaremos en la próxima reunión del club, querida —repuso Anita—. Ahora mismo estoy haciendo una lista.

—¿Otra?

—Sí. —La voz de Anita sonaba cada vez más irritada—. Tuve tres hijos, ¿sabes? Nunca he planeado una boda. La mía la organizó mi madre.

—Tú piensa en ello como si fuera una fiesta —sugirió Catherine.

—Es lo que estoy haciendo —explicó Anita—. Una fiesta para la cual necesito repintar el apartamento, volver a tapizar el sofá, contratar un servicio de *catering,* encontrar el vestido perfecto, perder seis kilos y hacerme un *lifting*.

—Mira, déjame que te hable de los *liftings*, Anita —dijo Catherine, que había tenido abundantes escarceos con la cirugía de realce—. Estás guapísima, como siempre. El tiempo de recuperación no vale la pena. Lo que quiero decir es que… bueno, ¿cuándo tienes pensado hacértelo?

—¡Por centésima vez, no lo sé! Si alguien más me pregunta cuándo va a ser, le voy a dar en la cabeza con este anillo.

Catherine se apartó el teléfono del oído.

—¿Te sientes a gusto con la idea de casarte? —se aventuró a preguntar.

—¡Sí, no es la parte del matrimonio lo que causa el problema! —contestó Anita. Respiró profundamente y habló con más calma—. Hay demasiadas opciones.

—Yo hubiera dicho que una persona de tu… —Catherine hizo una pausa mientras intentaba encontrar la palabra adecuada— … de tu sabiduría, sería inmune a todo ese asunto del histerismo de las novias.

—La edad no tiene nada que ver con el criterio, querida —replicó Anita—. Creía que a estas alturas ya te habrías dado cuenta.

—¡Ay! —exclamó Catherine. Anita se estaba volviendo cada vez más cascarrabias, no había duda—. Mira, está sonando el otro teléfono. ¿Puedo llamarte más tarde? Tengo algunas buenas ideas y me gustaría ayudarte a planearlo todo, si puedo. Ahora te tengo que dejar.

Volvió a sentarse en el taburete que tenía junto a la caja registradora y contempló todos los objetos brillantes que había en El Fénix. Había días en los que Catherine se sentía poderosa y ambiciosa y le encantaba el nombre de la tienda; otros días, deseaba no haber abierto siquiera. Apenas se daba cuenta cuando el reloj de pie sonaba, alertándola de que eran las tres de la tarde y quizá quisiera hacer algo antes de dejarlo hasta el día siguiente. Había encontrado aquel reloj en Francia, en uno de sus viajes en busca de inventario. Catherine tenía incluso unas cuantas chucherías —una copa de plata de los Covenanters, una mesa auxiliar de cerezo— que se había traído de Escocia hacía dos años, cuando se encontró allí con James y Dakota y le llevaron a la abuela una caja gigantesca de bombones belgas. El detalle había sido muy bien recibido, sobre todo por las trufas de ganache de chocolate negro, y aun así Catherine se sintió incómoda tomando el té en la cocina con la abuela. «Tienes la sensación de formar parte de las cosas, y luego descubres que en realidad nunca te pertenecieron», pensó entonces. Siempre eran las cosas de otra persona y tú sólo formabas parte de la multitud.

—Echo de menos tener una persona que finja estar interesada en mi lista de quejas.

Eso había comentado alguien en la sesión de grupo, cuando James y ella se sentaron en círculo con todos los demás sacos de tristeza. Todos ellos necesitarían mozos para la gran cantidad de bagaje emocional con el que cargaban, las mamás, los papás, los hermanos y amigos, envueltos en frustraciones y confusión. James y ella no estaban por encima de su naturaleza, por supuesto, y se conformaron pasando gran parte del tiempo sintiéndose superiores, tranquilizándose mutuamente con movimientos discretos de la cabeza y arqueos de cejas. Así pues, resultó más bien impresionante estar lloriqueando con todos los demás hacia el término de la reunión.

—Añoro significar algo para alguien —había dicho Catherine. En este sentido pensaba tanto en sus difuntos padres como en Georgia—. Me hacía sentir importante.

Igual que la atención de un hombre.

Se dio cuenta de que en ese aspecto no era tan distinta a muchas mujeres. Aun cuando éstas no quisieran admitirlo. Aunque hablaran de buscar el amor o encontrar un alma gemela. Todo se reducía a lo mismo: importar a otra persona. Incluso su ex marido, Adam, había contado con ella, la había encontrado útil para presentarla en público. Catherine tuvo un papel, sabía qué se esperaba de ella.

Volvió a levantar el auricular. En realidad el teléfono no sonó cuando hablaba con Anita; lo que sucede es que por un momento sintió envidia y frustración.

—Aquí no es que haya mucha conversación —dijo Catherine dirigiéndose a la tienda llena de muebles, pero carente de seres humanos—. Nunca me preguntas cómo estoy —le dijo a la caja registradora. Se acercó a un aparador de cerezo—. Estoy bien —susurró Catherine mirando el cristal—. Y tú, ¿qué tal?

Regresó a su mesa a grandes zancadas, sacó una tarjeta de visita y marcó una serie de números que parecía no acabarse nunca.

—*Buongiorno*, Marco —dijo—. El vino me encantó. ¡Me he bebido casi tanto como el que he vendido! Ha sido una recomendación fantástica. Vas a tener que venderme más, no cabe duda. Bueno, dime, ¿cuál es la previsión del tiempo para este verano en Roma?

# Once

Anita miró los dígitos brillantes del radio despertador y se dio cuenta de que tarde o temprano tendría que contárselo a los chicos. Dejar que Nathan despotricara, que David fingiese interés y que Benjamin nadara entre dos aguas. «Por un lado es una buena idea, madre, pero por otra parte…»

Se tapó hasta la barbilla y cerró los ojos, haciendo como que se estaba quedando dormida cuando en realidad sólo escuchaba la suave respiración de Marty que dormía, una pauta regular de inspiraciones y espiraciones. Se le ocurrió que respiraba muy bien. Al cabo de veinte minutos ya no pudo quedarse por más tiempo allí tumbada, con los ojos cerrados, contando respiraciones.

—¿Crees que estamos haciendo lo adecuado? —Entonces, sólo por si acaso, Anita lo repitió. Esta vez en voz más alta—: ¿Crees que estamos haciendo lo adecuado?

No obtuvo respuesta, aunque no es que hubiera esperado recibirla. Marty tenía un sueño profundo y si quería su atención entre que apagaban las luces y el alba, tenía que recurrir a un buen puntapié en las espinillas o a un pellizco en la oreja. Cosa que negaba haber hecho inmediatamente después, por supuesto.

—¿Qué? —El hombre se incorporó en la cama—. ¿Qué hora es?

—Marty —empezó diciendo Anita tranquilamente, como si estuvieran sentados tomando té con *muffins* por la tarde—, me gustaría que habláramos.

Puedes hacerte una buena idea de cómo es un hombre por la manera en que reacciona cuando lo despiertas en mitad de la noche sin que haya indicios de un incendio o de ladrones.

Marty encendió la luz y pasó las piernas por encima del borde de la cama para ponerse las gastadas zapatillas de punteras de gamuza, pulcramente metidas bajo la mesita de noche.

—Haré café —dijo, y salió tranquilamente del dormitorio.

Si iban a casarse, pensó Anita, finalmente había llegado el momento de hablarle de Sarah. De contárselo todo.

---

—Estoy enamorada —le susurró Dakota por encima de la ropa que sujetaba mientras buscaban el conjunto de novia perfecto para Anita.

Catherine siguió considerando los trajes de color crema en medio de la *boutique*. En aquel establecimiento, a diferencia de las tiendas que frecuentaba con Dakota, la ropa estaba dispuesta de manera que quedaba un espacio inmenso entre las prendas, ya que sólo había uno o dos conjuntos en cada perchero. Por lo visto, todo el mundo tenía el amor metido en la cabeza, desde Anita, pasando por Darwin y hasta Dakota. Bodas, bebés… todo era cuestión de sexo.

Sexo.

Catherine alzó la cabeza de golpe para mirar a Dakota, que la observaba, esperando.

—¿Enamorada? —preguntó Catherine, como si no estuviera demasiado segura del significado de la palabra. Y tal vez no lo estuviera—. ¿Qué quieres decir?

—He conocido a un chico —dijo Dakota, que apretó los labios y ladeó la cabeza en dirección a Anita, quien salía del probador con un frufrú, luciendo una falda de tafetán de color azul pastel y un conjunto de suéter y chaqueta de cachemira. Dakota le lanzó una mirada significativa que indicaba: «¡No digas nada!».

—Ay, chicas, no sé qué deciros de éste —comentó Anita mientras les hacía señas para que se acercaran al probador y se colocaba delante de un espejo triple.

112

—¿Vas a dar un baile o una barbacoa? —preguntó Dakota—. Pareces estar por todas partes. Te pruebas un traje de color crema que parece igual que los que te pones continuamente para ir a la tienda («¡Ah, mira, podría llamarte por teléfono!»; o «Espera, quizá lo haga, ya lo creo») y al cabo de un minuto tienes el mismo aspecto que si fueras al baile para la tercera edad. Y al decir tercera edad me refiero…

—¡Chitón, jovencita! —exclamó Anita, enfurruñada—. El hecho de que sepas hablar no significa que tengas que decir todas las majaderías que se te ocurren. —Anita se dio la vuelta frente al espejo—. ¿Catherine?

—Yo creo que deberíamos ir directamente a Kleinfeld —afirmó—. ¡Eres una novia! ¿Por qué no vas a ir a la tienda de novias más famosa de Nueva York y probarte hasta el último vestido que tengan? Voy a decirte, de una vez por todas, la clase de novia que quieres ser. Quizá lo que quieres en realidad es vestir de blanco en lugar de azul pastel. Entonces, partiremos de ahí.

Catherine aguardó hasta que la puerta del probador de Anita se cerró con un chasquido y entonces agarró a Dakota de la muñeca y la atrajo hacia sí.

—¿Lo sabe tu padre?

James no le había comentado nada cuando se encontraron para asistir a la terapia de grupo y Catherine estaba segura de que se lo habría contado si lo supiera. Uno de los mayores temores de James era que Dakota, al igual que su madre, se enamorase de un joven con mucha labia, pero inmaduro. Alguien que se largara si surgían problemas, es decir, un embarazo. Esto constituía también el legado de James a su hija.

Entre las socias del club no era ningún secreto que James tenía dificultades para aceptar que Dakota se estaba desarrollando. La joven les había expuesto con detalles lo mucho que él insistió en oponerse a que se mudara a la residencia de estudiantes. Y siguió llevando pasteles a las reuniones de vez en cuando, quejándose de que su padre no lo entendía. A pesar de todas las cosas que su madre había dejado —el testamento, un seguro de vida, la escritura del negocio, las disposiciones para la custodia, la manta de punto Georgia tejida por las socias del club—, ciertas cuestiones prácticas habían quedado desatendidas. Concretamente, una serie de instrucciones diciéndole a James cuándo estaría bien que Dakota tuviera una cita, por ejemplo, o una hora para el toque de queda que fuera más o menos normal. Había pasado de andar por ahí de puntillas durante los meses posteriores a la muerte de Georgia a intentar proteger a Dakota de todos los peligros posibles, incluida la falta de sueño. La joven no comprendía por qué en noveno curso tenía que irse a la cama más temprano de lo que lo hacía en séptimo. Pasar la noche fuera el día del baile del instituto supuso una prolongada negociación digna de una cumbre del G-8.

Y en todas aquellas ocasiones, Anita o Catherine intervinieron de un modo sutil. Sugirieron otras alternativas. Negociaron acuerdos. Contribuyeron a que prevaleciera el sentido común.

Pero ¿y el sexo? Sí, Dakota lo había oído todo al respecto de boca de su madre, de Anita, de Catherine, de su padre. Todas esas conversaciones de pasada que tenían tanta chispa como un publirreportaje malo. Catherine pensaba que precisamente ella tendría que haber estado preparada para eso, tendría que estar dispuesta a procurar que a la hija de su mejor amiga le extendieran una receta y acabar con el tema. Sin embargo, se sentía aturdida. La había pillado desprevenida. Era más fácil olvidarse de que Dakota era una persona adulta. Y como la mayoría de los adultos, aún tenía que crecer mucho.

—¿Has tenido relaciones? —le preguntó Catherine entre dientes, cada vez más irritada por la expresión dolida de Dakota y molesta consigo misma por transmitir la actitud de un ama de casa puritana.

—No, Catherine —repuso ella, exagerando las sílabas mientras hablaba—. El amor y el sexo no son siempre la misma cosa. ¿Todavía no te has enterado a estas alturas?

¡Mira que llegaba a ser impertinente a veces! Más alarmante aún fue que Catherine podría haberse imaginado a Georgia diciendo exactamente lo mismo, suponiendo que el tono de voz hubiera sido un poco más de superioridad y menos malhumorado. «No, está claro que no me he enterado —respondió mentalmente, como si hablara con Georgia—. Y bien, ¿qué hago con tu hija aquí presente?»

—Lo siento, Dakota —dijo en voz alta, hablando con calma aunque tenía las mejillas ruborosas—. Me gustaría mucho que me hablaras de tu amigo. ¿Nombre? ¿Categoría? ¿Número de serie? ¿Dónde os conocisteis? Es muy emocionante cuando te enamoras. Al menos, eso leí en *Oprah*.

Dakota se relajó al momento. Catherine se dio cuenta de que, sin duda, la joven se estaba muriendo de ganas de contárselo a alguien. Era una gran noticia para ella. Para cualquiera. El amor. La mejor sensación siempre era la de la primera vez, antes de los pasos en falso y las confusiones. Cuando todo era nuevo.

De los labios de Dakota brotó un cotorreo en apariencia interminable: era un chico divertido, asistían juntos a una de las clases, se llamaba Andrew. Y por fin, la noticia que le pareció más tranquilizadora de todas: todavía no habían salido juntos. Por lo visto, hasta podría ser que el muchacho ni se hubiera percatado de la existencia de Dakota.

«Cancela la alerta roja», se dijo Catherine, pero sabía que no sería por mucho tiempo. Dakota era una chica hermosa, igual que su madre. No tardaría en ser aún más atractiva.

Anita regresó a la zona principal del probador de la tienda vestida de calle: un traje pantalón de lino color beige que soportara bien su paseo por la ciudad. Era un día de junio agradablemente cálido, sin demasiada humedad en el ambiente, y el trío aún tenía que visitar más tiendas.

—¿Cuándo supiste que estabas enamorada de Marty, Anita? —le preguntó Dakota cuando salieron a la calle.

—Ah, eso fue lo más fácil —respondió la interpelada—. Sin embargo, tardé un poco en darme cuenta de que no sólo estaba «enamorada», sino que sencillamente lo quería.

—¿Qué? —dijo Dakota.

—¿Qué diferencia hay? —inquirió Catherine.

—Algún día lo sabrás —anunció Anita, y su mirada se cruzó con la de Catherine—. Y tú también, algún día.

***

A media tarde el trío quedó reducido a dúo. Dakota le había prometido a Peri que haría el último turno porque ella tenía planes para ir a cenar con K.C. Se suponía que, por fin, K.C. había organizado las cosas para que por una vez sus colegas terminaran el trabajo —a tiempo— y así poder pasar juntas una velada en sociedad.

La idea de quedarse sola en la tienda le resultaba apetecible. Dakota rara vez tenía ocasión de hacerlo, de estar en el espacio de Walker e Hija. La tienda era su casa más que ningún otro lugar en el mundo. Aun cuando no estaba segura de quererla.

Dio un abrazo a las dos mujeres para despedirse y dejó que Anita y Catherine siguieran adelante, rumbo a un sombrerero de señoras del SoHo.

—¿Un sombrero? ¿Estás segura?

El día se estaba haciendo cada vez más largo, y Anita distaba mucho de ser una novia relajada.

—Pudiera ser que un sombrero fuera justo lo que hace falta —contestó Anita—. Sólo lo sabremos si echamos un vistazo.

Catherine detuvo un taxi sin problemas —sólo eran las dos de la tarde y todavía no había empezado la desbandada hacia los taxis de la gente que quería evitar el metro en un día caluroso— y subió a él con dificultad, dejando que Anita, grácil, la siguiera. Esto, pensó, era lo que habían conseguido con la ley que obligaba a entrar en el vehículo sólo por el lado de la acera: que uno de los pasajeros, torpemente, tuviera que deslizarse medio sentado hasta el otro extremo del asiento mientras el otro seguía teniendo la oportunidad de acomodarse con delicadeza.

—Últimamente Dakota está un poco irritable —se aventuró a decir Catherine cuando ya llevaban un rato sentadas en cordial silencio, contemplando las vistas de la Quinta Avenida (Tiffany, Versace, Rock Center, la biblioteca) que pasaban veloces ante la ventanilla—. No parece feliz.

—Por supuesto —asintió Anita—. Tiene dieciocho años, no lo olvides. Es una época llena de altibajos.

—Sí, pero ella nos tiene a todas nosotras.

—Oh, ya lo creo. Un grupo de amigas de su madre muerta que la rondan. —Anita se rio—. Quizá tuviéramos que considerar que no somos nada fáciles, ni mucho menos.

Sí, eso Catherine ya lo veía, desde luego. Pero estaba claro que no podía aplicarlo a sí misma. Ella no era como las demás. Éste era uno de los motivos por los que nunca encajó del todo. Eran todas tan… típicas. Y ella…, bueno, ella era distinta.

—Ni siquiera tú —añadió Anita, como si le leyera el pensamiento. Catherine permaneció sentada en silencio mientras Anita discutía los pros y los contras de las rosas antiguas, y se sintió aliviada cuando el taxi llegó a su destino.

Anita era más rápida que Catherine con las facturas y pagó generosamente al taxista.

—Vayamos a ver los sombreros —decidió—. Estoy casi segura de que Marty tiene intención de llevar una gorra de béisbol.

—¡No lo dirás en serio!

—No. No lo digo en serio. Sólo tenía curiosidad por saber si estabas escuchando.

En el desembocadero de West Broadway, al sur de la calle Houston, Anita subió por un tramo de escaleras de hierro en espiral.

—Mi madre solía ir con sombrero a la sinagoga —comentó—. Tenía toda una colección.

—¿Y tú?

—Bueno, hace mucho tiempo que no asisto a ningún oficio. La esposa de Nathan ya cubre con creces el cupo religioso de toda la familia.

—Tengo la sensación de encontrarme en una cárcel de pensamientos —murmuró Catherine.

—Hay muy poca gente que se conforme únicamente con su propia compañía. Pasas demasiado tiempo obsesionándote.

—No espero que lo entiendas.

Mientras respondía, Catherine eligió un sombrero descomunal de color rosa y se lo puso en la cabeza en lugar de pasárselo a Anita. Tenía el aspecto ideal para una recepción al aire libre, con la cabeza cubierta de plumas y tiras de encaje. Lista para entablar serias conversaciones sobre el tiempo y sobre la situación de la subasta benéfica. «Pues sí, los chicos ya se están preparando para ir a la universidad —diría—, pero su padre y yo no estamos del todo preparados para dejarlos marchar.»

Era una bonita fantasía, una de sus favoritas.

—¿Y por qué no iba a entenderlo? —replicó Anita, y miró a Catherine por debajo del ala ancha del sombrero.

—Porque tú no tienes nada de lo que arrepentirte. Tú eres la persona que siempre hace lo correcto, que sabe exactamente qué decir, que es amable y justa. Tú y yo somos muy distintas.

—Catherine —le dijo Anita en tono enérgico—, tu lucha por ser perfecta será tu perdición. Es la perdición de cualquiera. La vida no es de talla única.

—Dime un error que hayas cometido.

—Dejar que Dakota me convenciera para comer una hamburguesa… No me ha sentado muy bien, la verdad.

Catherine abrió la boca pero vaciló al pensar de nuevo en Dakota y en la reacción que había tenido ante su gran revelación. No quería sentirse tan estúpida como se había sentido con Dakota.

—Anita, yo nunca sé lo que voy a hacer el día de Acción de Gracias —dijo al fin. No era exactamente lo que quería decir, pero se aproximaba bastante—. Soy una persona sin familia.

—Nosotras somos tu familia —replicó Anita—. Yo. Dakota.

—No. No me refiero a eso. Quiero una familia de verdad. Cada día, que coman en mi comedor de paredes anaranjadas.

—Entiendo —comentó Anita—. Eso supone un gran cambio, viniendo de ti. ¿Acaso ha entrado alguien nuevo en escena?

—No, la verdad es que no —admitió Catherine—. Bueno, me he enamorado por teléfono de mi distribuidor de vinos. Es italiano.

—¿Lo conoces personalmente?

—Eso echaría a perder la magia del asunto. Es una relación perfecta, en el sentido de que sólo hablamos. Puedes llegar a saber muchas cosas de una persona cuando no la estás mirando, ¿sabes?

—Mirarse el uno al otro también puede ser muy divertido.

—¡Por una vez en la vida no soy yo quien saca el tema del sexo! ¿Qué le pasa a todo el mundo?

—¡La vida! —Anita se rio—. Relájate un poco, Catherine. Si la vida no se ha terminado a los setenta y ocho... y créeme, no se ha terminado, a tus cuarenta mucho menos todavía.

—Para ti es fácil decirlo... Lo tienes todo.

—Los hijos a los que rara vez veo. Sí, sí, los tengo, ya lo creo.

—Los ves, Anita.

—A veces —respondió mientras tomaba un casquete de color marfil que se ajustó perfectamente sobre sus ondas plateadas—. Pero, no sé por qué, ellos nunca me ven del todo.

# Doce

El apartamento de Dan estaba plagado de madres.

Había llegado Betty Chiu, quien había acudido literalmente a toda velocidad desde su casa en la costa noroeste del Pacífico para tomar un vuelo nocturno en el aeropuerto de Sea-Tac rumbo al JFK.

—Conduce más deprisa, papá —le había dicho a su esposo—. Nuestra hija por fin ha entrado en razón y me ha llamado.

Hacía semanas que tenía la maleta hecha, esperando en lo alto de las escaleras.

En un primer momento su intención había sido dirigirse a Nueva York sin decir nada, alojarse en un hotel y luego presentarse en el hospital sin previo aviso. Al fin y al cabo, no sólo eran los bebés de Darwin. Eran sus nietos.

Maya la había convencido para que abandonara ese plan. Daba igual lo que Darwin hiciera o dijese, que Maya siempre la defendía. Betty no recordaba que Darwin hubiera sido particularmente buena con Maya y, sin embargo, su hija menor tenía devoción por su hermana.

—Nos ha pedido que esperemos, madre —le había dicho—. Y eso vamos a hacer.

Maya siempre era la chica más razonable. Simpática. Feliz, incluso. Era bióloga, como su padre, estudiosa y reflexiva.

Darwin, por el contrario, era huraña, de semblante avinagrado. Era inteligente, sí, pero ¿para qué le servía tanto cerebro? Para convencerla de que tenía que vivir en el otro extremo del país, de que tenía que casarse en un

120

ayuntamiento sin invitar ni a su propia madre, de que tenía que escribir una tesis sobre las labores de punto.

Y nunca le contaba nada a su madre. Podía pasarse diez minutos hablando por teléfono con esa chica y Betty nunca sabía nada más que antes de empezar la conversación. Llevaba años preguntándole cuándo iban a tener hijos, y entonces, por fin, le dan la noticia, y luego pasan los siguientes nueve meses haciéndole saber que sus servicios como abuela sólo serían requeridos cuando Darwin así lo estableciera.

Bueno, lo que estaba claro era que los dos pequeños habían hecho cambiar de opinión a todo el mundo. Ellos sabían cuándo necesitaban tener a una abuela cerca. Había hecho bien en llevar la maleta grande, se dijo entonces. El verano iba a ser largo.

Lucie fue al hospital. Dan le había recordado este hecho millones de veces. Pero, francamente, no es que sirviera de mucho.

—Yo le sostuve la mano a Lucie durante su parto.

Mientras lo decía, Darwin echaba un vistazo a medias a los dos bultitos durmientes que tenía en brazos. Iban limpios, habían comido y estaban dormidos. Tal como a ella le gustaba. Si no se movía ni se inquietaba demasiado, podría ser que tuviera media hora de tranquilidad. Quizá incluso tres cuartos.

—Deberías intentar echar una cabezadita —sugirió Dan.

Tomó a los bebés de uno en uno y los dejó en sus cunas a juego. El cuarto de los niños —en realidad era la zona comedor del salón convertida en un dormitorio gracias a la adición de unos falsos tabiques— era un canto al color verde salvia. Verde claro en las paredes, las sábanas, las cunas. Todo ello salpicado con el rosa y el azul de las ranitas apiladas. Por lo visto, la vida de los bebés estaba muy codificada con colores.

Justo al otro lado de la pared verde, el salón ya estaba —inexplicablemente— lleno de juguetes. Los niños apenas podían sostener la cabeza y ya tenían más juguetes de los que Dan creía haber tenido en toda su vida. Y el apartamento sólo medía unos ochenta metros cuadrados. Si casi no había espacio para la gente de verdad, no digamos ya para Elmo y sus amigos.

De todos modos, Dan se sentía orgulloso. Se habían mudado de su apartamento barato de Nueva Jersey cuando él terminó su residencia en Los Ángeles y regresó a la ciudad. Al final invirtieron todo lo que tenían para comprarse un piso de tres habitaciones ampliables a cuatro en régimen de cooperativa en el East Side, cerca del hospital Lenox Hill en el que Dan estaba de servicio. El apartamento estaba situado en la parte trasera del edificio, en la planta baja. Estaba muy bien si tenías que salir en caso de incendio, había señalado Dan, pero no era tan extraordinario en cuanto a las vistas o a un poco de luz solar. Además, se trataba de un piso de tres habitaciones ampliables bastante diminuto, pues en realidad no eran más que apartamentos de un solo dormitorio con estancias para comedor-salón en forma de ele que se prestaban a separarse exactamente de la manera en que lo habían hecho los Chiu-Leung.

Al menos, sus hijos no tendrían que dormir en el armario, había dicho Darwin cuando cerraron la compra. Claro que eso fue mucho antes de que los tratamientos de fertilidad aumentaran sus deudas. Entre el coste de la *in vitro*, las facturas de la Facultad de Medicina de Dan y las de la escuela de posgrado de Darwin, el presupuesto mensual para comida y la hipoteca asfixiante susceptible de revisión a los dos años, Dan y Darwin sufrían cierta falta de liquidez. Más que eso. Andaban verdaderamente cortos de dinero.

Así pues, nada de enfermeras nocturnas ni de niñeras. Eso de ser padres sin dinero no tenía ningún encanto, pensó Darwin. Lucie tampoco tenía dinero cuando nació Ginger. Antes de que terminara el reportaje sobre la tienda de punto, sobre el club, sobre Georgia.

—Le hice la cena —le dijo a Dan, no por primera vez, y no por primera vez aquel mismo día—. La primera noche que pasó en casa tras salir del hospital. Rosie y yo le hicimos espaguetis con albóndigas. Nos turnamos para cuidar de Ginger y hacer la comida mientras Lucie dormitaba en el sofá.

—Fue todo un detalle por tu parte, cariño —comentó Dan.

Él también estaba cansado, la verdad. Ser padre tenía cosas buenas —cosas fantásticas, de hecho—, pero el hombre tenía tendencia a perderse en medio de la confusión del proceso del bebé. Como médico que era, le parecía lógico: la mujer pasaba por todo el estrés físico, los dolores del parto. Sin embargo, como padre, no le hubiera importado recibir un poco más de empatía por parte del mundo en general. Menos palmaditas cordiales en la espalda y más ofrecimientos para pasar la fregona.

—¿Tienes apetito? —preguntó a su ceñuda esposa—. Yo también puedo cocinar un plato italiano, ¿sabes? En el armario tenemos un bote de salsa.

—No quiero comer nada —dijo Darwin, que salió tras él del cuarto de los niños hasta la cocina, convenientemente adjunta. Mientras hablaba abrió el frigorífico y empezó a sacar recipientes con sobras de arroz y verduras. Dan mantuvo la boca cerrada—. Lo que quiero saber es qué diablos le pasa —añadió—. Tenía esa expresión de niña pequeña que Dan reconocía como previa a un arrebato de llanto.

—Ve a darte un baño —le dijo al tiempo que dirigía una mirada nerviosa al cuarto de los niños—. Te llevaré esto y podrás comer en la bañera.

Un solo gemido por parte de mamá y tendrían que volver a estar al pie del cañón durante horas, sin tregua, igual que la noche anterior y la otra. ¿Acaso iba a ser siempre así? Darwin estallaba por cualquier minucia, y cuando se alteraba, Cady y Stanton recibían sus emociones y expresaban su indignación compartida. Lucie tampoco le había causado muy buena impresión, pero él no tenía la más mínima intención de hacer de ello un problema. En cambio, había decidido asumir el control. Dan había invitado a Lucie a comer al día siguiente. Su plan consistía en hacer que Darwin se levantase y se duchara antes, luego desmigajaría un poco de atún, lo mezclaría con cebolla y mayonesa y prepararía sándwiches de ensalada de atún. Aún tenía que comprar algo de postre —¿macedonia, quizá?—, pero podía hacerlo de camino al aeropuerto cuando fuera a recoger a Betty. Y todo ello dependía de poder conseguir unos minutos de descanso…

El pitido del microondas lo sobresaltó y estuvo a punto de darse un porrazo en la cabeza con un armario abierto. Apoyó la mano en la encimera para sujetarse y el crujido de las migas bajo los dedos le recordó que tenía que pasarle un trapo después. ¡Caray! Se maravilló porque acababa de quedarse dormido de pie, algo que no le había sucedido desde los tiempos de la facultad. Tomó el arroz y una de las pocas cucharas limpias —casi todos los platos estaban apilados en el fregadero— y se dirigió al único baño del apartamento para comprobar que Darwin no se hubiera desmayado en la bañera.

Eran los exhaustos ambulantes. Y aun así, pensaba que ojalá hubieran podido ser padres antes.

---

—¿Por qué dejas la ropa sucia amontonada en el salón?

Betty ni siquiera había visto aún a los gemelos y ya estaba criticando el apartamento. Cuando Dan se reunió con ella en la recogida de equipajes, justo a tiempo para levantar una maleta enorme de la cinta transportadora, la mujer no pareció muy contenta de verlo. Aún entonces tenía el ceño fruncido.

—Hay mucho que hacer —dijo mientras él le llevaba el equipaje hasta la hilera de taxis, donde aguardaron a que llegaran más pasajeros para pagar a escote el trayecto en coche hasta Manhattan. Dan había ido al aeropuerto en metro para ahorrarse algún dinero. Tras abrocharse el cinturón, Betty sacó un grueso bloc de hojas amarillas de su gran bolso, seguido de un bolígrafo viejo de regalo—. Esto es para ti —anunció—. Para que puedas anotar lo que te diga.

Acto seguido comenzó a dictarle un programa de tareas coherente, una conversación que reanudaba cada vez que lo veía. «Una cosa más…» era la cantinela constante de Betty.

Pero bueno, Dan siempre había mantenido una relación amistosa con sus suegros, que aprobaban su licenciatura en medicina y su evidente devoción por Darwin. (Aunque Betty encontrara a su hija exasperante buena parte del tiempo, sin duda quería que tuviera un matrimonio feliz.) No obstante, por muy contentos que pudieran estar con su relación, en el aeropuerto Betty vio claramente que su yerno estaba desbordado: no había logrado hacer coincidir los botones de la camisa con los ojales correctos, lo cual le confería un aspecto descuidado. Tenía los ojos un poco hinchados por debajo de las gafas de montura metálica y bostezaba sin cesar.

No, Betty no iba a permitir que aquellos padres neófitos tomaran todo tipo de malas decisiones. Había acudido al rescate.

—Daniel —continuó luego mientras contemplaba el pequeño apartamento—, deberías contratar un servicio de limpieza para que vinieran a limpiar la casa. De momento lo haré yo, pero cuando no esté no tendréis tanta suerte.

—Puedo hacerlo yo —repuso él mientras calculaba mentalmente el coste anual que eso supondría.

—Tú no tienes tiempo. —Betty no había volado hasta allí ni dormido incómoda en el asiento entre dos hombres de negocios apestosos para malgastar el aliento en discusiones. Estaba allí para dar órdenes—. Los niños no necesitan una casa que se limpie una vez al mes, ni siquiera una vez a la semana. Los niños necesitan tener la casa limpia cada día.

—¿Quieres ver a Darwin?

Betty negó con la cabeza.

—Déjala dormir —dijo—. Voy a lavarme las manos, bañaré a los niños, haré la colada y luego empezaré por fregar el suelo. Después prepararé el desayuno.

—Los niños van a querer comer antes de que todo eso…
—empezó a decir Dan.

—¿Cuánto tiempo crees que me va a costar? —preguntó Betty con incredulidad, mientras se decía a sí misma que, sin duda alguna, era una suerte que estuviera allí.

———⬤———

En el lapso de cinco días, Dan y ella habían consumido más comidas caseras en su diminuta mesa de comedor que las que Darwin hubiera imaginado que tomaría nunca seguidas. Se sentaban a la mesa y su madre ya tenía siempre un cazo al fuego, hirviendo a fuego lento para la siguiente comida. En casa todo era como en una cadena de montaje: levantarse, dar de comer, bañar, dar de comer, limpiar, dar de comer, fregar… ya fuera un niño, un suelo, una pared… Era curioso, pero no recordaba que su madre fuera tan competente cuando era más joven. Mandona, sí. Siempre enojada, también. Pero ¿hábil? No. Sin embargo, de pronto aquella eficiencia enérgica tenía sentido y era incluso admirable.

De alguna manera, el hecho de tener hijos hizo que su madre resultara mucho más interesante para Darwin. Además, hacía la colada.

—Nunca habíamos tenido la ropa tan limpia como ahora —susurró Dan mientras se metía en la cama con Darwin para cerrar los ojos unos minutos antes de que Cady y Stanton empezaran con su coro hambriento—. Hasta los trapos de cocina están doblados y huelen a limón.

———⬤———

El cambio doméstico resultaba evidente apenas se entraba en el apartamento.

—¡Caramba! —exclamó Lucie cuando fue de visita poco después de la llegada de Betty. Había cambiado de día la invitación de Dan y acababa de aparecer—. ¿Habéis pintado? Parece como si hubiera venido Don Limpio y hubiera desinfectado este lugar. Están perfectos hasta los rincones que siempre se encuentran sucios. Ha desaparecido ese aire *grunge*.

Betty salió presurosa del dormitorio con una cesta de ropa sucia bajo el brazo.

—¿Más colada, mamá? —preguntó Darwin—. Tal vez deberías tomarte un descanso. Ven a conocer a Lucie —señaló a su amiga, quien se había quedado allí de pie, nada más cruzar la puerta.

—Hola, Lucie —saludó Betty.

Sabía que Darwin tenía una amiga íntima llamada Lucie, pero no la conocía. No es que supiera demasiados detalles sobre Lucie y Ginger, pues Darwin se había resistido a abrirle su corazón hasta que llegó con sus guantes de goma convenientemente metidos en el fondo de su bolso. Pero eso no le importaba: Betty estaba más que dispuesta a abrirse camino hacia su hija limpiando.

—Tendrías que ver su maleta —comentó Darwin con entusiasmo—. Es como el bolso de Mary Poppins. Siempre hay algo de comer, o un regalo para los niños, o un jabón especial que me deja la piel suave. Es asombroso.

Lucie estaba desconcertada. A lo largo de los años había oído un tema constante en boca de Darwin: ella y su madre no se llevaban bien. Sin embargo, helas aquí, actuando como una familia modelo como si nada.

—No tengo tiempo para charlar —dijo Betty—. Si no consigo hacerme con cuatro lavadoras ahora mismo, me pasaré todo el día subiendo y bajando en ese ascensor. Y no cometáis el error de pensar que puedes dejar allí tu moneda de veinticinco centavos y reservar una máquina. Los neoyorquinos no tienen ningún respeto por el dinero de los demás.

—¿Qué puedo hacer? —preguntó Darwin mientras Lucie miraba.

—¿Por qué no preparas unos cuantos sándwiches y así podemos hacer una buena comida cuando vuelva? —Betty señaló a Lucie con la cabeza—. Si estás aquí, tendrás que trabajar. Puedes poner la mesa.

Lucie siguió con la mirada a Betty cuando ésta se marchaba para tomar el ascensor, tras lo cual cerró la puerta del apartamento.

—Quítate los zapatos —le dijo Darwin, que señaló una alfombrilla colocada a la derecha de la puerta. Lucie se quitó obedientemente los mocasines y los dejó junto a una hilera de playeras y zapatillas perfectamente alineadas.

—¿Qué pasa? —preguntó.

—Nada, mi madre, que salió y compró esas zapatillas —explicó Darwin con despreocupación—. Cree que así podremos mantener el suelo más limpio, lo cual será importante cuando los niños empiecen a gatear.

—Sólo tienen dos semanas —señaló Lucie—. Ni siquiera son capaces de sostener la cabeza...

—Ya lo sé —dijo Darwin—. Pero siempre es bueno estar preparado. Nunca me había dado cuenta de lo mucho que tenemos en común mi madre y yo, ¿sabes? —Hizo una seña a Lucie para que la siguiera.

Fueron a la cocina, que, si bien nunca fue espaciosa, con dos personas estaba definitivamente abarrotada. Darwin empezó a sacar condimentos de la nevera, así como un tomate y un recipiente con ensalada de huevo.

—¿Quién eres? —dijo Lucie—. Estás tan..., tan apacible...

Darwin se encogió de hombros.

—Es guay tenerla aquí —repuso—. Además, Rosie también estuvo en tu casa cuando Ginger nació.

—Desde luego que sí —dijo Lucie—. Pero no recuerdo que lo revolucionara todo tanto.

Hubo un silencio incómodo, durante el cual Darwin cortó el tomate meticulosamente en rodajas finas, humedeció el pan integral con apenas un toque de mayonesa y extendió una capa de ensalada de huevo de un grosor mediano.

—¡Ay, Lucie! —dijo levantando la mirada de repente—. Acabo de acordarme de que odias la ensalada de huevo. Dan hizo ensalada de atún antes que ésta, pero ya nos la hemos comido, claro. Me la he comido yo. Puedo prepararte otra cosa.

Dado que habían pasado mucho tiempo juntas de manera prolongada, el hecho de olvidar con tanta facilidad una preferencia daba una sensación extraña. Los amigos saben ciertas cosas de la otra persona: sus programas de televisión favoritos, cuánta leche añadirle al café, y no ser capaz de recordar este tipo de cosas parecía una prueba fehaciente de su creciente distanciamiento.

Ser amiga de alguien no era algo que Darwin practicara con naturalidad: no había tenido muchas oportunidades mientras crecía y adoptó la postura de guardar las distancias como mecanismo de defensa. Sin embargo, conectar con Lucie la cambió, la abrió a ser una persona más generosa, francamente. Lo único que hace falta para no sentirse tan aislado es una buena amiga fiel. Y la idea de perder esa amiga le resultaba harto dolorosa.

—Lucie —dijo Darwin con el corazón palpitante, aun cuando fingía que le preocupaban mucho las cortezas de sus sándwiches de ensalada de huevo—. ¿Ya no te caigo bien?

¿Qué estaba pasando? Lucie había barajado unas cuantas teorías, sin duda, pero ahora, en la cocina de Darwin, de la que Betty se había apropiado, donde ya no había migas sobre los armarios y el horno se utilizaba de verdad, empezó a tener una sensación nueva. Algo un tanto sorprendente.

—Tengo un poco de envidia —dijo, incrédula—. Para mí ha sido duro.

—Rosie hace cosas por ti —comentó Darwin.

—Rosie se está haciendo mayor —explicó Lucie, que se apoyó en la encimera y empezó a romper una rebanada de pan y a comérsela trocito a trocito—. Te llevo más de quince años, Dar, y soy la hija menor de Rosie. Ella ha envejecido y supongo que no me he dado cuenta.

—O te propusiste no darte cuenta.

—Sí, eso también. Tengo una cría que va a ingresar en primer curso en otoño y una madre que debería estar pensando en hogares de ancianos. Es una mierda. Y luego está Dan.

—¿Qué pasa con él?

—Existe —respondió Lucie—. Está ahí. Tienes un chico y yo no.

Le había parecido justo, no sabía por qué. Como un acuerdo. Ella era la mamá de Ginger, y Darwin, la esposa de Dan. Cada una de ellas tenía una pieza del puzzle y, en cierto sentido, podían compartir la otra parte. Ginger tendría una tía y un tío que la querrían y que siempre estarían dispuestos a dar innumerables vueltas haciendo de caballo y a emprender proyectos con plastilina, y Darwin tendría a una niña a la que abrazar y apretujar. Lucie siempre tenía un lugar en la mesa para la comida que pedía Darwin, fuera la que fuese. A cambio, ella compartía a Rosie, con sus historias de la infancia en Italia y de criar a su familia en Nueva Jersey, y Rosie incluía a Darwin y a Dan en interminables barbacoas familiares durante los largos fines de semana de verano. Era un acuerdo. Cada una de ellas tenía algo que la otra anhelaba.

Entonces, ¿qué significaba ahora eso de que Darwin lo tuviera todo?

Significaba que Lucie iba a estar de más. Al menos, eso era lo que temía. Descubrir que lo que tenía que ofrecer —los ratos con Ginger, las galletas de Rosie— era mucho menos valioso. Por otra parte, dejaba muy claro a Lucie que ella no tenía pareja. Cosa que no debería haber supuesto una revelación asombrosa precisamente, dado que su intención fue la de ser madre soltera. Pero de eso ya hacía años. Lo había planeado todo muy bien. Para entonces. Lo que ocurría era que no fue capaz de vaticinar con mucha exactitud cuáles serían sus necesidades futuras.

En aquellos momentos, a Lucie no le hubiese importado tener a alguien que llevara a Ginger a clase de ballet, o que poseyera el conocimiento secreto para ganársela cuando a la niña le daba uno de sus berrinches y la obligaba a suspenderlo todo. O tal vez —sólo tal vez— a alguien con quien disfrutar del sexo agradable y perezoso en mitad de la noche. Pensó que a los humanos les gustaba emparejarse. Y aunque ella no se había convertido exactamente en

130

una monja, el hecho de tener que hacer malabarismos para compaginar una vertiginosa carrera profesional con la maternidad no conducía con demasiada frecuencia a una vida privada fulgurante.

Sin embargo, ¿significaba eso que tendría que haberle dicho a Will que se había quedado embarazada? ¿Que quizá tendría que haberse establecido y embarcado en todo eso del cercado, o mejor dicho, del apartamento diminuto de un solo dormitorio convertido en dos en Manhattan? No estaba segura. Aunque un futuro así, que pudo haber sido el suyo de haber tomado decisiones distintas en el pasado, parecía tener un nuevo atractivo mientras contemplaba a Darwin preparar los sándwiches revoloteando por ahí. Había algo muy poco habitual en su amiga, algo absolutamente distinto a lo que Lucie había visto siempre en ella.

—Eres como alguien que acabara de tener el orgasmo más increíble del mundo —comentó—. Tienes un aspecto completamente calmado y abstraído al mismo tiempo.

—Bueno, ahora no podemos mantener relaciones sexuales —le recordó Darwin—. Incluso cuando nos den el visto bueno, van a pasar años antes de que vuelva a abrir el negocio. Me duele.

Lucie le hizo un gesto con la mano como para quitar importancia a sus palabras y llevaron los sándwiches a la mesa. Cruzaron la puerta de la cocina adyacente al cuarto de los bebés y fueron a dar un vistazo a los niños, que ya empezaban a dormir mucho más profundamente. Tras echarles una mirada rápida, salieron las dos hacia la exigua estancia que comprendía tanto el salón como el comedor.

—Se te pasará —dijo Lucie—. El deseo sexual se recupera. Confía en mí.

—No hablemos de sexo cuando mi madre vuelva con la ropa —la previno Darwin—. No sé si sabe cómo se hacen los niños —se rio.

—¡Eso es!

—¿Qué? ¿Que mi madre no entiende el sexo?

—Te estás riendo.

—Me encuentro más relajada de lo que he estado en…, bueno, de lo que he estado nunca. En serio, no me malinterpretes. He empezado una nueva serie de listas. —Fue a buscar una carpeta que había encima de la mesa de centro del salón, a unos tres pasos de distancia–. Asuntos médicos, ahorros para la universidad, premisas para hacer amigos y varios. Tendría más categorías, pero aún no he tenido mucho tiempo para ponerme a ello.

—Pareces exhausta pero relajada —insistió Lucie.

—Estoy segura de que es cosa de las hormonas —contestó Darwin–. Mi madre está en casa las veinticuatro horas de los siete días de la semana y a mí me parece estupendo. Por lo tanto, está claro que he perdido el juicio, sí, pero lo he aceptado como la nueva normalidad.

—Dar, sé que te dije que estaría aquí y te he fallado totalmente. Por eso quiero que sepas que voy a intentar retrasar el rodaje en Italia y quedarme aquí un poco más de tiempo.

—¿Cuándo se supone que tienes que marcharte?

—Muy pronto, la verdad.

—¿Y si pierdes el encargo?

Lucie respiró hondo.

—Prefiero perder el encargo de un trabajo que una amiga.

En una milésima de segundo, Darwin se levantó de la silla y empezó a caminar por el salón.

—Este tipo de actitud —empezó a decir, agitando el índice en el aire— es la que impide que las mujeres luchen en el terreno profesional. Un hombre nunca haría eso.

—Es probable —admitió Lucie.

—Trabajaste muy duro para llegar al nivel que has alcanzado.

—Sí.

—Entonces, ¿por qué demonios crees que voy a considerar siquiera dejar que cometas una equivocación tan ridícula como ésa?

—Porque he sido una amiga pésima y ahora estoy dispuesta a mejorar.

—Bien, pues bravo por ti, Lucie, porque ya iba siendo hora. Pero los niños y yo no vamos a movernos de aquí. Tienes mucho tiempo para arrastrarte a mis pies y portarte bien conmigo. Mientras tanto, creo que tendrías que dar un buen ejemplo a Ginger y a los gemelos sobre el mercado global.

—Así pues, estás diciendo… ¿qué, exactamente?

—Que acepto tu especie de pobre disculpa —respondió Darwin—. Y que espero que hagas un vídeo maravilloso.

En aquel preciso momento Betty intentó torpemente abrir la puerta, porque trataba de meter la llave en la cerradura y hacer girar el pomo al mismo tiempo.

—Bueno, una última cosa, porque voy a salir pitando de aquí antes de que tu madre me eche a la colada —dijo Lucie, y fue a abrirle la puerta a la madre de Darwin y a recoger el bolso al mismo tiempo. Más que un bolso, era un espacioso maletín de ordenador fieltrado, de color azul, parte de la nueva línea comercial de Peri, con un fondo de polipiel que permitía cargarlo sin preocuparse demasiado de que se combara. Regresó a la mesa con el bolso azul, lo dejó en la silla en que había estado sentada y sacó dos pequeños sombreros de punto blancos, con una delicada franja en verde y amarillo—. Para ti —dijo.

A Darwin se le humedecieron los ojos, sólo un poco.

—Son las hormonas —gritó, cosa que lamentó al instante, pues había olvidado que su voz despertaría al dúo diminuto que descansaba tras las finas paredes de su cuarto.

—Bueno, está bien, les haré arrumacos un ratito —dijo Lucie—. Pero luego tengo que marcharme, en serio.

Betty continuó doblando toallas, calcetines y ropa interior aparentemente sin prestar atención a su hija y a su amiga. Pero estaba contenta. Ella sabía que una madre nunca se cansa de ver que sus hijos se sonrojan de felicidad, y observó cómo su Darwin, orgullosa, presumía de sus gemelos con su mejor amiga.

# Trece

Para Lucie y Ginger, subirse al Path Train para ir a Nueva Jersey era un ritual de los fines de semana. No todos, pues eso habría supuesto un leve exceso de unión familiar, pero sí con bastante frecuencia, de modo que la casa de Rosie era lo bastante familiar (y divertida) como para servir de soborno. ¿Cuántas veces había oído su hija que si comía sólo un poco más de verdura Lucie la llevaría a casa de la abuela a comer espaguetis con albóndigas caseras? Así pues, las dos Brennan corrían de un lado para otro con la acostumbrada ilusión de preparar un par de camisones, algunos calcetines limpios y medias para pasar la noche fuera. Lo metieron todo en una mochila fieltrada amplia y honda de color rosado y naranja (un diseño de Peri al que Lucie había hecho alguna aportación) y se cercioraron de llevarse a Dulce, el conejito de peluche de Ginger, atado por las orejas en el exterior de la bolsa.

Lucie alargó aún más sus jornadas laborales durante varios días de antemano para procurar que no hiciera falta dedicar horas del sábado y el domingo a editar o producir. Para ella era importante que toda la familia se reuniera antes de marcharse de viaje, sobre todo cuando la envergadura del proyecto parecía estar en continua expansión.

—Parece que voy a pasarme casi todo el verano en Italia —le contó a Darwin por teléfono.

Habían retomado sus charlas diarias, aunque ahora eran breves por necesidad, dado que era probable que los gemelos las interrumpieran en cualquier momento. Ambas repasaban a toda prisa los pormenores de la jornada, trataban de embutir en cinco minutos tanta conversación como fuera humanamente posible, esperando a ver quién sería el primero en poner fin a la charla: el trabajo, los bebés o Ginger.

—Estupendo —remató Darwin cuando las crecientes muestras de descontento de los niños empezaron a ahogar su voz—. Tengo que dejarte.

Pero, a medida que el proyecto italiano crecía, lo mismo ocurría con las preocupaciones de Lucie en cuanto a qué hacer con Ginger. Su primera idea fue un campamento de verano, seguida de visiones de su hija chupándose el pulgar y llamándola desde una cabina con Dulce colgado del brazo. «Mamá, te echo de menos», le diría llorosa, y Lucie no podría hacer nada para rescatarla de inmediato. Además, Ginger ni siquiera se había graduado aún en el externado; difícilmente aguantaría durmiendo en un campamento.

Sus hermanos, a quienes había considerado y descartado con anterioridad, suponían una posibilidad cada vez más atrayente. En parte por ese motivo Lucie había animado a Rosie a que invitara a todo el mundo a casa para celebrar una gran fiesta familiar: podría preguntar si había alguien que pudiera añadir uno más a su prole durante el verano. Ella lo habría hecho por ellos, ¿no?

No tanto. Lucie había cuidado de sus sobrinos y sobrinas algunas veces a lo largo de los años, por supuesto. Pero casi todo el trabajo pesado en ese sentido se lo dejaba a su madre, que parecía estar de maravilla cuidando a todo el mundo. Para Lucie, el hecho de haber tenido un bebé cumplidos los cuarenta suponía que iba absolutamente a destiempo de la dinámica del resto de la familia: sus hermanos y las esposas de éstos estaban ya a un paso de enviar a los chicos a la universidad y de conocer los placeres relativos del nido vacío. Por otra parte, Ginger necesitaba un baño, dos cuentos, un sorbo de agua, una canción y otro sorbo de agua antes de irse a la cama. Y todo eso antes de las nueve de la noche.

No hacía demasiada humedad para una tarde de sábado de primeros de junio y Lucie estaba satisfecha por ello.

Hizo pasar a Ginger a la espaciosa casa de dos niveles de Rosie —el mismo lugar en el que sus hermanos y ella habían crecido— y fue derechita a la cocina en tanto Ginger se iba en busca de sus primos adolescentes, que tan encantadores eran al parecer.

—Andi tiene la paciencia de un santo —dijo Lucie a su hermano Mitch, hablando sobre la hija mayor de éste—. Agradezco mucho el descanso.

Rosie trajinaba junto al cesto del pan haciendo sándwiches: su bienvenida tradicional. Nada más llegar, los recibía con cantidades ingentes de calorías, las tardes perezosas estaban salpicadas de fruta y *brownies* y en ocasiones de comidas enteras con carne y verduras, y las noches eran, como de costumbre, aventuras de platos múltiples al estilo bufet.

Lucie abrió el frigorífico para sacar el té helado reciente que siempre había en el estante.

—¿Quieres un vaso? —preguntó, con la cabeza entre las repisas. Cuando se volvió, vio que su hermano ya no estaba en la habitación.

—¿Mitchell? —inquirió al salir al patio con un vaso en la mano—. ¿Quieres té helado?

—¿Sabes? Eres un caso único, Lucie —respondió, de esa forma que le provocaba un nudo en el estómago.

¡Ay, no! —se dijo—. Ya estamos otra vez... Lucie lo hace mal.

—¿Qué pasa?

—¿Cómo puedes dejar que mamá cocine de esta manera ahí dentro?

—Tú también te comes lo que prepara.

—Sí, pero mi esposa la ayuda —repuso Mitchell.

—Podrías hacer algo por ti mismo. Ella no firmó para representarte a ti.

—Ya hago muchas cosas. Barro las hojas, limpio el garaje, llevo el coche a reparar... ¿Y tú qué? Mamá va a la ciudad varias veces a la semana para cuidar de Ginger. ¡Tiene más de ochenta años, joder!

—Ya sé cuántos años tiene nuestra madre, Mitch —dijo Lucie, y tomó un sorbo de la bebida que antes le había ofrecido a su hermano.

—Pues te aseguro que no actúas como si lo supieras —le espetó él con un resoplido—. Vienes aquí como si fueras una invitada, dejas que mis hijos hagan de canguro y que mamá cocine mientras tú te quedas en la mesa del comedor, charla que te charla sobre tus anécdotas sobre rodajes y estrellas del rock. No eres tan especial, Lucie. No hace tanto tiempo te enviaba dinero extra para que pudieras pagar el alquiler.

Lucie se erizó.

—Me he ofrecido a devolvértelo infinidad de veces.

Mitch era considerablemente más alto que ella, y odiaba el modo en que su hermano mayor la hacía sentir incómoda e intimidada para luego escarbar en su interior. Por el rabillo del ojo vio que sus sobrinos y sobrinas los observaban con atención.

—No me hace falta ese dinero —respondió Mitch.

«No, porque entonces no podrías echármelo en cara», se dijo Lucie, que, sabiamente, mantuvo la boca cerrada.

—Dime, ¿de qué va todo esto en realidad, Mitch? ¿No friego suficientes platos para tu gusto?

—Estás perdiendo el juicio, Lucie. ¿Y sabes lo que me da rabia? Que tú eres la única que está soltera y la que menos hace. ¿Crees que es fácil estar casado, cumplir con el trabajo y encima tener que venir aquí corriendo para cuidar de mamá? ¿Dónde estás tú en todo esto?

—Yo vivo en la ciudad —declaró Lucie, consciente de la aspereza de su voz.

¡Maldita sea! Odiaba la forma en que se sentía en cuanto los ánimos empezaban a caldearse en casa de Rosie, como si experimentara una regresión. Todo el mundo representaba el mismo papel una y otra vez: Mitch provocaba el revuelo; Charlie intentaría apaciguar las cosas; Brian se pondría de parte de Mitch y Lucie iría alternando entre un sentimiento de infantilización e ineptitud o el de haber sido elegida como blanco de los matones.

Alzó una mano.

—No creo que estés diciendo lo que quieres decir —empezó.

—¿Qué demonios? —Mitch estaba furioso; antes sólo había estado enojado—. Sé exactamente lo que quiero decir. Por lo que a la familia concierne, eres una vaga y ya va siendo hora de que hagas un esfuerzo.

Lucie se quedó allí, atónita. La semana anterior Darwin le hacía notar que no estaba mucho por la labor, y ahora lo hacían sus hermanos.

—Patsy y yo tenemos planeado un crucero de tres semanas…, del cual hace meses que estás al corriente —añadió Mitch.

—Ya lo sé. Espero que os lo paséis en grande. Y que os relajéis un poco.

—Así pues, vamos a dejar a mamá y ya está, ¿no es eso?

—Charlie y Brian también están involucrados. —Lucie señaló a sus hermanos a los que distinguía vagamente a través de la ventana; ambos estaban enfrascados en un partido de béisbol que daban por televisión, y aunque los llamó con la mano, no hicieron ni un solo movimiento en su dirección.

—¿Sabes que la semana pasada Charlie vio que se pasaba de largo una señal de stop?

De todos sus hermanos, el mediano siempre había sido su favorito. Nunca se había mostrado particularmente molesto con Lucie —fue él quien le enseñó a hacer las divisiones largas y quien solía ir a la ciudad para llevarla a cenar un buen filete cuando ella tenía dificultades para salir adelante— y a ella le enojaba que Mitch pareciera creerse con el derecho de hablar por Charlie. Siempre tenía que ser él quien estuviera al mando.

—¿Acaso tú nunca te has saltado un stop?

—No, espera, que esto mejora. —Mitch no iba a aceptar ninguna pregunta—. Charlie la siguió durante una hora mientras ella conducía por la ciudad. Se perdió, aparcó y volvió a aparcar el coche repetidas veces en la tienda de

comestibles y luego estuvo a punto de golpear a otra señora mayor al dar marcha atrás.

Lo más duro era saber que parte de lo que Mitch decía
era cierto. Rosie empezaba a verse superada por las cosas.
No podía mantener el ritmo que llevaba antes ni hacer
las tareas ella sola. «Es demasiado.» Esto es lo que dice la
gente. Es demasiado. Sin embargo, el momento en el que
por fin admites que es demasiado, probablemente llegue
mucho, mucho después de lo que debería haberlo hecho.

Le fastidiaba también que Mitch pareciera estar des-
cargando su frustración en ella.

—Así pues, deberíamos hacer que Rosie dejara de conducir —dijo Lucie—. Que tomara un taxi para ir a la tienda.

—No va a entregar las llaves sin más. —Mitch la miró
como si fuera imbécil—. Le dije que el coche hacía un
ruido extraño y que tenía que llevarlo al taller. Lo con-
duje un rato, lo llevé a casa, saqué las bujías y le dije que
había que esperar a que llegara un recambio para que pudiera funcionar de nuevo.

—Le mentiste.

—Descaradamente —afirmó Mitch al tiempo que se pasaba los dedos por el cabello corto de lo alto de la cabeza—.
La cosa se reduce a esto. Mamá no va a envejecer de modo
pacífico. A nadie le gusta hacerse mayor. Para ser una niña
lista, eres bastante estúpida.

—¿Y ahora qué?

—Creo que tendríamos que turnarnos para venir y que-
darnos con mamá, hacerle los recados y cosas así. Y, francamente, los chicos y yo hemos decidido que te toca a ti.
Tendrías que saltarte tu maravilloso viaje a Italia y quedarte
aquí con tu familia cuando se te necesita.

—¿Los chicos y yo? ¿Quién te ha puesto al mando?

—Dios. Cuando decidió que fuera el primero en nacer.

—Eso puede aplicarse a sacarte el carné de conducir
antes que los demás, pero lamento decirte, Mitch, que en
este caso no va a funcionar. —A Lucie se le quebró la voz
al sentir cómo aumentaba su frustración—. De modo que

tú te vas de vacaciones, yo rechazo una oportunidad profesional decisiva y Brian y Charlie ven el béisbol y comen albóndigas. ¿En qué cuerno piensas?

—No estás ayudando.

—¿Quieres saber una cosa? —Lucie ya estaba gritando. Imaginó que sus sobrinos y sobrinas tendrían mucho sobre lo que cuchichear después—. A veces soy egoísta. Y a veces hago lo que tengo que hacer para poner a Ginger en primer lugar. Quiero ir a Italia. Es importante para mi carrera y es importante para mi cuenta bancaria ahora y para mi reputación profesional en el futuro.

—Eres su hija. Siendo una chica, deberías estar aquí.

—Todos somos sus hijos, ¿o no? Yo haré mi parte, pero que me aspen si voy a participar en este viaje culpable que me ofreces. No hay ninguna regla por la que una hija tenga que hacer más que un hijo, y seguro que tampoco la hay para que la gente soltera tenga que dejar su vida para que la gente casada se tome un descanso. Lo siento, Mitch, pero dentro de esta familia todos somos igualmente importantes. Tanto si tengo un marido como si no.

Se alejó airada, pero luego giró sobre sus talones y gritó aún más fuerte al tiempo que alzaba los brazos por encima de la cabeza para dar énfasis a sus palabras:

—¡Y no vayas a creer ni por medio segundo que voy a marcharme corriendo de aquí y echar a perder mi último fin de semana con mamá antes de mi viaje! —exclamó—. Voy a reírme, a bromear y a comer espaguetis y a disfrutar de todos los condenados minutos de este fin de semana, tanto si te gusta como si no.

━━━━━◤◥━━━━━

Lucie seguía disgustada el lunes por la mañana, cuando la alarma del despertador la devolvió a la conciencia con un sobresalto. No se movió, se limitó a escuchar el ruido insistente de la máquina mientras repasaba a toda prisa su lista de control: desayunar, despertar a Ginger, darle de comer, lavarse la cara, los dientes y las manos, hacer que se vistiera, llevarla a la guardería y luego ir a trabajar. No, un momento, tachemos eso. Se suponía que tenía que encontrarse con Catherine para hablar de todo lo de Italia. Tan sólo necesitaba cinco minutos más, pensó mientras palpaba la mesilla de noche con una mano intentando darle al botón que silenciaría la alarma. Tiempo atrás, Lucie había sufrido rachas recurrentes de insomnio y la invectiva de Mitch no había contribuido exactamente a que tuviera un fin de semana apacible.

—Tienes un aspecto horrible —le comentó Catherine, que estaba esperando a Lucie en la charcutería de Marty.

El establecimiento, situado justo debajo de Walker e Hija, en la planta baja, se había convertido en una especie de punto de reunión cuando Peri todavía no había abierto la tienda. Mantenía el mismo horario de apertura que Georgia, a las diez de la mañana, estrictamente. Catherine sospechaba, con una dosis sustancial de respeto, que tal vez Peri se quedara en la cama hasta las nueve y media. La cuestión era que pasar el rato en la charcutería carecía de cierta elegancia y Catherine no parecía encajar del todo allí, sentada en una mesa situada no muy lejos de los refrescos refrigerados, pero era un lugar céntrico y familiar. Además, el café era delicioso.

—Estupendo —respondió Lucie.

Catherine siempre hacía que se sintiera como si todavía no dominara eso de ser adulta. Ni combinar un conjunto elegante. Ni hacerse un corte de pelo fantástico. Y en Catherine siempre había cierta actitud distante, algo que Lucie no sabía decir concretamente qué era. Tanto Anita como Catherine eran personas adineradas, pero, aun así, Anita se las arreglaba para parecer una más del grupo. Bueno, la más sabia del grupo, pero al fin y al cabo, una socia como cualquiera de las demás. Sin embargo, Catherine siempre parecía mantenerse un poquito apartada. Así pues, encontrarse con ella para tomar café era algo atípico y Lucie entró con cierta renuencia en la charcutería provista de aire acondicionado.

—Lo siento —dijo Catherine—. Pareces cansada, sí, pero he sido ineducada. Padezco una incapacidad clínica para mantener la boca cerrada.

—Tengo un hermano así.

De repente, Lucie se encontró desahogándose de sus preocupaciones. A veces, cuando las cosas están en la cabeza tienen tendencia a brotar sin más, y Lucie estaba en tensión.

—No puedes hacer más de lo que puedes hacer —dijo Catherine—. Y tampoco puedes hacer que lo sienta de otra forma.

—Lo sé —afirmó Lucie—. Pero eso no lo hace más fácil. Aún quiero la aprobación de mi hermano, ¿sabes?

Catherine se encogió de hombros.

—Mi familia no está unida, de modo que no, no puedo decir que me identifique personalmente —comentó—. En cualquier caso, a todos nos gusta que nos aprecien y nos valoren.

—No soporto ver envejecer a mi madre —confesó Lucie—. Es una polvorilla. Resulta extraño pensar que mis hermanos le han quitado el coche.

—Son cosas que resultan incómodas para mucha gente, sí. Aunque no sabría qué decirte. Mis padres murieron hace mucho. En cierto sentido, creo que te envidio, por poder hacer esta transición con tu madre. Apuesto a que es duro, pero al mismo tiempo tiene sentido. No hay tantos porqués.

—No —replicó Lucie—. Sigue habiéndolos.

Permanecieron en silencio unos minutos, tomando sus cafés, hasta que Lucie sacó las preguntas sobre restaurantes y tiendas en Roma que tenía anotadas. Y Catherine, quien disfrutaba muchísimo compartiendo su pericia, la satisfizo revelándole sus lugares favoritos.

—Mi plan sólo adolece de un problema —admitió Lucie—. No sé con quién dejar a mi hija. Es evidente que no puedo dejar a Ginger con mi madre y no me atrevo a pedirles a mis hermanos mayores que cuiden de ella.

—Es el inconveniente de tener hijos —comentó Catherine con aire pensativo, como si marcara uno de los puntos de alguna lista mental—. Pueden resultar inoportunos.

—Pensé en contratar a una niñera, pero me he informado un poco y de momento no he encontrado a nadie con quien me sintiera cómoda para que me acompañara todo el tiempo.

—¿Y por qué no optas por alguien más obvio? —sugirió Catherine—. Alguien que esté disponible de inmediato, que trabaje por una miseria y tenga un horario flexible. Y que conozca a Ginger.

—No te sigo —dijo Lucie, que se alisó el pelo detrás de la oreja—. Darwin tiene los gemelos…

—Dakota —anunció Catherine triunfalmente—. Sería perfecto, ¿no? Creo que le iría bien alejarse de la ciudad una temporada. Es demasiado tentador...

—¿Qué?

—¿Dakota es una buena canguro?

—Absolutamente magnífica —respondió Lucie—. Pero no se me había ocurrido llevármela a ella… Imaginaba que ya tendría planes para el verano. La tienda y demás.

—Los planes están para cambiarlos —insistió Catherine—. Tú pregúntaselo y ya verás cómo salta de alegría ante la posibilidad de ir a Italia. Además, yo también estaré allí.

—¿Vas a ir a Italia este verano?

En un primer momento, Lucie no supo cómo reaccionar al oírla. ¿Podía ser que se sintiera un poco decepcionada en realidad? Italia era como su cosa especial —quería ver a las socias del club apiñadas a su alrededor mirando sus fotografías y escuchando sus anécdotas— y la idea de que Catherine estuviera allí también hizo que se sintiera un tanto… abatida.

—Me hace mucha falta tomarme unas vacaciones —explicó Catherine—. Llevo semanas en busca de ideas para la boda de Anita y, francamente, estoy exhausta. Es una mujer encantadora, pero como novia es terrible. Nunca se sabe quién puede llegar a convertirse en una novia histérica.

143

—¿Cuándo va a ser el gran día?

—¡Ay! Ésa es la cuestión —respondió Catherine—. Nadie tiene ni puñetera idea, y menos Anita. Cuando no salimos a mirar zapatos y sombreros se va al apartamento a rebuscar en todos los cajones. No sé si es que ha perdido algo o si está sometida a tanta tensión que se ha trastornado un poco.

Catherine no miraba a Lucie mientras hablaba. De hecho, hacía poco se había encontrado correo comercial de Anita en un cajón junto a la caja registradora de El Fénix. Estaba claro que se lo había llevado allí por error. Entre las circulares y las últimas novedades inmobiliarias había una postal con matasellos del mes de marzo. Catherine se sintió tan avergonzada al verla que volvió a meterla en el cajón de inmediato. Había pasado más de una semana sin mencionarle la postal a Anita, aun cuando iban de compras, comían y charlaban casi a diario. De todos modos, era una postal extraña, pues sólo figuraba la dirección de Anita en el San Remo escrita a la izquierda. No había ningún mensaje. Era como una nota secreta. Tal vez si la humedeciera con limón o la sostuviera a contraluz... Catherine miró a Lucie, que hablaba atropelladamente.

—¿Y por qué no vas a... Viena? ¿O vuelves a Escocia?

—Ya estuve en los dos sitios el año pasado. Además, ahora que también estaréis tú y Dakota, podemos quedar para tomar unos capuchinos y unas pastas, ¿no?

—Aún no se lo he preguntado a Dakota siquiera. Ni siquiera lo he pensado.

—¿Y qué hay que pensar? Estás entre una desconocida aquí o una desconocida allí —observó Catherine con total naturalidad—. O te llevas a una persona de confianza, y así sabrás que a Ginger la cuidará alguien que la quiere.

—Pero, con dieciocho años, es mucha responsabilidad para todo un verano.

—Lucie, Dakota es, sin duda, demasiado mayor para la edad que tiene. Saldrá bien. Ya lo verás.

—¿Y qué harás tú en Italia mientras yo ruedo y Dakota hace de canguro?

—Bueno, buscaré piezas para la tienda, probaré algunos vinos y esas cosas. Será un buen descanso. Me he quedado atascada en algunos malos hábitos y me gustaría tratar de cambiar las cosas.

Resultaba curioso utilizar Internet. Era eficiente, pues podía introducir los nombres de los lugares que le había dado Catherine y obtener una infinidad de críticas y comentarios sobre prácticamente cualquier cosa. Podía encontrar fotografías de calles, intercambio de apartamentos, blogs sobre las comidas de las líneas aéreas... Era todo un alarde de lo extravagante y lo extraordinario. Sin embargo, siempre cabía el peligro del exceso de información. Buscar en Google a gente del pasado: ¿acaso había un uso de la Web más sensacional? Malgastar el tiempo investigando, como hacía en aquellos momentos, cuando debería estar trabajando. El objetivo de Lucie para aquella jornada había sido avanzar esbozos de tomas e ideas para la serie de vídeos interrelacionados de las sensibleras canciones pop del nuevo álbum de Isabella titulado *Timeless*. Ganó el encargo gracias a su idea de hacer vídeos para cada canción del álbum que pudieran encajarse en una sola historia —un corto musical, en esencia— a la vez que pudiera verse el vídeo de cada canción de manera individual. Era la misma idea de mezclar y combinar prendas sueltas llevada al vídeo musical para crear un conjunto coherente. El concepto argumental de Lucie era que Isabella corriera perseguida por las calles de Roma vestida de época, y su atuendo iría cambiando de período para expresar la idea de que su amor perduraba a través de los siglos. Era más bien malo, cierto, pero a veces eso tenía su propio atractivo.

El problema radicaba en que no podía dejar de abrir nuevas ventanas en el buscador, no podía evitar el deseo de hacer precisamente lo que nunca se había permitido hacer durante más de seis años. Sus dedos flotaron sobre el teclado siguiendo las letras W-I-L-L-G-U-S-T-O-F-S-O-N sin tocarlas. Es muy difícil dar marcha atrás en una decisión que se ha tomado. Eso lo sabía. Aun así, toda la charla sobre que Rosie envejecía y el hecho de que Ginger preguntara por su padre, las noches en vela dándole vueltas a qué pasaría si ocurriera una tragedia. Como lo que le sucedió a Georgia. ¿Dónde estaba el padre biológico de Ginger? ¿Aquel novio eventual que compartió con ella su esperma y que luego se encontró con que Lucie lo plantó? Quizá pudiera conseguir algo como lo de James y Georgia, construirse una familia ahora que se encontraba en una situación distinta en la que le vendría bien un poco de ayuda. Había considerado a Georgia su modelo de conducta en muchos sentidos y ahora que se planteaba todas esas preguntas, ella no estaba allí para poder contestárselas. A veces, cuando pensaban en Georgia, las socias del club se mostraban desconsoladas. En otros momentos resultaba simplemente inconveniente, como cuando hubieran querido pedirle opinión respecto a un punto. O que explicara qué respondió cuando Dakota preguntó por James.

—No lo sé.

Ésta fue la respuesta de Dakota cuando se lo preguntó una noche en que había estado haciendo de canguro, y Lucie se advirtió a sí misma que no insistiera, pues imaginaba que estaba andando de puntillas por un terreno emocional peligroso.

—Pero te alegró conocer a James, ¿no?

Un poco de investigación no podía causar mucho daño, se dijo. Al fin y al cabo, necesitaba saberlo.

—Sí, supongo que sí. Era simpático. Divertido. Un poco extraño. Hicimos un montón de cosas los dos juntos.

—Entonces, ¿valió la pena? —quiso saber Lucie.

—Quizá —contestó Dakota—. Aunque en ocasiones solía preguntarme si es que sólo se me permitía tener un padre. Tal vez hubiera algún tipo de cupo. Como si, de no haber entrado él en escena, mi madre quizá no hubiese muerto. Es una tontería, ya lo sé.

—No fue eso lo que ocurrió, Dakota.

–Lo sé. No es más que un pensamiento que se me ocurre a veces. Sólo te lo estaba explicando. Porque es estupendo tener un padre. A veces. Aunque no siempre. Es lo que hay. Él es lo que tengo.

–¿Y si no lo hubieses conocido nunca?

–Entonces no hace falta señalar lo que es obvio, Lucie –dijo Dakota, que hablaba lentamente como si Lucie fuese un poco corta–. No lo hubiera conocido. Las cosas serían como serían.

–Así pues, ¿no es mejor?

–No lo sé –contestó Dakota, que empezó a menear la cabeza y a guardar los libros que había traído para estudiar cuando Ginger se quedara dormida–. Todavía no he perfeccionado mi máquina del tiempo para comparar mi vida real con la alternativa imaginaria.

Tras ello, Lucie fue a echar un vistazo a Ginger, que se había cubierto la cabeza con la colcha, sin duda en un esfuerzo por esconderse de los monstruos que vivían debajo de la cama. (La niña le había contado a Lucie que se llamaban Pipo y Manteca y que les gustaba comer dedos de los pies con sabor a jengibre[1].)

–¿Necesitas a tu padre, pequeña? –susurró a su hija que dormía.

¿Tan sencillo sería?, se preguntó. Georgia quería a James, había que tenerlo en cuenta. Lucie simplemente había disfrutado al acostarse con Will. Y era un tipo interesante. Pero ¿qué iban a hacer? ¿Retomarlo allí donde lo habían dejado? Bueno, ¿y qué si lo hacían? ¿Tan malo sería eso? ¿Compartir una canguro con Darwin y salir juntos un par de veces? Se volvió a mirar el teclado, y el nombre que había escrito con cuidado en la ventana de búsqueda de Google estaba ahí esperándola. Lo único que tenía que hacer era darle a las teclas. Porque había muchas posibilidades de que fuese a encontrar lo que estaba buscando, eso seguro.

Lo único que debía hacer era pulsar.

_____

[1] *Ginger* en inglés significa jengibre. *(N. de la T.)*

# Catorce

Lo peor de ser estudiante universitaria era que tenías que regresar a casa en verano. Tenías que volver a instalarte en tu dormitorio de cuando ibas al instituto con sus paredes azules de tu fase oceánica, someterte a las antiguas normas de tu padre porque no valía la pena malgastar energías oponiéndose a ellas cuando de todos modos no era probable que consiguieras nada y recorrer a diario las doce manzanas que había hasta Walker e Hija y esperar a que las tejedoras compulsivas aparecieran y tuviesen su dosis. El resto del día consistía en matar el tiempo, nada más. Forzoso era reconocer que el verano se hacía duro en una tienda de punto, pensó Dakota. Y para ella iba a ser duro.

En ocasiones lo único que quería era estar sentada en la tienda sin más; otros días combatía el impulso de pasar de largo y no detenerse.

Esto era lo que nadie parecía comprender: era una hija sin madre. Y su madre fallecida estaba en cada centímetro de Walker e Hija. Era como enfrentarse a su ausencia sin parar: «Bienvenida a Walker e Hija. Yo soy la hija, Walker está muerta».

Pero, claro, Peri estaba tan ocupada intentando hacerse cargo del establecimiento y convertirlo en una *boutique* de bolsos que la tienda de punto tenía tendencia a perderse en la reestructuración. ¡Que se la quede! Yo no quiero la tienda de mi madre —pensaba Dakota—. Yo quiero a mi madre.

La pérdida se había convertido en la esencia de quién era. Y se acostumbró a vivir con el pequeño nudo de dolor emocional que siempre estaba presente, oculto en un lugar que nadie podía tocar.

Incluso definía a sus amigos: los que lo sabían y los que no.

Bien entrada la noche, Dakota se concentraba en recordar el sonido de la voz de su madre, estudiando detenidamente sus frases preferidas hasta que estaba segura de tener bien su cadencia y su ritmo. «Eh, bizcochito. Oye. Ni hablar de una tercera ronda.»

En este sentido, podía hacer algo para evitar el olvido.

A veces se sentía enojada, sobre todo cuando gente bienintencionada, personas como sus abuelas Bess y Lillian, no dejaban de repetir una y otra vez que su madre estaba en un lugar mejor. Dakota quería que Georgia la echara de menos, quería que estuviera triste por haber tenido que separarse. Que estuviera en alguna especie de cielo, pero con un poco de melancolía por todo... Cenando con Dios y contándole que su pequeño bizcochito todavía estaba en la tierra. Hacer que Él se compadeciera de las circunstancias.

—Mi experiencia no es la tuya —le gritó a su padre cuando éste le dijo que estaba haciendo teatro y que a él no le hacía ninguna gracia que no trabajara en la tienda las horas suficientes.

—Tienes obligaciones —repuso él—. Responsabilidades. No es lo que querría tu madre.

Dakota no conocía a ningún otro universitario que fuera copropietario de una próspera tienda al por menor. Ellos pasaban los veranos haciendo prácticas y volando a Australia para ir tras los dingos y conseguir créditos extra durante el proceso. Sin embargo, por lo visto, para Dakota iba a ser un verano largo y caluroso, se asaría en el asfalto cuando se dirigiera a la tienda arrastrando los pies y luego escucharía los sermones de Peri sobre esto, lo otro y lo de más allá. Recordaba cuando Peri había sido la persona más guay y encantadora que podría haberse imaginado. Ahora era una gruñona la mayor parte del tiempo. Oh, sí, tenía sus momentos, como cuando le hizo un cambio de imagen a Dakota antes de ingresar en la Universidad de Nueva York, repasando el guardarropa con ella y ayudándola a parecer una versión más sofisticada de sí misma. No obstante, en general, las cosas estaban tensas y, fuera por una o por la otra, se pasaban el día malhumoradas.

Entonces fue cuando Lucie le envió aquel fabuloso correo electrónico. Aunque Dakota se comunicaba con sus amigos sobre todo mediante mensajes de texto, intentaba comprobar el correo electrónico con regularidad. Parecía lo más justo, puesto que tenía en su vida una dotación poco habitual de señoras maduras que todavía pensaban que el correo electrónico era el no va más.

«¿Te interesa ser mi canguro en Italia?» Ésta era la primera línea del mensaje de Lucie. Bueno, sí. Lucie había trazado un plan: ella le proporcionaría el alojamiento, la comida, el coste del vuelo y un pequeño estipendio semanal. A cambio, contaba con que Dakota se responsabilizara por completo de Ginger. Ahora bien —y con esto se sellaba el trato—, Lucie se haría cargo de los costes de ambas para realizar todas las actividades culturales que Dakota quisiera hacer. En resumen, exponer a Ginger a absolutamente todo y tener una experiencia asombrosa. Como solía decirse, no había ni que pensárselo. Además, Dakota sabía que con esta oferta podría salvarse de pasar un verano durmiendo bajo la manta Georgia original, mirando el techo y preguntándose qué podía hacer para evitar el futuro que habían planeado para ella. Sería perfecto.

Lo único que podría haberlo mejorado era que pudiera arreglárselas para hablar con Andrew Doyle antes del fin del semestre. Pero, claro, imagínate lo atractiva que parecería tras pasar el verano en Roma…

—No vas a ir.

No había nadie más en la tienda; ni clientes, ni Anita… por lo que Peri no se molestó en hacerse la agradable. El ambiente estaba cargado a causa de la humedad y tenso a causa del tema.

Dakota se cruzó de brazos.

—Perdona, ¿cómo dices?

—Vas a presentarte aquí a trabajar durante el verano, tal como estaba previsto que hicieras —dijo Peri.

—Lo siento —se sublevó Dakota con el dedo apuntando en la dirección aproximada de Peri—, pero la última vez que lo comprobé, este lugar era mío.

—Este lugar *era* de tu madre —le espetó Peri—. Pero, ¿sabes quién tiene también una tajada? Pues yo. Tu jefa. Y te digo que no puedes presentarte tan campante y anunciar que este verano no vas a aparecer por aquí.

—¿Mi jefa? —Dakota empezó a mover la cabeza—. ¿Qué clase de estupidez es ésa?

—Es la realidad. Eres una niña mimada y todo el mundo baila al son que les tocas en tanto que yo me rompo los cuernos trabajando para procurar que este negocio siga prosperando. —Peri empezó a caminar de un lado a otro de la tienda—. Llevo meses sin decir nada —gritó—. Un cuadro de mujeres que adoraban a tu madre satisfacen todos tus caprichos. Y tú..., tú lo único que haces es escupir en todo el esfuerzo que hizo ella a la menor oportunidad. No quieres presentarte a trabajar, no quieres que se restaure la tienda. ¿Y sabes tal vez a quién le gustaría ir a Italia, Dakota? A mí. Nunca he estado en Italia. Me gustaría sentarme por allí, beber capuchinos y leer el *Vogue* italiano. Pero ¿sabes qué? Tengo que llevar una tienda. Y créeme, querida, tú sí que no eres mi jefa.

—¿Y qué me dices de Anita? ¡Ella estaba aquí mucho antes que tú! —Dakota farfullaba de rabia—. ¿Desde cuándo has empezado a caminar sobre las aguas?

—Desde que invierto mi tiempo en esto. He cumplido con mi deber una y otra vez.

—Así pues, me has odiado desde el principio —aulló Dakota—. Nunca fuiste amiga mía.

—Yo siempre he sido tu amiga —dijo Peri en voz baja. Con calma. Se sentó en una silla tapizada frente a la mesa del centro de la tienda—. Y soy tu amiga ahora. Si no me importarais un comino ni tú ni este negocio, te diría: *Arrivederci!* Pero no voy a dejar que te comportes de esta manera. ¿Quieres ser una persona adulta? Actúa como tal.

¿Y eso qué significaba, a todo esto? ¿Tragarte todas tus emociones y asfixiarte hasta morir en un trabajo que no querías? Dakota miró fijamente a Peri, sintiendo que sus esperanzas para el verano se desvanecían en su interior.

—¡Tú no sabes cómo es esto! —chilló—. Para ti esto no es más que un negocio. Pero para mí es toda mi vida. —Dakota se dirigió al cajón de lanas más cercano y empezó a sacar el cachemir rosado, madeja a madeja, y a amontonarlo en sus brazos—. Éste es construir castillos con la nueva remesa de lanas en el despacho de la trastienda mientras mi madre cuadra los números. Éste es cuando mi padre me regaló mi primera bicicleta —gritó, alargando la mano hacia los estantes para sacar el azul, el gris, el rojo—. Éste es volver de los espectáculos de Broadway con Anita. Éste es mirar el reportaje de Lucie sobre mi madre. Éste es estar sentada con todas vosotras, reunión tras reunión, y tener que escuchar vuestros sentimientos. No me importa. Sí, ya lo sé, si quiero ser adulta tendría que serlo. —Arrojó todo el montón de lana sobre la mesa. Una madeja de lana de merino color púrpura rodó y cayó en el regazo de Peri—. ¡Pero no lo soy! Soy yo. Yo gano. Mi dolor supera el vuestro. El de todo el mundo. Era mi madre y ya no está. Y todo el mundo espera que acceda a llevar la tienda. ¿Quieres saber una cosa? Mi madre quería ser escritora. Se metió en esto del punto porque era pobre y estaba embarazada. La tienda no era su sueño. Esto es un mero segundo plato, y yo ya no lo quiero para ella.

—Cálmate, Dakota —dijo Peri, cuya expresión ya no era severa como hacía unos momentos, sino que tenía arrugas de preocupación—. Eres como una hermana menor para mí. Sólo intentaba lograr que salieras adelante sin ayuda de nadie.

–Y no mejora ni un solo momento. ¿Lo entiendes? –Dakota se dejó caer en otra de las sillas tapizadas y empezó a sollozar histéricamente–. Todo es teatro. Yo sólo quiero un respiro. Quiero dejarlo atrás de una vez por todas. Sólo quiero dejar de estar en la tienda una temporada. Déjame. ¡Todas vosotras! ¿Por qué el club no puede dejarme en paz?

–Vamos, pequeña…

Peri se acercó para abrazarla. Aguantó sin rechistar cuando a Dakota empezó a gotearle la nariz sobre su flamante blusa marrón topo y no se apartó mientras la joven lloraba con desconsuelo.

Llegaron a un acuerdo: si Dakota encontraba a alguien que la sustituyera en la tienda, entonces Peri aceptaría que se fuese.

–Me sorprende que tu padre accediera –comentó Peri mucho después de que se hubiesen apaciguado las lágrimas.

Dakota dio gracias de que el verano fuera una época en la que no había mucho movimiento en la tienda, pues le daba mucha vergüenza la idea de que algún desconocido pudiera ser testigo de su derrumbamiento. O, peor aún, que llegase alguien buscando montones de cachemir rosado y se marchara por temor a que la lana estuviera llena de mocos y manchada de lágrimas.

–Todavía no he hablado con él –admitió Dakota–. Pensé que como tengo dieciocho años…

–¿Te pagas tú la universidad?

–Sabes que no. Se paga gracias a una combinación de su dinero y el de la herencia de mi madre.

–¿Controlas tú ese dinero?

–No, hasta que tenga veinticinco años –respondió, a sabiendas de que Peri ya conocía perfectamente todos esos detalles.

–¿Ves adónde quiero ir a parar con esto? En este país, la edad cronológica no implica que seas adulto. Se trata de quién paga las facturas.

—Así pues, ¿soy una niña porque mi padre me controla con su cartera?

—Es una forma de decirlo. En términos prácticos, significa que tendrá que darte permiso para ir a Italia, o puede que estés desesperada por trabajar aquí en otoño porque la Universidad de Nueva York no recibe su dinero. ¿Entiendes lo que quiero decir?

Dakota siempre dejaba las cosas para más tarde. Por consiguiente, si por ella fuera, no le habría dicho nada a James hasta el momento en que tuviera que subir al avión. Pero entonces cayó en la cuenta de que: a) tenía el pasaporte en la caja fuerte de su padre, y b) éste estaba planeando unas vacaciones para ambos. En consecuencia, elaboró un hermoso pastel de chocolate y fresas, además de comprar comida china para llevar. Dakota era pastelera, no cocinera.

—Tendríamos que celebrar tu primer año de universidad —dijo James mientras levantaba con el tenedor un bocado de masa hojaldrada cubierta de chocolate negro y bayas maduras. Dakota se sintió culpable al imaginarse el dinero que se gastaría en vuelos y guías de viaje si seguía sin decir nada.

—Papá... —dijo. Resultaba extraño recordar que la primera vez que había visto a su padre tenía doce años y que al principio lo llamaba por su nombre de pila. ¡Cómo cambiaban las cosas unos cuantos años y una tragedia compartida!, pensó para sus adentros—. Papá...

—Esto debe de ser grave —comentó James—. Te has dirigido a mí dos veces. Déjame adivinarlo: quieres volar en primera clase. Bueno, creo que puedo arreglarlo.

—No. No es eso.

—No te preocupes —continuó James—. Sé que tienes que trabajar unos días en la tienda. Nos marcharemos a finales de verano, después de que Peri se haya tomado algún tiempo libre. Entonces no le importará darte un descanso.

—Papá, me gustaría ir a Italia.

—Es una idea magnífica —respondió James—. Acaban de inaugurar dos nuevos hoteles V, en Venecia y en Roma. Aunque allí hará calor.

—No me refiero a eso —explicó Dakota—. Lucie me ha invitado a ir con ella cuando vaya allí a hacer el rodaje para esa estrella del pop italiana. Ya te lo conté.

—Me contaste que Lucie tenía un encargo emocionante —repuso James lentamente—. No me hablaste de este otro asunto.

—Bueno, porque es nuevo.

—¿Y serías su ayudante de producción? ¿Su asistente o algo así? —James frunció el ceño—. No sabía que te interesara el cine, Dakota.

—No, no se trata de eso —aclaró—. Me ha propuesto que vaya para cuidar de Ginger mientras ella trabaja.

—¿Qué? —James miró a Dakota como si la joven hubiera perdido el juicio—. ¿Quieres aceptar un trabajo como niñera de su hija?

—Sí —respondió Dakota—. Me gusta Ginger. Quiero hacer algo diferente.

—A mí también me gusta Ginger, aunque siempre me ha parecido un poco hiperactiva —comentó James—. Pero hay una diferencia enorme entre ser la canguro de alguien algún sábado por la noche y convertirse en su niñera, Dakota. No estoy seguro de sentirme cómodo con la situación. Por mí. Por ti, una joven mujer de color.

—Birracial —lo corrigió—. Soy afro-escocesa.

James no sonrió como hacía normalmente en un intento de seguirle la corriente. Dakota no estaba segura de estar bromeando.

—Este verano podrías hacer un montón de cosas diferentes —señaló James—. Por no mencionar que está la tienda.

—Peri y yo ya hemos hablado de ello.

—¿Antes de discutirlo conmigo siquiera?

James se sentía cada vez más innecesario en la vida de su hija. Ella tenía a Peri, a Anita y a Catherine cuando

155

necesitaba hablar. Y por lo visto, a Lucie para que la llevara a Italia. A Darwin para la crítica de sus trabajos. Y a su padre para hacer… ¿qué? Pagar las facturas. A eso se había reducido todo: él era superfluo. Necesario tan sólo como el cheque de la paga.

—Ocurrió sin más —dijo Dakota, pero su explicación resultó pobre, incluso para ella.

—No —dijo James—. No, no he trabajado toda mi vida para que te conviertas en la niñera de alguien sólo porque crees que las normas no se aplican nunca en tu caso. Tú serás una mujer de negocios. Al final tendrás el control de tu participación en la tienda y puedes ser una socia capitalista o una socia activa. Depende de ti. ¿Quieres hacer otra cosa? Hazte médica, abogada, economista, no me importa —dijo—. Siempre y cuando no hagas pasteles ni le limpies el culo a una niñita blanca.

Y con estas palabras se levantó de la mesa y, a grandes zancadas, cruzó el apartamento hacia el dormitorio principal. Entró en él, luego cerró la puerta con suavidad pero con firmeza y dejó a Dakota llorando por segunda vez en un día.

# Quince

Anita estaba sentada ante la gran mesa de comedor que antes había sido suya –que seguía siendo suya–, esperando a que Catherine trajera el café. Iban a reunirse las dos con la agente inmobiliaria y a recorrer el apartamento y, pese a que Anita estaba dispuesta a desprenderse de él, sentía una mezcla de tristeza y nerviosismo. No oyó el zumbido en el interior de su bolso compacto de piel marrón, el resultado de varios mensajes de texto desesperados que Dakota le había enviado durante el curso de la mañana. Y aunque ella siempre estaba preparada para cuidar de su querida nieta postiza, en aquellos momentos tenía unos cuantos problemas propios que requerían cierta atención especial.

Había estado tan distraída mientras se vestía que por inadvertencia se arrancó un botón del traje color crema y tuvo que volver a coserlo antes de salir de casa. Marty le había sugerido que nadie se daría cuenta; no era eso lo que Anita quería oír.

Soltó un fuerte suspiro, como si la hubiesen dejado sola demasiado tiempo.

En aquel preciso momento, Catherine salió de la cocina andando de espaldas y empujó la puerta con el trasero mientras sostenía una taza de café en cada mano. Estaba muy elegante, con unos ajustados pantalones negros y una blusa holgada de seda multicolor resaltada por un cinturón de cadena. Avanzó en precario hacia Anita, paso a paso, y le tendió una taza. Anita tomó la bebida pero no la dejó sobre la mesa, sino que miró a Catherine de forma elocuente.

—De acuerdo —dijo ésta tras una pausa de varios segundos—. Posavasos.

Se acercó a un gran aparador de nogal, una pieza de la época de la Independencia, una de las pocas que le gustaban de verdad de las que había en el apartamento del San Remo, y sacó un juego de posavasos decorados con una flor silvestre para proteger la excelente madera. Los dejó sobre la mesa y retiró una silla al lado de Anita.

—¿Qué te parece? —preguntó ésta señalando una fotografía de un pastel de varios pisos de color azul Wedgwood.

—Ah —dijo Catherine mientras miraba la revista y tomaba un sorbo del café demasiado suave. Nunca le salía bien. O ponía demasiados granos, o no los suficientes. Éste era otro de los motivos por los que había llegado a gustarle la charcutería de Marty—. Así que has traído tu alijo de pornografía nupcial.

Se rio. Anita no.

—Perdona, ¿cómo dices? —dijo Anita, que mientras hablaba se dio cuenta de que había derramado una gota sobre su conjunto de color claro—. ¡Maldita sea!

—Todas las futuras novias se envician. Con las revistas. Con la telerrealidad. A la emoción de la caza del vestido perfecto. Te está ocurriendo lo mismo a ti, Anita, lo veo.

—Sólo quiero hacerlo bien.

Después de decirlo, Anita se apresuró a añadir «otra vez», no fuera que hubiese alguna implicación de lo contrario. Stan era un hombre maravilloso, y de no haber muerto de manera inesperada, sabía que hubiera pasado el resto de su vida con él en aquel mismo apartamento. Acordándose de poner posavasos para el café, claro.

Vaciló un instante y sacó una vieja fotografía. En ella se veía a una Anita joven, vestida de novia, que sostenía un ramillete de rosas contra el pecho, con Stan a su lado. Era la única fotografía en la que Catherine había visto a Stan de joven. Su cabello negro, abundante y pulcramente cortado, parecía no poder contener la onda que

158

se le formaba en el crecimiento del pelo. Era un hombre alto y de espaldas anchas, que, aun en aquella instantánea de hacía décadas, proyectaba un aura de seguridad en sí mismo. Tenía la mano metida en el bolsillo del traje y sonreía a la cámara. Un hombre feliz. Un día feliz.

—Era un bombón —comentó Catherine, que dio un suave codazo a Anita en broma—. No me extraña que tuvierais tres hijos.

Anita hizo un ademán con la mano, como si ahuyentara a Catherine.

—Bueno —repuso, hablando con lentitud—. Sí, tal vez. ¡Caray! He pasado demasiado tiempo con vosotras y con toda vuestra charla.

—¡Mira qué bien! Nos das esperanzas para el futuro —comentó Catherine.

—¡Oh, vamos, venga ya! Tú entras y sales de las relaciones como si te probaras ropa nueva —replicó Anita—. No hay nada malo en quedarse uno como está.

—Marty te está dando un motivo para quedarte como estás.

—También es un hombre muy atractivo, es cierto. Y muy divertido. He tenido suerte. Dos veces. Hay mujeres que nunca tienen la oportunidad de experimentar el verdadero amor.

Las palabras salieron de su boca antes de que pudiera recuperarlas. ¡Maldición! Pues sí que estaba distraída, la verdad. Normalmente, Anita tenía mucho cuidado con lo que decía.

—Eso es muy cierto —contestó Catherine—. Yo soy el vivo ejemplo de la mujer de la que Cupido se olvidó.

—Ahora eres feliz —repuso Anita, intentando engatusarla—. Tienes la tienda, esa casita preciosa, y tu aspecto es magnífico. Me gusta este rubio más suave que llevas ahora, más dorado y menos amarillo. Es muy bonito.

Tras decirlo, alargó la mano y le tocó ligeramente el cabello, en tanto que Catherine se inclinaba hacia ella de forma casi involuntaria. El aire maternal que emanaba de aquella mujer era como un imán que atraía a la gente hacia su órbita de bondad. Hacía que ansiaran su aprobación.

—Es lo que hay —dijo Catherine—. Es mi vida. No hay mucho que decir.

—Ahora puedo dejar de lado estas tonterías —afirmó Anita, que cerró sus libros y revistas—. ¡Caramba! Este café está delicioso —añadió tras tomar otro sorbo abundante aunque no por ello indelicado, y asintió mirando a Catherine.

—Me voy fuera a pasar el verano —anunció Catherine—, de modo que no habrá ninguna dificultad para enseñar el apartamento, no te preocupes por eso. Trasladaré mis cosas a la casita y luego voy a volar a Italia, a pasar unos días en la costa, para ir luego a Roma…

—¿Y quién va a ayudarme a mí con la boda?

—Ni siquiera sabemos cuándo va a ser… Y si queremos que sea en alguno de los grandes hoteles, tendremos que darles fechas lo antes posible. Ni siquiera sé si podríamos reservar algo antes de un año.

—Pues más razón todavía para planearlo ahora.

—Marty y tú podríais fugaros —dijo Catherine. Fue un comentario hecho de pasada, sólo con una pizca de esperanza secreta de escapar de la potencialmente interminable degustación de tartas que se temía que habría en el futuro—. ¿Para qué queréis una gran boda? No la necesitáis.

—¡Pues claro que no la necesitamos! —exclamó Anita con irritación—. La queremos. Ya que vamos a casarnos, pensamos proclamarlo a los cuatro vientos. ¡Y tú, o estás con nosotros o contra nosotros! —alzó un dedo para enfatizar sus palabras.

—¡Vale! Tranquila, tranquila, novia histérica. Soy una de tus aliadas.

Anita se enderezó un poco más en la silla y Catherine se alarmó por un instante porque tuvo la sensación de que, por fin, Anita iba a soltarse y a hacerle saber la pobre opinión que tenía de ella. El momento que había estado esperando. Temiendo. La confirmación de que no era más que una intrusa, una descarriada.

—Catherine, te pido disculpas —dijo Anita con formalidad—. No eres tú quien me ha molestado. Es mi hijo mayor. Es Nathan.

—Ah, no te preocupes —se apresuró a responder Catherine, que sintió una punzada de remordimiento al pensar en esa postal de la que todavía no le había dicho nada a Anita. Entonces sí que tendría motivos para enfadarse con ella—. ¿Qué ha hecho Nathan ahora?

En el curso de los años, las socias del club habían oído hablar de muchas de las gracias de Nathan. Vivía en Atlanta con sus hijos y con la que era su esposa desde hacía diecisiete años y quería que Anita se mudara al sur y viviera en la casa de invitados. Lo cual habría sido maravilloso de no ser porque Anita se mantenía firme en su decisión de vivir su propia vida. La presencia de Marty provocaba una continua consternación en Nathan.

—Viene hacia aquí en avión —contestó Anita—. Ha corrido el rumor de que voy a vender el apartamento.

—¿No se lo dijiste tú misma?

—Sí, lo hice. Anoche. Me preguntó en qué demonios estaba pensando al vender la casa de su padre. De manera que le contesté lo que es perfectamente obvio desde hace quince años: su padre está muerto y no va a regresar. Pues bueno, cualquiera diría que acababa de enterarse.

—¡Ay!

—¡Ni ay ni nada! —gruñó Anita—. Yo di a luz a ese chico, y a otros dos. Yo soy la madre aquí. Ellos no están al cargo y no me importa cuánto tiempo tenga que pasarme repitiéndoselo.

—¿Y la agente va a venir hoy igualmente?

—¡Pues claro que va a venir! —Anita frunció el ceño—. ¿Por qué no iba a venir? ¿Crees que Nathan la telefoneó y le dijo que anulara la cita?

Anita miró el reloj con la fina banda de oro que ceñía su muñeca diminuta. Eran las once; se abstrajo tanto con la lectura del artículo sobre pasteles de boda que había perdido la noción del tiempo. La agente tendría que haber llegado hacía cuarenta y cinco minutos.

—¡Ese sinvergüenza! —masculló al tiempo que se sonrojaba—. Se va a llevar un buen rapapolvo cuando lo vea esta noche.

---

El momento en que cruzaba el puente Triborough. Era entonces cuando tenía la sensación de haber regresado a casa. La vista de la ciudad y de todos los edificios alzándose hacia las nubes resultaba impresionante. Atlanta era una gran urbe, a él le encantaba, pero Nueva York le robaba el corazón. El neoyorquino no deja de serlo nunca.

Nathan Lowenstein se metió la mano en el bolsillo y empezó a contar billetes, preparándose para cuando el conductor llegara a su destino. Había decidido ir a su hotel, situado en la periferia del centro, dejar allí el equipaje y luego recorrer las casi treinta manzanas hasta el nuevo apartamento de su madre. En realidad no era nuevo en el sentido de que ella acabara de mudarse, pero a él le había resultado extraño y desconocido siempre que fue allí de visita.

—¿Había estado antes en Nueva York? —le preguntó el taxista.

—¿A usted qué es lo que le gusta más? —dijo Nathan sin responder a la pregunta.

—Ah, lo oigo en su voz —repuso el taxista—. Usted es de por aquí. En ese caso, me parece que no voy a llevarle por la ruta más larga. ¡Es broma! —Dio una palmada en el asiento de al lado—. Me gustan los perritos calientes. Conducir hasta la esquina y que el tipo me lo traiga enseguida. Con mostaza. ¿Y a usted?

—Me gusta el San Remo —contestó Nathan—. Es el edificio más hermoso del mundo. Allí es donde ambientaron *Los cazafantasmas*.

—Sí, es verdad. Ya sabe, en esta ciudad se hacen grandes películas....

Nathan miró por la ventanilla mientras el conductor seguía divagando. Cruzaron el parque a buen ritmo y vio a una joven madre que limpiaba la barbilla sucia de helado de su hijo. Nathan sonrió al recordar los largos días de verano en el parque con Ben y David, a Anita desplegando una manta para merendar queso, galletas saladas y manzanas. Su padre era un hombre serio y trabajador, a menudo ocupado. Pero su madre hacía que todo fuera más llevadero. Y eficiente. Por la noche les elegía la ropa hasta que casi fueron adolescentes, los inscribía en cursos de bailes de salón y en clases de etiqueta. Se aseguraba de que hicieran los deberes, pero sólo hasta las diez de la noche, pues la hora de irse a la cama tenía que acatarse estrictamente. Ella nunca se quedaba sin tiempo para escuchar los pormenores de sus jornadas, tanto si se trataba del trauma de la escuela o de la angustia de elegir el tema de su tesina. Su madre era de las buenas. Divertida, guapa y propensa a reírse. Desde la perspectiva que daba el tiempo, comprendió que todos sus amigos de la infancia estuvieran chiflados por ella.

A su madre le encantaba obsesionarse con los detalles. El *bar mitzvah* de Nathan había ido seguido de una fiesta maravillosa. Su madre no reparó en gastos para la música y la comida e invitó a todas las personas que conocían. Su tía Sarah se había pasado la velada riendo y bromeando, fue una de las pocas ocasiones en que se reunió toda la familia. Él se lo pasaba muy bien con su tía, que lo llevaba a Coney Island para montar en la montaña rusa o a ver los dinosaurios del Museo de Historia Natural. Se había sentado en la mesa de la cena varias veces por semana, cocinando con su madre, trabajando las dos codo con codo para elaborar platos deliciosos para toda la familia. Sus abuelos eran unas personas atentas y amables, pero su tía fue más bien una amiga. Y luego, sencillamente, desapareció. Su madre quitó las fotos del salón y su padre le ordenó que no preguntara más por la tía Sarah. Fue una de las pocas ocasiones en que el comportamiento de su madre lo enojó y confundió de verdad. Como ahora.

El día de su *bar mitzvah*, su padre se lo había llevado aparte, le enseñó su reloj de oro y le dijo que no podía creer que hubiera pasado tanto tiempo desde que Nathan era sólo un bebé.

—Hoy estoy muy orgulloso de ti —le dijo—, y algún día tú serás el cabeza de familia.

Durante sus últimos años, su padre había estado preocupado por Anita con frecuencia. Incluso la animó a que empezara a trabajar en esa pequeña tienda de punto, algo que la mantuviera ocupada.

—Quizá si vivierais más cerca —había dicho su padre—, vuestra madre pasaría el tiempo corriendo tras sus nietos.

En cambio, se declaró que su madre era una artista textil, y aunque las cosas eran cada vez más extrañas (cuando ella pareció adoptar prácticamente a la propietaria de la tienda y a su hija), Nathan se contuvo y no dijo nada. O, mejor dicho, su padre le ató la lengua: «Mientras esto no haga sufrir a tu madre ni a ti, vas a guardar silencio». Eso le dijeron.

—Algún día serás tú quien tenga que tomar las decisiones —había dicho su padre—, pero tu único objetivo es procurar que tu madre sea feliz. Debes protegerla, porque vive en una burbuja. Nunca ha tenido que enfrentarse al mundo real.

Sin embargo, nada de lo que Nathan dijera o hiciese influía en Anita. Se había ido a vivir con un tipo dueño de una charcutería y ahora pensaba vender el apartamento de la familia. Y el único motivo que aducía era que había llegado el momento de cambiar.

Sí, de acuerdo, había llegado el momento de cambiar. En eso Nathan coincidía con ella. Pero lo que necesitaba un cambio era aquella relación y la actitud de su madre al respecto. Si parecía inconcebible que Anita y Marty tuvieran el tipo de relación plena sexual que tenía la mayoría de parejas —¡era su madre, por el amor de Dios!—, estaba claro, por otra parte, que aquel hombre había aumentado su control sobre ella. Aquel matrimonio era imposible, en una palabra.

Lo había hecho muy mal cuidando de su madre, eso ya lo sabía. Le falló a Stan y defraudó a la familia. Nathan se había esforzado mucho en plantear ideas que a Anita le resultaran atrayentes, que aliviaran un poco la tensión de su vida. Pero era una mujer difícil e irascible y se negaba a cambiar para que él pudiera ocuparse mejor de ella —negándose, fundamentalmente, a admitir que estaba envejeciendo— y a lo largo de los años sus visitas eran cada vez más cortas. Un dramático día de Pascua en el que su madre se fue inmediatamente después de cenar para ir a ver a sus amigas del club de punto, su esposa, Rhea, lo abroncó a gritos por el comportamiento grosero que había tenido Anita. Y, desde luego, la madre que insistía tanto en los modales nunca les enseñó a dejar a los invitados sentados a la mesa para ir a reunirte con tus amigos.

Todo eso del punto, sin embargo, fue sólo el comienzo de una sensación de locura que se multiplicaba. Luego vino Marty, la venta del apartamento, una boda… ¡y vete a saber qué más! Y en medio de todo aquello, su madre parecía confusa en cuanto al motivo por el que Nathan se preocupaba tanto por lo que ella hacía. «Eres mi madre», le decía. Para él, eso lo explicaba todo. Y al parecer, para ella no explicaba nada.

Era horrible saber que tu propia madre no te tenía mucha simpatía. Hubo una época en que lo había arropado por la noche y le limpiaba la pasta de dientes que había quedado en la comisura de su boca de siete años, y le decía que no había nada en el mundo que pudiera hacer que dejara de quererlo. Pero ahí estaba, y además, era un mundo muy pequeño.

No. Él dijo que no. «No, madre, no deberías vivir sola. No, madre, no deberías trabajar en la tienda de punto. No, madre, no deberías salir con el tal Marty. No, madre, no deberías vender nuestra casa. No, madre, no puedes casarte con otra persona.» Ella lo odiaba por eso. Había perdido a su madre. Y todo porque intentaba mantener la promesa que hiciera a su padre años antes.

El viento había alborotado sus cabellos castaños durante el paseo en dirección norte. Nathan se vio reflejado en el acero del ascensor, vio sus pantalones caqui relativamente bien planchados y su camisa de un vivo color azul. Se pasó una mano por el pelo y se volvió un poco de lado para comprobar su estómago. Bastante plano, pensó con aprobación. Era asombroso lo que lograban las interminables sesiones de abdominales. Empezó a hacer ejercicio a diario en cuanto surgieron los problemas con Rhea en casa. Por mucho que no quisiera pelear con su madre y que, por tanto, temiera verla, también estaba bastante emocionado. Había pasado mucho, mucho tiempo desde la última vez que estuvieron los dos juntos a solas, sin hermanos menores, niños o esposas alrededor. Ella le prometió que Marty no estaría cuando llegara. Para que los dos pudieran tener un poco de tiempo para hablar.

—Hola, cariño —dijo Anita cuando abrió la puerta del espacioso apartamento que compartía con Marty.

Era un piso clásico de seis habitaciones, con dos dormitorios, un salón y un comedor amplios y una habitación para el servicio que Anita tenía el lujo de poder utilizar sólo para guardar su dotación personal de lanas.

—Hola, madre.

Nathan se sintió eufórico a la vez que inquieto. Se inclinó para darle un beso en la suave mejilla. Su madre seguía utilizando el mismo perfume de siempre, Chanel, y su aroma era el mismo que cuando él era un niño pequeño en 1962. Anita tenía un aspecto más envejecido, sin duda —había más arrugas en todo el conjunto de su rostro, pensó—, pero continuaba siendo muy hermosa. Muy elegante. Sonrió con afecto y le brillaron los ojos. Y, como cada vez que veía a Anita, Nathan se sintió tremendamente afortunado por el hecho de que aquella encantadora dama fuera su madre.

—Te he traído unos bombones —dijo—. Acabo de comprarlos en Teuscher.

Le tendió una gran caja dorada con un lazo rosa.

—¡Qué detalle!

—Tal vez podríamos comernos unos cuantos y charlar —agregó Nathan—. He traído unas fotos de los niños jugando en un torneo de fútbol la semana pasada.

Se quedó en el vestíbulo, incómodo, captando el aspecto funcional de la decoración del apartamento, con su esquema cromático de blanco sobre blanco, con tan sólo unos cuantos cojines de color y algunos cuadros para dar un poco de garra. Hasta el mobiliario era moderno, de líneas elegantes, a diferencia de los sofás de brazos curvos y muebles de madera cálida más elaborados que sus padres habían preferido en el San Remo. Era como si se hubiera convertido en una persona completamente diferente, con gustos distintos. Pero, por lo visto, con las mismas amistades de siempre.

El teléfono empezó a sonar y su madre cruzó la habitación con zancadas enérgicas para descolgar el auricular.

—¿Anita?

Nathan oyó claramente la voz al otro extremo de la línea.

—Es Dakota —le dijo su madre moviendo los labios y cubriendo el auricular con la mano a pesar de que no emitió ni un sonido.

—¿Qué pasa, cariño?

Hizo señas a Nathan para que entrara en el apartamento y se pusiera cómodo, como si estuviera en su casa. En su casa. Eso sí que era todo un concepto. Tendría que caminar unas cuantas manzanas hasta el San Remo para hacerlo.

—¡Llevo todo el día intentando localizarte! —Dakota se estaba sorbiendo la nariz y hablaba a toda velocidad—. Lucie me pidió que fuera a Italia con ella para ser la canguro de Ginger, Peri se enfureció pero luego lo arreglamos, pero papá me ha dicho que no y se ha enfadado conmigo. No sé qué hacer.

La joven tomó aire de forma irregular, lo cual confirmó las sospechas de Anita de que la llamada había estado precedida por las lágrimas. En el sofá, Nathan jugueteaba con las piezas de ajedrez. Al intuir la pausa en la conversación, se dio la vuelta en el asiento y sonrió a su madre, expectante. Quería explicarle que había decidido dejar a Rhea, pero vacilaba. Quería explicarle que había tenido el mejor año de su vida desde el punto de vista económico. Quería explicarle por qué creía que casarse era precipitado y por qué le preocupaba. Quería que lo escuchara como solía hacer cuando regresaba a casa de la escuela primaria y un vaso de leche resolvía todos sus problemas.

–Anita –dijo otra vez Dakota, y Nathan vio que su madre se volvía de nuevo hacia el teléfono–. Tienes que hablar conmigo. Dime, ¿qué hago?

# Dieciséis

Mañana, mediodía y noche: en todo momento la cuestión era cómo ocuparse de las necesidades de los bebés. ¿Qué hacer? Y, milagro de los milagros, su madre tenía una sugerencia útil en la mayoría de las ocasiones. Darwin estaba asombrada de lo lista que, de pronto, se había vuelto su madre.

Betty llevaba semanas durmiendo en el sofá. Al fin y al cabo, no tenía sentido que tomara el avión de regreso a Seattle y tener que volver para la celebración del primer mes de los niños. Y no sólo eso, sino que además Betty se hizo cargo de toda la planificación de la fiesta y cuando Dan puso cara de estar más que alarmado ante el creciente coste, tuvo la deferencia de ofrecerse a echarles una mano.

—No es necesario, mamá —denegó Darwin—. Podemos permitirnos todo lo que deban tener nuestros hijos.

—¡Ja! —repuso su madre—. Por lo visto, sigues tomando analgésicos. Si tanto os sobrara el dinero, probablemente viviríais en una casa con habitación de invitados para tu madre.

—Bueno, podemos pagar la fiesta.

—¿Qué? ¿Y gastar el fondo para la universidad de mis nietos? Ni hablar —replicó Betty—. Ni siquiera compartiste tu boda conmigo, pero ahora, ahora puedo hacer algo.

La fiesta, que se celebró en un buen restaurante de Chinatown, fue una agradable combinación de familiares —el padre y la hermana de Darwin habían viajado en avión, así como los padres de Dan— y amigos. La madre de Dan dejó muy claro que quería hacer turnos para quedarse también en su casa a cuidar de Cady y Stanton. Asistieron todas las socias del club, y también Rosie, el padre de Dakota, el hijo de Anita, que estaba de visita en la ciudad, y varios colegas del hospital de Dan. Por no mencionar a los dos invitados de honor, que hicieron acto de presencia alternando el sueño con los berridos. Aun así, Darwin comprobó que le había sentado bien salir del apartamento. Ya llevaba demasiado tiempo encerrada. Y aunque todavía vestía la ropa de su segundo trimestre de embarazo —aún tenía el vientre hinchado—, hizo un esfuerzo especial: se peinó el cabello negro en alto y se pintó los labios con un carmín rojo oscuro que había comprado especialmente para la ocasión. (Y puesto que haría cualquier cosa por los gemelos, desechó la idea de hacerse un peinado de «mamá flamante» cortado a la altura de las orejas.)

Después de largo rato saludando a todos los invitados, Darwin se fue a hurtadillas a un rincón para ponerse al día con Lucie y disfrutar de las exquisiteces. Según la multitud de libros de consulta que tenía, dar el pecho podía ser una manera estupenda de adelgazar, pero la hacía sentirse hambrienta constantemente.

—Bueno, dime, ¿lo tienes todo preparado entonces? —preguntó, tras lo cual dio un bocado a una bola de masa que masticó con aire pensativo—. ¿A partir de ahora ya todo se centra en «cuando esté en Roma»?

—Todo está organizado menos el cuidado de la niña —respondió Lucie—. Me han dado un generoso complemento para cubrir este aspecto.

—¡Vaya! —exclamó Darwin, sorprendida—. Supongo que eres buenísima.

Lucie puso los ojos en blanco.

—Gracias por tu asombro —dijo—. La cuestión es que estoy pendiente de si Dakota puede hacerlo. Sé que está la tienda y todo eso, pero Catherine confía en que todo se resolverá. Se ha mentalizado con la idea de que Dakota estará en Italia.

—Están muy unidas, esas dos —comentó Darwin, que había oído hablar mucho sobre la frustración de Lucie por el hecho de que su aventura veraniega parecía cada vez más concurrida—. Catherine podría resultar muy útil en el extranjero. Apuesto a que es capaz de conseguir mesas estupendas en todo tipo de restaurantes, y es indudable que se trata de una magnífica compradora.

—Esta nueva personalidad tuya tan alegre resulta perturbadora.

—Todo es química —respondió Darwin con afabilidad—. Llegará un momento en el que dejaré de dar el pecho, y entonces todo volverá a ser cuestión de arreglar el mundo y ponerme de malhumor durante el proceso. —Picó un poco de fruta y agregó—: Además, tengo que reservar mis energías para las cosas importantes. He sido informada de que, desde el punto de vista académico, me convendría procurar que mi permiso de maternidad sea productivo.

—Y eso ¿qué quiere decir?

—Cuando los profesores de universidad varones se acogen al permiso de paternidad, puedes tener la seguridad de que están trabajando en algún proyecto. Se trata de publicar o perecer con igualdad de oportunidades, tanto si te rezuman los pechos como si no. —Dejó el plato que sujetaba y concluyó—: A propósito, tengo que ir a vaciarlos y ofrecer un refrigerio a los invitados de honor.

—Aguarda un segundo —le dijo Lucie agarrándola del brazo—. Pulsé el Intro.

—¿Buscaste a Will en Google?

—De momento he averiguado su número de teléfono, dónde vive, su trabajo y que tiene una página tanto en Facebook como en MySpace. Según dichas páginas, está casado.

—Vale, eso es un poco obsesivo —comentó Darwin—. ¿Tiene hijos?

—Sí, y son preciosos. No tanto como Ginger, pero tienen la misma nariz, creo. Son muy pecosos.

Las dos mujeres se acercaron a una mesa ocupada por parientes de Dan que habían acaparado a los bebés toda la noche y, tras arrancarlos de brazos de su suegra, fueron con uno cada una hacia el baño, donde Darwin tendría más intimidad para amamantarlos.

Antes de abandonar la habitación, Darwin saludó con la mano a Dan, que relataba animadamente una historia a sus colegas. Él le sonrió y le dirigió un gesto de aprobación con el pulgar.

—Bueno, ¿y qué vas a hacer? —preguntó Darwin cuando hubieron arrastrado también un par de sillas hasta los servicios. Niños, sillas, baberos, discos de lactancia, agua para beber y agua para limpiar la baba con la que indefectiblemente se iba a manchar la ropa. Todas las tareas tenían dieciocho pasos y le llevaban media hora: no era de extrañar que no durmiera nunca—. No es que puedas llamarlo, precisamente.

Lucie se encogió de hombros.

—¿O sí que puedes? —Darwin se echó una manta sobre el pecho y empezó a desabrocharse la blusa—. No se trata del tipo de llamada que a todas las familias les encanta recibir, Lucie; ¿estás segura de lo que estás haciendo?

—No, no tengo ni idea de lo que estoy haciendo —admitió—. Pero ¿acaso Ginger no tiene derecho a conocer a su padre?

—No lo sé. ¿Los derechos de quién deberían prevalecer en este caso? ¿Las necesidades de quién son más importantes? Una cosa sería que Will fuera un padre haragán, Lucie, pero tú y yo sabemos que no querías que las cosas fueran precisamente permanentes.

—¿Y si he cambiado de opinión?

—Pues ahora son tus hormonas las que han enloquecido —repuso Darwin—. Mira, voy a serte franca. Ni siquiera sabes nada sobre ese hombre. Lo que digo es que deberías meditarlo larga y detenidamente antes de lanzar una bomba nuclear sobre esa feliz vida familiar.

172

—Darwin Chiu, no hay duda de que eres impredecible. Hace un tiempo me habrías dicho que fuera a buscar a ese tipo y que presentase una demanda de paternidad.

—Bueno —contestó Darwin mientras movía un poco al bebé, que se había dormido, para que se despertara y terminara de mamar—, la gente cambia. La vida no es sino un proceso para descubrir quiénes somos.

—Eres una filósofa.

—No. Sigo siendo una historiadora feminista. Pero las nuevas perspectivas pueden llevarnos a todos a una mejor percepción interior, ¿no?

K.C. se estaba llenando el plato junto al bufet. Peri y Anita le guardaban un asiento en su mesa mientras charlaban con la madre de Darwin. Había llegado tarde, por supuesto. Últimamente K.C. llegaba tarde a todas partes, bien porque tenía que guardar cola para tomar un lento ascensor después de un descanso para fumarse un cigarrillo o, al dirigirse a su destino —una cena con Peri, la fiesta de aquella noche—, porque tenía que pasarse los primeros diez minutos de pie en la calle echando humo. La cuestión era que ni siquiera podía explicarlo. Al igual que muchas mujeres, años atrás había sido una fumadora social. En la época en la que fumar aún tenía vestigios de carisma y sofisticación. Luego, tal como era debido, hizo un enorme esfuerzo por dejarlo y lo cambió por el aeróbic de Jane Fonda. Así pues, ¿por qué diablos tuvo que volver a fumar? Un poco de tensión, un poco de aburrimiento... El espectro amenazante de la menopausia...

—Así tengo las manos ocupadas.

Ésa era siempre su respuesta cuando un colega del departamento jurídico la veía haciendo el papel de chimenea en la acera. Pero resultaba que sus escarceos con el tabaco se habían descontrolado. Pensó que eso la haría sentirse más joven. No fue así. Además, los condenados cigarrillos eran muchísimo más caros que antaño. Nadie la había obligado.

Entre los sabuesos jurídicos de Churchill Publishing no había ningún grupo de presión de compañeros fumadores. Sólo un paquete vacío y un deseo acuciante de volver a saborear un pitillo. ¿Sabría tan bien como recordaba? También estaba esa vieja historia de que fumar puede ayudarte a perder peso. (¡Sí! ¡Matándote!) De todos modos, K.C. tenía curiosidad, sobre todo después de notar que la ropa empezaba a apretarle un poco a medida que entraba en la menopausia. Eso siempre fue su perdición; su madre no se cansaba de repetirlo: ella tenía que saber si tal vez podría haber estado mejor y siempre se metía en camisas de once varas. Sin duda fue eso lo que la llevó a su segundo matrimonio. Sin embargo, también fue ese mismo impulso el que la llevó a la Facultad de Derecho y a su nueva profesión. Bueno, eso y las clases particulares de Peri para el LSAT.

Regresó a la mesa con un plato lleno de fideos y gambas.

—¿Cómo puedes comerte todo eso? —preguntó Peri.

—Es fácil. Tú observa y verás.

—Debes de ser una de esas mujeres que pueden comer todo lo que quieran sin que se note nunca —terció un hombre alto y de aspecto distinguido vestido con un traje oscuro. Le tendió la mano—. Nathan Lowenstein. He venido con mi madre, Anita.

—K.C. Silverman. Y no me dejo impresionar fácilmente por los falsos cumplidos. —Volvió a centrar su atención en la comida, aunque saludó a Catherine con la cabeza cuando ésta se les unió en la mesa—. ¿Y acaso Anita no podía venir sola? ¿O con Marty?

—Hola, Catherine —dijo Peri al tiempo que le daba un codazo a K.C. por debajo de la mesa para que dejara de ser tan grosera, aunque K.C. le hizo caso omiso.

Nathan se levantó a medias de la mesa y dejó de prestarle atención a K.C. cuando vio a la ágil rubia que se acercaba. Catherine llevaba un jersey negro sin mangas de cuello tortuga y de un tejido ligero y elástico, con una falda de tubo; sus zapatos de puntera abierta dejaban al descubierto unas uñas pintadas de un vivo color naranja.

—Nathan —dijo él—. Y si tú eres Catherine, entonces debes de ser la que nos cuida la casa en el San Remo.

Catherine inclinó la cabeza.

—Sí, en efecto.

—Bueno, pues gracias —dijo—. Has sido de gran ayuda cuidando las cosas.

—Es un apartamento precioso —comentó Catherine—. Las vistas a Central Park son sensacionales.

—Me encantaría pasar a ver la casa.

—¡Por supuesto! —aceptó Catherine—. Sólo tienes que llamar. Puedo irme a hacer algún recado y dejarte un poco de intimidad. —El teléfono que llevaba en su diminuto bolso empezó a sonar. Era Dakota—. Discúlpame —le dijo, y cruzó la estancia con fluidez en dirección a su joven amiga—. No tienes que enviarme mensajes cuando estamos en la misma habitación —le dijo.

—Ah, lo que tú digas —repuso Dakota—. Creía que ibas a hablar con mi padre.

—Bueno, quería charlar con algunas personas —insistió Catherine. Pero, al ver la expresión seria de Dakota, cedió—: ¿Por qué no lo arranco de su conversación con Marty?

⌐━━━━━┑

—¡Eh! ¿No os parece que James y Catherine están muy apasionados ahí delante? —dijo K.C, que se limpió la barbilla y continuó atacando la comida con brío—. Puede que no sea asunto mío, pero diría que entre esos dos parece haber algo.

Lucie había ido a sentarse a la mesa después de ayudar a Darwin a volver a la fiesta y dejarle los niños a Dan para que pudiera presumir de ellos un rato. Al oír el comentario de K.C., Peri y ella volvieron la cabeza y se percataron de inmediato de lo cerca que estaba sentada Catherine de James, de la forma en que se inclinaba hacia él como si necesitara acercarse para oír.

—Es como una profesional —comentó Peri con sequedad—. Los hombres babean con ella.

–¿Cat y James? –intervino Lucie–. Me parece rocambolesco. Como si sólo pudiera salir con las mujeres que andan por Walker e Hija.

En aquel preciso momento, Dakota se acercó tranquilamente a la mesa.

–Hola, chicas –saludó, acostumbrada a sumarse a cualquiera que fuera el tema del día–. ¿De qué habláis?

Las mujeres hablaban sin tapujos delante de ella, y la joven encontraba divertida su franqueza, como cuando Peri detalló las primeras citas malas, realmente terribles, que había tenido al principio, y en ocasiones ordinaria, como cuando K.C. describía sus sudores nocturnos y sus sofocos con todo lujo de detalles.

K.C. levantó la mirada de una costilla de ternera a medio comer. Guardó silencio por unos segundos.

–De nada –respondió con voz ronca. «¡Maldita sea!», pensó al oírse. Su voz ya había empezado a sonar como la de una fumadora, bronca y propia de los excesos–. Ni siquiera nos acordamos de lo que estábamos diciendo.

En el otro extremo de la habitación, Catherine y James discutían con vehemencia, ajenos a los demás asistentes a la fiesta.

James había puesto al corriente a Catherine de las circunstancias de su desacuerdo con Dakota, y Catherine –prudentemente, creía ella– fingió no haber oído ya toda la historia.

La cuestión era que James parecía estar decidido y no estaba dispuesto a dejar que Dakota fuera con Lucie.

–¡Dios mío, James! –exclamó Catherine tras escuchar su lista de razones–. ¡No irás a creer ni por medio segundo que Lucie Brennan necesitaba que cuidaran de su hija!

Apenas lo dijo, pensó: Sí, Dakota es negra, ella lo hará.

–No lo entiendes. No se trata de Lucie en concreto –explicó James–. Se trata de asunción, percepción, sentido de uno mismo. De cómo quiero que Dakota se vea a sí misma.

—Ella se ve como una chica de dieciocho años con un padre difícil.

—Es mucho más que eso.

—Mira, tú tienes contratado un servicio de limpieza, ¿no es verdad? —preguntó Catherine.

—El trabajo honesto no tiene nada de malo, sea cual sea, y no vas a tergiversar mis palabras para decir algo que no pretendo decir. No se trata de ser mejor que alguien que limpia o hace de canguro para ganarse la vida —aclaró James—. No le faltaría al respeto a nadie en ese sentido. Pero lo cierto es que Dakota es una joven de color y no creo que entienda cómo puede juzgarla la gente.

—Pues llámala de otro modo —dijo Catherine—. La asistente personal de Lucie. Quizá pueda hacer algo más, como contestar el correo electrónico o algo así. Como si se tratara de una especie de período de prácticas.

—Eso podría ser un principio, sí. Pero, claro, todavía queda el tema de que estará en Italia y si algo fuera mal yo no estaría cerca. Nunca me he apartado de su lado, ni una sola vez en todos estos años.

—Eres un buen padre —reconoció Catherine—. Autoritario y dogmático, pero bienintencionado.

—Todo este asunto no ha hecho más que crear problemas. Hasta Anita vino a comer conmigo cerca de mi despacho.

—Eso es grave.

—Mira, yo respeto a Anita Lowenstein y me intereso por ella como el primero —afirmó James, hendiendo el aire frente a él en un gesto de convicción—. Tiene devoción por mi hija. Pero al fin y al cabo, el padre de Dakota soy yo. No comparto la paternidad con las socias del club de punto de los viernes.

—Sí, pero Anita llevaba ya mucho tiempo allí cuando tú no estabas, amigo mío —replicó Catherine—. Las cenas secretas que compartían les habían proporcionado un marco en el que hablar clara y honestamente el uno con el otro y que les resultaba muy útil.

—No es necesario que me recuerdes lo que lamento todos los días —gruñó James—. Pero eso no cambia lo que he dicho.

—Para que conste, James, y espero que no vayas a enojarte conmigo, fui yo quien sugirió a Lucie que pensara en Dakota —confesó Catherine, que vio que su amigo torcía el gesto—. Déjame acabar. Sé lo mucho que le gusta viajar. Además, hay otra cosa. Se trataba de sacar a Dakota de la ciudad antes de que hiciera algo… impetuoso. Hay un chico, ¿sabes?

—¿Quieres que Dakota haga de niñera para Lucie porque tienes miedo de que tenga una cita?

En el fondo, Catherine se alegró cuando James le hizo la pregunta, porque vio que no era la única que se alarmaba ante la idea de que Dakota entrara con pasos torpes en la edad adulta.

—Ya lo sé, lo sé —dijo Catherine—. ¿Qué clase de locura es ésta viniendo de mí? Bueno, existe una gran diferencia entre una divorciada de cuarenta y tantos que disfruta del cuerpo que Dios y sus cirujanos le han dado y una estudiante universitaria de primer año que se está metiendo en aguas procelosas.

—¿Me estás diciendo que Dakota mantiene relaciones sexuales? —preguntó James mientras abría desmesuradamente los ojos y tragaba saliva varias veces seguidas.

—No —respondió Catherine, que alargó el brazo para darle unas palmaditas en la mano—. Digo que cree estar enamorada. Y antes que dejar que viva su vida, abogo por interferir. Y hacerlo del modo menos evidente posible: un viaje a Italia.

—Sigo sin querer que haga de niñera —insistió James.

—Bueno, sólo es un trabajo veraniego. Lo último que sé es que todavía estaba dándole vueltas a cómo ser pastelera.

—No me hagas hablar de esos malditos *muffins* —protestó James—. Pero esta información sobre el chico es bueno saberla. ¿Por qué me lo has estado ocultando?

—Por confusión emocional —respondió Catherine—. Prefiero considerarme la más guay. Guardar todos los secretos de Dakota. Pero, por lo visto, incluso yo tengo a una institutriz dentro de mí. ¿Quién lo diría?

—¡Ay, Catherine! —James se inclinó para darle un beso de despedida en la mejilla y luego se levantó. Se estaba haciendo tarde y por la mañana tenía una reunión importante para revisar las últimas novedades sobre los hoteles V en Europa—. Te subestimas, Cat. Siempre ha habido más en ti de lo que admitirás nunca.

# Diecisiete

¡Damas de honor! Necesitaba damas de honor. Anita llamó a Marty a la charcutería.

—No tengo acompañantes —le contó en medio de todo el tráfago del «café y bollo para llevar» de primera hora de la mañana.

—Tenemos tiempo, querida. Anoche aún no habías decidido siquiera si la boda iba a ser este año.

Marty sujetaba el teléfono entre el cuello y el hombro mientras untaba crema de queso en unos crujientes *bagels* con sésamo que luego envolvía en papel encerado. Los hombres y mujeres de negocios pasaban por allí de camino al metro y al trabajo en el centro de la ciudad y él preparaba bollos para el desayuno, uno tras otro. Muchos de sus clientes eran habituales y se sabía de memoria sus rostros y lo que pedían. Su clienta favorita de todos los tiempos, sin embargo, estaba sufriendo un ataque de pánico por teléfono.

—Todo va a salir estupendamente —afirmó.

Y lo decía en serio. Porque Marty tenía un plan. Le había pedido a Nathan que se reuniera con él en la charcutería aquella misma tarde e iba a ocuparse de sus travesuras infantiles de una vez por todas. Sintió un poco de lástima por aquel hombre, empeñado en mandar en su madre hasta el punto de que la relación entre ambos se había resentido mucho. Además, según le había contado Anita, Nathan le había revelado que estaba atravesando problemas matrimoniales. Por lo visto se había marchado de casa. Marty intentó tenderle la mano y fue rechazado repetidamente. Sabía que aquel tipo lo consideraba un palurdo.

Y cuando hubiera solucionado lo de Nathan iba a tener que encontrar el modo de resolver el asunto de Sarah.

Anita no dormía bien, y tampoco comía demasiado. Al principio Marty se contentó con echarle la culpa a Nathan, pero luego quedó claro que el hecho de haberle hablado de Sarah a Marty no bastó para aliviar la carga de Anita.

—Solíamos tejer mitones para los niños las dos juntas —le contó a Marty mientras ella empezaba un par. Él observó que se avecinaba un verano caluroso y que no habría mucha demanda de prendas para cubrir las manos—. Bueno, los reservaré para cuando la vea de nuevo —repuso ella, pero se la encontraba sentada en el sofá trabajando en la labor cuando ya debería estar durmiendo.

«Si por lo menos…», se había convertido en una frase habitual en boca de la que casi era su esposa, junto con «¡Ojalá…!» y «Una de las cosas que cambiaría…». La edad, que por regla general no era motivo de mucha atención por parte de ninguno de los dos, de pronto comenzó a pesar profundamente. La de Anita. La de su hermana. La sensación de que el tiempo se agotaba se tornó omnipresente y apabullante.

Marty haría cualquier cosa por Anita, y si hacía falta remover cielo y tierra para conseguir que eligiera una fecha y se comprase un vestido, Marty Popper estaba dispuesto a asumir la tarea. Pero le preocupaba, y mucho, que Anita hubiera cifrado toda una vida de frustración en el convencimiento de que todo el mundo estaría bien en cuanto hubiese encontrado a Sarah. ¿Y qué pasaría si no la encontraba?

Marty sacó el tema con delicadeza:

—¿A quién te gustaría pedírselo?

—Ya lo sabes —respondió Anita—. A mi hermana.

La palabra misma, «hermana», implicaba una relación estrecha, una conexión inquebrantable. ¿Era eso cierto? El simple hecho de que compartas unos padres, ya sea por consanguinidad o por afinidad, no significa que vuestras personalidades sean complementarias. Que disfrutes con las mismas actividades. Que vuestras ideas políticas coincidan. Según lo entendía Anita, lo más fácil con los parientes era ser desconocidos allegados. Saber de qué humor estaba cada cual sólo con una mirada, aceptar todas las pequeñas peculiaridades que constituyen las costumbres de una persona, y, sin embargo, aun con todo este conocimiento secreto, arreglártelas para no preguntar nunca nada sobre las esperanzas y los sueños del otro. Asumir que, por sí mismo, el hecho de ser hermanos anulaba la necesidad de convertirse en verdaderos amigos. Anita sabía que éste había sido uno de sus errores. Un error que quería enmendar.

—De acuerdo —dijo Marty—. Podemos decir su nombre. Es Sarah. ¿Y quién más?

—Dakota —decidió ella—. Y Catherine. Ha sido mi mano derecha en toda la planificación, y la verdad es que es una muy buena amiga. Sí, creo que Catherine.

—Perfecto. Pues ahora lo único que tienes que hacer es pedírselo.

—¿Crees que dirá que sí? —preguntó Anita, y empezó a darle vueltas de nuevo. Llevaba semanas así, con las emociones afluyendo y refluyendo sin cesar. Agotando a Marty. Agotándose a sí misma—. Creo que voy a llamarla ahora mismo.

—Son las siete menos cuarto de la mañana, cariño —señaló Marty—. Es más probable que se entusiasme con la idea si esperas al menos hasta las nueve.

Catherine estaba tumbada en la cama con el antifaz de trigo sarraceno puesto, esperando que el día retrasara el tiempo y le diera unos minutos más para dormitar. Con poco más de veinte años había tenido mucho aguante, incluso después de haberse percatado de que casarse con Adam había sido una tremenda equivocación. Iba a fiestas y subastas benéficas y se levantaba al amanecer, lista para hacer ejercicio y servir el desayuno. Ahora, en cambio, sólo con que se acostara tarde una noche ya estaba hecha polvo.

Quería quedarse en la cama, aunque técnicamente era un día laborable y tendría que considerar hacer acto de presencia en El Fénix. Ahora bien, el empleado adicional que había contratado para el verano podía ocuparse perfectamente de las dos vertientes del negocio, lo cual aliviaba no poco la presión sobre Catherine. Echó una mirada por debajo del antifaz y recorrió el dormitorio que había sido de Stan y Anita. Con las paredes marrón topo y la cama con columnas estrechas que requería de unos peldaños diminutos para subir y meterte entre las magníficas sábanas de Frette. Otro motivo para amar Italia, se dijo. Comprar todas las existencias de ropa de cama.

Se apoyó en un codo para incorporarse, sin acabar de decidirse. Catherine deseaba con todas sus fuerzas que James dejara que Dakota fuese a Italia. Así ella lo tendría más fácil y podría decirle a todo el mundo que por eso quería ir también. En vez de contar que se sentía atrapada en una vida que era más de lo mismo, día tras día. En vez de decir que quería conocer a su enamorado telefónico, Marco, y ver el viñedo de su familia. Eso parecía divertido. Otra anécdota en los anales de Catherine Anderson, diletante y fugaz. La verdad era que una persona que regentara una tienda de vinos no tenía ninguna necesidad de tomar un avión para ir a probarlos en origen. Ella sólo estaba haciendo lo de siempre: salpicar su vida con gotas de emoción. Intentar darse alicientes. La tienda. La vinoteca. Viajes. Novios guapos. Una casa nueva que necesitaba reformas. La novela de suspense en la que llevaba semanas sin escribir ni una palabra. ¿Y qué sería lo próximo? Porque, francamente, Catherine se estaba quedando sin cosas que hacer.

Entonces Anita se presentó en la puerta del apartamento.

Catherine llevaba aún el pijama y el cabello aplastado de dormir cuando sonó el timbre. Cruzó el apartamento con paso suave, descalza, y se encontró con una Anita agitada, vestida con otro traje de lino de color claro y casi ahogándose bajo el peso de una carpeta.

—Toma —dijo, y tendió aquel mamotreto a Catherine con brusquedad mientras entraba por la puerta. Le brillaban los ojos—. Levántate, dormilona.

—Es que aún es muy pronto… —farfulló Catherine.

—Voy a preparar un café inmejorable esta vez. Porque ahora tengo un plan.

—¿Has elegido una fecha?

Anita se echó a reír y respondió:

—No, pero he elegido una dama de honor.

—Bien —asintió Catherine—. Dakota lo hará muy bien.

—Bueno, sí —repuso Anita—. Pero también me gustaría pedírselo a otra persona. A una que ha sido muy paciente conmigo. A ti.

—¿A mí? Nunca he sido dama de honor, ¿sabes?

—¿Y a quién le importa eso? Esta carpeta contiene un resumen de los datos principales y, francamente, tienes muchas responsabilidades por delante. Para empezar, se supone que tienes que animarme a fijar una fecha.

—Porque resulta que no lo he estado haciendo ya, ¿verdad? —preguntó Catherine en voz alta, aunque Anita ya estaba trasteando en la cocina. Catherine se dirigió a la puerta prácticamente a rastras, se movía con mucha lentitud, y miró a Anita mientras iba de aquí para allá—. Soy la suplente de Georgia —comentó en tono despreocupado—. Y me siento muy honrada de hacerlo.

—¿Qué dices de Georgia, querida?

—Que voy a ocupar el lugar que hubiera sido de Georgia.

Anita detuvo su torbellino de actividad y miró a Catherine a los ojos.

—Nadie sustituirá nunca a Georgia —dijo con firmeza, y a Catherine empezó a temblarle el labio.

Menuda perdedora estoy hecha; después de todo este tiempo, aún rompo a llorar, pensó Catherine para sí.

—Si tuviéramos la suerte de seguir teniéndola físicamente en nuestras vidas, entonces yo tendría la suerte de tener a tres hermosas chicas para apoyarme —añadió Anita, que apartó discretamente la mirada para fingir que no se daba cuenta de que Catherine estaba llorando–. Tal como están las cosas, sólo podré tener dos. ¡Pero menudo par de damas vais a ser Dakota y tú!

Luego siguió haciendo el café, mucho mejor de lo que Catherine lo había hecho jamás, mientras tarareaba para sí misma. En ocasiones, dar un solo paso en una dirección, en cualquier dirección, bastaba para hacer que pareciera que la vida estaba volviendo a encarrilarse.

Se estaban produciendo muchos cambios por todas partes: la renovación de la tienda por parte de Peri, los bebés de Darwin, las aventuras de la carrera profesional de Lucie y la insistencia de Dakota en que estaba enamorada a distancia. Eso, por no mencionar la boda de Anita y que Catherine sería dama de honor. Todo el mundo tenía algo nuevo, y al final, ella también. Tenía la prueba oficial de que era una socia del club, absolutamente y para siempre.

⌐━━━━┐

El agua caliente ya salía y Catherine estaba a punto de entrar en la ducha cuando sonó el interfono del portero automático.

–Nathan Lowenstein, señora –oyó.

–Vaya… Cinco minutos, gracias.

Catherine bajó la mirada hacia su cuerpo desnudo y buscó algo que ponerse a toda prisa. Sus ojos se posaron en la ropa de gimnasia del cajón de arriba y, en cuestión de un instante, Catherine se había vestido con unos pantalones capri de hacer yoga y una camiseta ajustada. Se pasó el cepillo por el cabello a toda prisa, luego recorrió casi al trote el trecho hasta la puerta principal y, al hacerlo, cayó en la cuenta de que se le había olvidado ponerse sujetador. Una cosa era que quisiera exhibirse, pero a Catherine no le hacía gracia que la sorprendieran sin maquillaje o sin estar completamente vestida.

–Hola –dijo con tono cortante al abrir la puerta–. Casi coincides con tu madre… Se ha ido hará unos veinte minutos.

—Qué lástima —repuso Nathan—. Bueno, en realidad pasaba para ver el apartamento, tal como comentamos el otro día en la fiesta.

—Bien —dijo Catherine—. No hay problema, pero creía que ibas a llamar con antelación.

—Bueno, es que andaba por el barrio, tengo que reunirme con Marty un poco más tarde —explicó. Se apoyó en el marco de la puerta y le dirigió una sonrisa esquinada y burlona—. ¿Ni siquiera vas a invitarme a entrar en mi propia casa? O, mejor dicho, la casa de mi infancia.

Catherine se hizo a un lado de inmediato y lo dejó pasar.

—Verás que está prácticamente igual —expuso—. Sólo hay algunas cosas que son mías. Por lo demás, todo está al gusto de tu madre.

—Ya lo veo —repuso Nathan al tiempo que se quitaba la cazadora fina que llevaba y la echaba sobre el extremo del sofá. Se dirigió a las grandes ventanas que daban al parque—. ¡Menuda vista! Es incluso mejor de lo que recordaba.

Catherine se fijó en que Nathan llevaba una camiseta polo y en que tenía unos brazos bronceados y musculosos. Era indiscutible que parecía el doble de su padre en las fotografías que Anita le había enseñado. Era un hombre atractivo. Y con un culo bonito, pensó Catherine al mirar su trasero enfundado en unos vaqueros.

Nathan se dio media vuelta rápidamente y juntó las manos dando una palmada.

—¿Estás lista para hacerme de guía tal como prometiste? —le preguntó.

—Yo, bueno… estoy segura de que no vas a perderte por ahí —contestó Catherine—. Hay café en la cocina.

—De acuerdo. Creo que echaré un vistazo. ¿Dónde está tu dormitorio?

---

El secreto para hacer que las cosas salieran bien, pensaba Nathan mientras se dirigía a la charcutería, era dejar siempre que la gente conjeturase. Esto era lo que planeaba hacer con Marty a continuación. Catherine, por otro lado, había sido fácil. En realidad, le gustaba mucho, cosa que no esperaba en absoluto. Nathan había supuesto que ella habría vuelto a decorar el apartamento, pero, para su sorpresa, el viejo estilo permanecía prácticamente intacto. Incluso aquella larga mesa de comedor de nogal americano por la que su madre siempre sufría. Catherine sólo había estado viviendo allí, tal como le explicó ella misma, porque no estaba segura de adónde ir después de su divorcio y Anita no quería que el apartamento quedara vacío.

Nathan se fijó en que se la veía más joven sin maquillaje, casi parecía tímida sin él. Era su máscara de confianza.

Estaba claro que había interrumpido su rutina matutina, y ésa era precisamente su intención, pero le sorprendió agradablemente observar —con discreción, por supuesto— la forma en que la ropa se adaptaba a su cuerpo. La evidente ausencia de ropa interior. No se imaginaba a Rhea acudiendo a abrir la puerta vestida de ese modo, y eso lo excitó. No le había costado mucho convencer a Catherine de que debería invitarlos a él y a Anita, e incluso al novio de su madre, a que fueran a comer un día de aquella semana.

—Pide comida preparada —sugirió—, será divertido. Para nosotros será como en los viejos tiempos.

Le estrechó la mano al marcharse y se inclinó para darle un beso rápido en la mejilla, con la mano en su hombro. Fue un poco prepotente, sin duda. Pero entonces supo con seguridad que no llevaba sujetador.

# Dieciocho

Marty tamborileaba con los dedos en una de las mesas de la charcutería con un periódico intacto a su lado mientras esperaba a que Nathan hiciera acto de presencia. Habían quedado en encontrarse hacía ya más de cuarenta y cinco minutos. De momento, el hijo de cincuenta y tres años de Anita se las había arreglado para disgustarla con largas discusiones —que tuvieron lugar nada menos que en el salón de Marty y Anita— acerca de por qué estaba cometiendo un terrible error. Incluso jugó su baza: mentar a Stan.

—Papá se horrorizaría si supiera que te ibas a casar con otro hombre —gritó Nathan.

A Marty no le había hecho falta escuchar a escondidas para oírle, sentado en el dormitorio mientras fingía mirar la televisión. Se había disculpado para que madre e hijo tuvieran un poco de intimidad.

—No lo creo, cariño —repuso Anita.

Marty tuvo que aguzar el oído para oír su voz, queda y débil. Desde que se enteró de que su hijo mayor iba a llegar, no había dormido bien. Nathan la informó de que él era el representante de todos sus hermanos.

—Yo sé lo que papá hubiera esperado de ti.

—Nathan, puede que no te des cuenta de esto, pero yo conocía a tu padre mucho mejor de lo que tú lo conociste nunca, o de lo que lo conocerás. Hablábamos de todo tipo de cosas, ninguna de las cuales es asunto tuyo. Y pasa lo mismo con mi matrimonio: es asunto mío, no tuyo.

Casi estuvo por salir al salón y darle una lección a aquel gamberro. ¿Quién recorre toda esa distancia en avión para

188

sacar de quicio a su propia madre? Marty siempre había cuidado de sus padres, de ambos, y los trató con respeto. Resultaba imposible de creer que un hombre tan irascible como aquél fuera hijo de Anita. Ella ya le había explicado a Marty que simplemente los crió; no podía controlarlos. Y menos ahora, cuando los chicos eran ya unos hombres de mediana edad.

Aunque habría sido de esperar que un hombre de mediana edad, con un negocio próspero, tuviese alguna idea de lo que era la puntualidad. Marty estaba a punto de posponerlo para otro día y marcharse a casa —dejando a uno de sus empleados a cargo de la tienda— cuando entró Nathan silbando tan tranquilo, con la cazadora sobre el hombro.

—Café, gracias —pidió al empleado del otro lado del mostrador antes de darse la vuelta hacia Marty, sentado cerca de la pared que en realidad era un expositor refrigerado—. ¡Ah, hola, Marty! No te había visto ahí sentado —dijo en un tono que indicaba una absoluta falta de sorpresa—. Lamento haberte hecho esperar.

Vaya, de modo que quería jugar. Pues no había problema, pensó Marty.

—Habíamos quedado a una hora —repuso Marty—. Y ya ha pasado —concluyó, y se incorporó y empezó a andar con intención de abandonar la charcutería, despidiéndose de sus empleados con un gesto de la mano.

—Eh, quieto ahí, amigo —dijo Nathan—. Hay algunas cosas que me gustaría discutir contigo.

—Nadie lo hubiera dicho.

—Mira, necesitamos soltar unas cuantas cosas. —Nathan respiró profundamente—. No quiero empezar con mal pie. Y me pareció estupendo que fuéramos a encontrarnos aquí en vez de en algún lugar neutral. No creo que tengamos que ser adversarios.

—Los adversarios son personas que están peleando por algo, Nathan —explicó Marty—. Tú y yo no peleamos. Yo tengo una relación que te molesta, pero eso no es lo mismo.

—Siéntate, por favor —le pidió Nathan—. Y yo también me sentaré.

Marty retiró una silla y volvió a tomar asiento.

—Me alegro de que estemos aquí —repitió Nathan—. Sí, porque tenemos algunos asuntos, si te parece bien la palabra.

—Coincidiría con eso, pero creo que son más tus asuntos que los míos. Eres el hijo de Anita y ella os quiere mucho a ti y a sus nietos. Todo este alboroto es muy triste.

—Sí —aceptó Nathan—. Y mi madre ha dejado perfectamente claro que tiene intención de casarse contigo tanto si yo lo apruebo como si no.

—Ya —corroboró Marty—. Lo sé.

—En tal caso, creo que hay cierta cuestión que tenemos que discutir, una protección.

—No podría estar más de acuerdo.

—Como ya sabrás, mi madre es una mujer acaudalada —dijo Nathan—. Considerablemente acaudalada.

—Sí, es una persona de mucha calidad —repuso Marty afablemente—. Pero vamos al grano, ¿quieres? —Metió la mano bajo el periódico y sacó un sobre abultado—. Un contrato matrimonial —anunció, y empujó el sobre hacia Nathan por encima de la pequeña mesa.

—Exactamente —dijo Nathan—. Aunque no había esperado que fueras tan complaciente. Nuestros abogados podrían haberlo preparado.

—En absoluto —replicó Marty—. Preferí que lo hiciera mi abogado. Un hombre tiene que cuidar de sí mismo. Y nadie sabe nunca lo que puede pasar.

—Cierto —asintió Nathan despacio, como si no acabara de comprender, en tanto abría el sobre.

—Tú haz que tu madre lo firme y lo tendremos todo arreglado —prosiguió Marty—. Al fin y al cabo, entre este edificio y las otras casas de piedra rojiza que adquirí cuando el mercado estaba bajo, tengo un buen pedacito de Manhattan. Y no me gustaría nada que hubiese algún tipo de confusión si algo me ocurriera.

—¿Qué? —Nathan torció el gesto—. ¿Le estás pidiendo a mi madre que firme un contrato matrimonial para protegerte a ti? ¿Como si fuera una especie de cazafortunas?

—¿Quién habla así de su madre? —dijo Marty con un estremecimiento—. En ningún momento he insinuado tal cosa. Simplemente digo que es apropiado protegerse. Si examinas los documentos verás que tu madre no obtiene ni un penique si nos divorciamos o si muero. Y creo que estarás de acuerdo en que es lo mejor.

—¿Quieres casarte con mi madre pero sin dejarle nada si te mueres? —Nathan no se lo podía creer—. ¿Qué clase de hombre eres tú?

—De los listos —contestó Marty con calma—. Sé cómo funcionan las cosas en este mundo.

Nathan se quedó allí sentado, hojeando el documento matrimonial en silencio.

—¿Ni siquiera le dejas tu parte del nuevo apartamento que comprasteis?

—¿Compramos? ¡Ni hablar! Compré ese lugar enterito. Aunque, si lees la letra pequeña, dice que ella tiene derecho a vivir allí hasta su muerte. No soy una persona sin corazón. Lo único es que no va a ser su propietaria.

—Mi madre compró y pagó tu nueva vivienda, Popper —le espetó Nathan—. No me importa cuánto dichoso pastrami vendas en este antro, pero nunca será suficiente para comprar esa casa en la que estáis viviendo.

—Como ya he dicho, mis inversiones no se limitan a los sándwiches. Y más vale que te creas que fui yo quien compró ese apartamento para tu madre y para mí. Y si no me crees… bueno, supongo que me da lo mismo.

—Eres un mentiroso.

¿Qué clase de tipo era ese tal Marty? Había hecho bien en no fiarse.

—Y tú, un chiquillo consentido que se hace pasar por un hombre de mediana edad.

—Mi madre es una persona maravillosa —afirmó Nathan—. Y no soporto ver que la manipulas. ¿Cómo te atreves a pedirle que firme un contrato matrimonial?

Marty examinó a Nathan. No odiaba a ese tipo. De hecho, lo comprendía. Debía de resultar muy difícil que tu madre anunciara de repente que tenía novio después de años de estar aparentemente acomodada en su viudedad. En la mente de Nathan, sus padres probablemente seguían siendo una pareja, y el hecho de ver a Anita con otra persona debía de ser fastidioso.

—De acuerdo —convino Marty—. Tienes razón. Nada de contratos matrimoniales. Pero aun así vamos a casarnos, y se espera que estés presente en la boda.

Nathan no repuso nada, aunque su semblante enrojecido evidenciaba su ira. Sin pronunciar palabra, abandonó sin prisas la charcutería y salió a la calle.

Marty tomó el sobre y miró el acuerdo legalmente vinculante por cuya elaboración había pagado a sus abogados. Era muy real, sí, aunque en ningún momento había tenido intención de entregárselo a Anita. Y el nombre de ella constaba en la escritura de su apartamento, sin duda alguna, y él había estado encantado de comprar la vivienda y todo el mobiliario caro que Anita eligió para decorarlo. No había problemas con el dinero. Tenían la suerte de poseer más que suficiente por separado y el buen criterio de no dejar que se interpusiera entre los dos. Ellos habían solucionado sus asuntos hacía siglos. Sonriendo para sí mismo, Marty rompió el contrato matrimonial por la mitad y abrió su *Daily News* por la sección de deportes.

Había estado bien que soplara un poco de brisa, sólo para refrescarlo. Pero, tal como le sucedía últimamente con todo en la vida, obtuvo lo contrario de lo que deseaba: un calor bochornoso de un mes de junio en la ciudad de Nueva York, con la acera ardiendo bajo el sol. ¡Maldita sea! Marty le había tendido una trampa. Ese hombre era un cabrón maquinador; previó lo que Nathan quería discutir y se puso a la defensiva. ¡Por el amor de Dios! ¡Nadie necesitaba un documento para protegerse de Anita!

Le había tomado el pelo. Su intención era tener una discusión seria, de hombre a hombre, e intentar conocer el juego del charcutero. Nathan había planeado con detalle exigir un acuerdo prematrimonial, desde luego, y esperar a ver cómo reaccionaba Marty; hubiera sido una prueba perfecta.

Si no hubiese perdido los estribos podrían haber hablado con calma. Pero en los últimos tiempos siempre le pasaba lo mismo. Se enojaba. Se sentía atrapado. Asfixiado en las buenas comidas y en las discusiones calmadas. Con Anita. Con Rhea. Suponía mucha presión ser el padre, el esposo, el hijo. Un hijo a quien su madre no escuchaba. El apartamento del San Remo era un símbolo de todo aquello por lo que Stan Lowenstein había luchado; Anita no tenía ningún reparo en desprenderse de él y Nathan sentía que no podía hacer nada para detenerla. Con lo cual le estaba fallando a su padre.

Stan, que siempre apoyó incondicionalmente a Anita, no hubiese entendido sus problemas con Rhea. Francamente, Nathan no sabía ni si él mismo los entendía. Lo que ocurría era que estaba siempre tan… cabreado. Y la angustia era aplastante. A menudo se preguntaba cómo podía ser que hubiera envejecido tanto… ¡pero tanto!, que tuviera unos hijos ya adolescentes y que todos los días, todos sin excepción, prometieran ser exactamente iguales que el anterior. Él siempre había sido una persona seria, sólo hacía lo que había que hacer, y tenía que admitir que no había pensado mucho sus decisiones en general. Se limitó a seguir adelante, como si marcara con un «visto» una lista de control: universidad, carrera profesional, matrimonio, hijos, pagar la universidad, cuidar de mamá.

Y entonces, la pasada noche de Fin de Año, en el reloj sonaron las doce y se quedó en las escaleras de su casa de Atlanta observando a todos los invitados –las mujeres que mantenían la figura, las que se habían abandonado, y las que ya eran unas zoquetas de entrada, y a los hombres barrigones y panzudos que presentaban distintos grados de alopecia– que se besaban, se abrazaban y se deseaban lo mejor unos a otros. ¿Esto es lo mejor?, se preguntó.

Rhea lo acusaba de estar cada vez más distante, y tenía razón. Se estaba alejando, pero no sabía adónde iba. Lo que quería era una máquina del tiempo, una oportunidad de intentarlo de nuevo. ¿Elegiría a Rhea otra vez? Bien podría ser que así fuera. Era una mujer atractiva, aunque seria. ¡Siempre tan seria! Controlando cada minuto. Más que con él, esa mujer estaba casada con su planificador diario. Así pues, también podría darse el caso de que hiciera algo distinto si tuviera otra oportunidad.

Tras pasarse una hora hablando por teléfono con la dichosa Dakota, Anita había escuchado, por fin.

–Quizá tuvieras más tiempo para mí si me diera por hacer punto –había comentado en broma, pero incluso él se percató de que sus palabras sonaron mal y no tenían nada de gracioso. «Ayúdame, mamá, ayúdame –hubiera querido decir–. Todo se desmorona y no sé qué hacer.»

Le contó los hechos: que se había ido de casa, que los niños estaban bien, que Rhea y él estaban pensando en el divorcio y que no, no estaba seguro de que se pudiera arreglar nada. No puedes arreglar las cosas cuando no sabes qué se ha roto, pensó mientras cruzaba la calle para ir a sentarse al parque y meditar sobre el edificio que había sido el hogar de su familia.

Se preguntó si sus hijos llegarían a sentir lo mismo con su casa de Atlanta. Quizá hasta su propio padre había tomado el tren hasta Queens para revisar asimismo su pasado, fue mejor hombre y regresó a casa con Anita y sus hijos, que no se dieron cuenta de nada. Esta imagen llenó también de resentimiento a Nathan. Su padre lo superaba incluso en su imaginación.

Catherine había pedido una selección de platos del menú de un restaurante indio –pollo tikka masala, cordero vindaloo y un surtido de chutneys– y puso la mesa con mucho gusto. Sin embargo, en el último minuto, Anita la llamó y le explicó que al final ella y Marty no acudirían a la cena. Por algo así como que Marty y Nathan no podían estar en el mismo espacio físico el uno en compañía del otro.

–¿Y qué pasa con Nathan?

–Ah, eres muy amable dejando que vaya, querida –dijo Anita–. Creo que está un poco deprimido.

–¡Acabo de encargar cena para cuatro personas! –exclamó Catherine cuando colgó el teléfono.

Intentó llamar a James y a Dakota, pero él tenía que trabajar hasta tarde y ella se iba al cine con su amiga Olivia. Al final sólo se presentó Nathan.

–Gracias por dejarme venir –le dijo en la puerta al tiempo que le ofrecía un ramo de flores y una botella de vino.

–Espero que tengas apetito. He pedido demasiada comida.

Normalmente Catherine le hubiera ofrecido una copa antes de cenar, pero no estaba de humor para agasajar a nadie. Otra cosa sería que Anita y Marty los hubieran acompañado. Pero Nathan era una novedad, y ella no tenía muchas ganas de hacer preguntas perspicaces y llegar a conocerlo. Ser educada y parecer curiosa. Al fin y al cabo, él sólo iba a pasar una semana o dos en la ciudad. Y el hecho de que la hubiese pillado desprevenida por la mañana no ayudaba demasiado. En el curso del día se había ido enojando cada vez más al reflexionar en las interrupciones matutinas.

–Esto debe de resultarte más bien molesto –comentó Nathan–. Me doy cuenta. Pero sería un estúpido redomado si me limitara a excusarme y dejarte con toda esta comida. De modo que sentémonos y tomemos un bocado. Comeré, me iré y tú puedes reanudar luego tus actividades.

Catherine se sintió aliviada.

—Eso sería estupendo, gracias. Te lo agradezco.

—No te preocupes —repuso Nathan y, una vez más, dejó la cazadora encima del sofá—. Estará bien comer en la vieja mesa.

—Y yo me aseguraré de poner salvamanteles. No hay que poner cosas calientes en contacto con la mesa.

Nathan se rio.

—La culpa de la obsesión que tiene mi madre con eso se debe a mí —declaró mientras tomaba asiento y vertía un poco de salsa de curry en un montoncito de arroz—. Un sábado estaba solo en casa, debía de tener unos doce años, y levanté un volcán sobre la mesa. Luego lo hice entrar en erupción. Había plastilina y líquido caliente por todas partes, y mi madre tuvo que probar con tres tipos distintos hasta encontrar uno que fuera capaz de restaurar el acabado.

Catherine mordisqueaba una samosa.

—Después de aquello, aunque sólo estuviera haciendo los deberes, mi madre venía y decía: «¡Usa un posavasos!» —explicó Nathan—. ¿Y qué me dices de ti? ¿Algún percance infantil?

—Ah, no. Éste es tu viaje por el camino de los recuerdos.

—No, en serio, cuéntamelo —insistió mirándola fijamente.

—Bueno, pues cuando tenía quince años robé el coche de mis padres —le contó—. Quería ir a un concierto de rock y me dijeron que no.

—Así que eres una transgresora.

—Soy una pensadora independiente.

Tras la réplica, Catherine sonrió, aunque sólo un poco. Nathan le correspondió con una amplia sonrisa.

Para cuando terminaron de cenar, Catherine se había enterado de que Anita y Stan rara vez se peleaban, de que en una ocasión Nathan había intentado aprender a hacer punto (dijo que no pudo pasar del nudo corredizo) y de que se había separado de su esposa.

—Sencillamente no funciona —afirmó.

196

–Lo entiendo. Yo también dije basta después de quince años desagradables.

Él le enseñó las fotos de sus hijos, que llevaba en el teléfono móvil, le explicó que nunca habría abandonado Nueva York si la que pronto sería su ex esposa no hubiese insistido en ello. Nathan recordaba con claridad el día en que la familia se mudó al apartamento.

–Los de la mudanza trajeron todas esas cajas pesadas y no dejaban de preguntar «¿Esto dónde va, señora?», y mi madre, que no se movía de allí, junto a la ventana, miraba al parque y lloraba. «Ésta es nuestra vista, Stan, es nuestra vista.» –Se interrumpió un momento y recobró la compostura–. Verás, todo eso se lo habían ganado, todo el dinero. Mi padre trabajaba y mi madre hacía todo lo demás. El día que desempaquetamos nuestras cosas fue un gran acontecimiento. La verdad es que tenía la sensación de que lo habíamos hecho todos juntos, la familia entera. Que cada uno de nosotros desempeñaba un papel.

–Tú no quieres que se venda el apartamento, ¿verdad?

–No –respondió Nathan–. Vine para intentar hablar con ella y convencerla de que no lo haga, o quizá para que nos lo venda a mis hermanos y a mí. Pero es complicado, todos tenemos nuestras obligaciones económicas y todo eso. No creo en lo de confiar en una herencia. Eso ya lo recibí por parte de mi padre.

–Según he oído era un gran hombre.

–El mejor –afirmó Nathan, que sintió que aumentaba su angustia–. Era un hombre íntegro.

–Y tú te pareces a él –concluyó ella, a lo que Nathan se limitó a asentir con la cabeza y pareció emocionarse.

Catherine había oído muchas veces las quejas de Anita sobre Nathan; sin embargo, ese hombre parecía mucho más tierno de lo que había esperado. Era un hombre dulce, pensó. Un incomprendido, tal vez. Y, sobre todo, daba la impresión de que necesitaba pasar algún tiempo en la casa de la familia.

Catherine insistió en que la dejara llamar a Anita para informarle de que Nathan quería quedarse a pasar la noche en su antigua habitación.

—Por mí no hay problema —le dijo a su amiga—. Esta noche la pasaré en mi casa de Cold Spring.

—Bueno, si estás segura, querida... —repuso Anita por teléfono—. Sería todo un detalle por tu parte. Creo que Nathan necesita hacerse a la idea de la boda y de la venta del apartamento. Pasar página, como dicen.

Así pues, todo estaba arreglado. Catherine tomó unas cuantas cosas que quería llevarse —el libro que estaba leyendo, los cosméticos— y lo metió todo en una bolsa de fin de semana que dejó junto a la puerta.

—Me siento fatal por echarte de tu propia casa —dijo Nathan—. Tu casa que es nuestra casa, pero de todos modos... No tienes por qué hacerlo.

—No pasa nada —contestó Catherine—. Te ayudaré a limpiar lo de la cena y luego me iré.

Pero cuando terminaron de limpiar decidieron preparar un té. Y, de hecho, parecía una estupidez que tuviera que ir a tomar el tren a esas horas.

—Somos dos adultos —dijo Catherine—. Estoy segura de que podemos arreglárnoslas para compartir el mismo espacio. Yo me voy a mi cama y, tú, a la tuya.

Pero, deliberadamente, no volvió a llamar a Anita para hacérselo saber, y tampoco se lo mencionó al día siguiente, cuando fueron las dos a ver a Peri y discutir la idea de un bolso para la boda.

Así pues, durante un par de días, Nathan se convirtió en su compañero de piso clandestino o algo parecido, que hacía lo que fuera que hiciese durante el día y se reunía con Anita para comer. Recogió el equipaje y lo llevó al apartamento aunque conservó su habitación en el hotel. Dijo que Anita no lo entendería, estando Catherine allí.

Catherine incluso fue a El Fénix varios días seguidos y optó por regresar al San Remo a dormir cada noche. Era divertido, se dijo, conocer a Nathan. Tener compañía.

Era como tener a un invitado de trato fácil, platónico, que se quedaba a dormir. Era un hombre muy atractivo, de eso no había duda, y era evidente que se cuidaba. Pero, sobre todo, era dulce y divertido, le contaba historias sobre sus padres y sobre sí mismo. Comían helado Sundae en el sofá, mirando la televisión codo con codo, y se quedaban levantados hasta tarde hablando de sus películas favoritas.

Nathan le habló de algunos de los muebles que Anita había dejado allí cuando se mudó. Incluso le enseñó el dormitorio de su niñez.

—Lo que de verdad quiero saber —dijo mientras desatornillaba el espejo que había detrás de la puerta— es si ella sigue aquí.

—¿Quién?

—La chica de mis sueños.

Nathan hizo girar el espejo para revelar nada menos que un póster de los años setenta de Farrah Fawcett, con el cabello cortado en capas, una magnífica dentadura y unas tetas considerables apenas contenidas en un traje de baño rojo.

Catherine se lo pasaba muy bien con Nathan. Él se mostraba muy interesado en oír cosas sobre la tienda, disfrutaba probando vinos con ella, y expresó su interés en acompañarla una mañana a ver El Fénix.

—Me encantaría —dijo ella, de modo que tomaron juntos el tren y se pasaron todo el camino charlando.

Y cada día se deseaban las buenas noches y seguían caminos separados por el pasillo.

Hasta aquella mañana. Catherine estaba vaciando el lavavajillas —ella rara vez cocinaba y la rejilla superior estaba llena de tazas de café— cuando Nathan entró en la cocina vestido con unos pantalones cortos de deporte grises y una camiseta y con el periódico en la mano. Ella prácticamente acababa de levantarse de la cama y llevaba una camiseta de escote redondo y tirantes y unos pantalones de pijama rojos que se le habían caído un poco de la cintura.

—Hace un día estupendo —comentó él, que se acercó por detrás y le tendió una taza.

Cuando ella se dio la vuelta y alargó el brazo para llegar al armario de su izquierda, Nathan se acercó un poco más, de modo que la espalda de Catherine quedó casi pegada a la parte anterior de su cuerpo. Catherine no se movió; apenas los separaban unos centímetros. Nathan tomó una taza de la rejilla superior con la mano derecha y alargó el brazo junto al hombro derecho de Catherine y por delante de ella para devolver la taza al armario. Catherine se percató vagamente de que le hubiera resultado mucho más fácil tomar las tazas con la mano izquierda. Sentía un cosquilleo en la piel, aun cuando él no la tocaba. Pero en cambio estaba invadiendo su espacio, movía su brazo musculoso en torno a ella repetidamente, casi como si se acercara por detrás para abrazarla. Era una sensación especial, estar juntos en una cocina, mientras recogían la vajilla. Una sensación íntima y real. Aquél no era el tipo de actividad del día a día que compartía con la mayoría de hombres, de modo que resultaba única. Y natural. Nathan olía muy bien —como a cítricos y a limpio— y lo único que ella tenía que hacer era quedarse ahí, junto al fregadero, mientras él seguía recogiendo tazas y le hablaba en voz baja.

—He dormido bien —le dijo con voz queda y tranquilizadora—. ¿Y tú?

—Ajá.

Catherine se sorprendió deseando haber bebido más café para que así hubiera una cantidad infinita de tazas. Quería echarse hacia atrás, sólo esos pocos centímetros, y dejar que su cuerpo rozara el de Nathan.

—No he tenido pesadillas —le susurró él—. ¿Y tú?

Catherine negó con la cabeza. Nathan le sacaba unos treinta centímetros de altura como mínimo, y era robusto.

—Oh, mira —dijo—. Nos hemos quedado sin tazas de café. —Apoyó las manos en el fregadero, una a cada lado del cuerpo de Catherine, y puso la boca muy, muy cerca de su oído—. ¿Puedo ayudarte con alguna otra cosa?

—preguntó, y Catherine, casi de forma involuntaria, ladeó la cabeza y arqueó el cuello.

—De acuerdo —susurró Nathan, y empezó a acariciarla con la nariz y luego a darle mordiscos juguetones.

Catherine se rindió a la tentación de echar hacia atrás el trasero y Nathan respondió acercándose más aún, y se pegó a ella de manera que quedó aprisionada entre el borde del fregadero y el cuerpo de él. Ni siquiera podía darse la vuelta, pero se sentía segura. Protegida. Excitada cuando Nathan empezó a besarle el lóbulo de la oreja y luego, sin separar la mano izquierda del fregadero, utilizó la derecha para volverle ligeramente la cabeza, lo justo para poder besarla en los labios. Profundamente. Con la misma mano derecha ejerció un poco más de presión de modo que Catherine empezó a caer sobre él, con la espalda contra su cuerpo, pues los pies ya no la sostenían bien. Catherine abrió de nuevo la boca, preparada para más, y él la complació y le puso la mano en la mejilla, el cuello, la camiseta y luego, de pronto, la metió debajo y le acarició el estómago, rozándole el pecho.

Ella abrió más la boca, provocándolo con la lengua, y la mano izquierda de Nathan soltó el fregadero, se posó en su cintura y empezó a descender lentamente por su cuerpo hasta la cintura del pijama.

—Ah… —gimió Catherine.

Así es como ella imaginaba que sería la felicidad: realizando las tareas domésticas y haciendo el amor a la vez. Echó los brazos hacia atrás, en torno al cuello de Nathan, para poder besarlo otra vez. Cuando su cuerpo empezó a protestar por la incomodidad de la posición, se dio la vuelta de cara a Nathan sin separar sus labios de los de él. En un instante, Nathan la alzó sobre el borde del fregadero y la sostuvo allí, con las manos apretándole el trasero mientras sorbía sus labios cada vez con más fuerza.

—Vamos a… —dijo al tiempo que la ladeaba hacia la derecha para poder inclinar su cuerpo y empezó a tirar del pantalón del pijama.

—Sí... —Catherine miró su muslo desnudo y mantuvo el equilibrio en esa dirección para dejar que Nathan le quitara del todo el pantalón. Cruzó los brazos por delante, asió el borde de su camiseta y se la sacó por la cabeza, con lo cual quedó completamente desnuda.

Nathan sonrió, se pasó la lengua por los labios y alzó los brazos para que Catherine pudiera quitarle la camiseta a él.

—Bien, bien...

Recorrió el cuerpo de Catherine con las manos y con la boca, rozándolo y acariciándolo; luego la sujetó, la desplazó algunos palmos mientras se bajaba los pantalones cortos unos centímetros y la penetró frenéticamente sobre la encimera de la cocina.

Fue rápido, demasiado para Catherine. Nathan sonrió.

—Si me ayudas un poco podemos volver a hacerlo enseguida —le dijo respirando contra su cabello, aún en su interior—. Probemos en la mesa del comedor. Ni siquiera tendremos que usar los posavasos.

Catherine se sintió encantada de complacerle.

Durante cuatro días, Nathan y Catherine probaron todas las habitaciones de la casa. Durmieron en el cuarto de Nathan, echaron varios polvos frente a su póster de Farrah Fawcett —su yo adolescente la amaba, le explicó él— y experimentaron con diferentes posturas en el salón y en los cuartos de baño. Al fin, agradablemente doloridos, contaron todos los lugares donde habían estado, orgullosos de su creatividad.

—Esto es casi perfecto —le susurró él una noche, ya tarde.

Catherine se sentía maravillosamente bien. Era todo muy doméstico, eso de ir besuqueándose por toda la casa, de entregarse a las caricias en los pasillos, ver la televisión y disfrutar luego de unos perezosos «¿por qué no ahora si apetece?» durante las pausas publicitarias.

Era tan perfecto, tan especial, que parecía adecuado guardárselo para ellos solos. Ya habría tiempo de hacérselo saber a todo el mundo. Catherine se sentía incómoda, sólo un poquito, por no contárselo a Anita. Pero no pasaba nada…, algún día sería una bromita familiar que todos compartirían, ¿no? Y eso haría que estuviera bien.

Y Nathan era maravilloso. De eso no había duda. Era inteligente y divertido, y, definitivamente, sabía cómo utilizar su cuerpo para complacerla… y a él también.

—El único sitio en el que no hemos estado es en tu dormitorio —le dijo Nathan la cuarta mañana que se despertaron el uno junto al otro tras haber dejado impresionada una vez más a Farrah con su ingenuidad.

—Pero Nathan… —respondió Catherine, cuya habitación era el dormitorio principal del apartamento—, ¿estás seguro de que quieres dormir en esa cama?

—¿Quién ha dicho nada de usar una cama? —preguntó él, que le propinó unos cuantos cachetes juguetones en el trasero y luego la persiguió, desnudo y riendo tontamente, por el pasillo.

---

Así pues, aquello podía ser su futuro, pensó Catherine, sentada en el sofá del apartamento del San Remo. Estar con Nathan, formar parte de la familia de Anita. Podía ser la joven señora Lowenstein. Tendría a los hijos de Nathan parte del año —quizá en verano y durante las vacaciones— y los llevaría a ver exposiciones, irían de excursión al Distrito de Columbia a ver el Smithsonian Institute y harían todas las cosas educativas y geniales que uno debería hacer con los niños. Y luego los sorprendería con unas entradas para el parque de atracciones, donde montarían en las montañas rusas y ganarían premios en los juegos de las barracas de feria. Decidió que incluso mantendría una relación afectuosa y cariñosa con Rhea, la ex esposa de Nathan. Casi ex esposa. Había que redactar unos cuantos papeles. Nada más. Bueno, quizá eso fuera un poco contemporáneo, lo de que todas las esposas se llevaran bien, pero de hecho era lo mejor para los niños.

A lo largo de los años, Catherine había visto muchas fotografías de los tres nietos de Anita por parte de Nathan, en la tienda, cuando Anita quería alardear de los últimos logros de los pequeños. Sin embargo, ahora estudiaba las fotografías de la cartera de Nathan mientras él dormía para reponerse del sexo, cubría el rostro de Rhea con el dedo y se colocaba mentalmente en la foto. Aquellas fotografías ya tenían unos cuantos años, le contó él para explicar por qué los críos eran más pequeños de como se los había descrito y el hecho de que Rhea siguiera estando en su cartera.

—No es que pueda tirar sin más una foto de mis hijos —le dijo, y Catherine estuvo de acuerdo en ello.

Era perfecto. Nathan dijo que sólo tenía que poner sus asuntos en orden. Y lo único que debía hacer ella era demostrarle lo feliz que era y aguardar el momento oportuno.

# Diecinueve

Entre el final de la jornada y la llegada de las chicas a la reunión mensual del club, Anita se dedicó a ordenar los cajones en Walker e Hija. Era indefectible que algún cliente dejara unas cuantas madejas rojas junto con las de color púrpura o algún otro revoltijo de colores y Anita disfrutaba poniendo un poco de orden para mantenerse ocupada. Estaba terminando de arreglar unas madejas de hilo lavable multicolor en tonos azules cuando Dakota y James entraron con aire resuelto en la tienda.

—Anita —dijo él—, ¿te importaría bajar a tomar un café rápido?

Dakota estaba a punto de estallar a causa del esfuerzo por no hablar.

—¿Qué vas a decir, papá? —preguntó, recelosa, porque llevaba días pinchándolo sobre su negativa a considerar siquiera el viaje a Italia.

—Con mucho gusto.

Lo dijo como si acabara de sugerirle el menú degustación en Le Bernardin en lugar de un café en una taza para llevar. Tomó a James del brazo y salieron juntos de la tienda.

No dijeron nada hasta que se sentaron. Y entonces James no empezó, como Anita preveía, con una lista de razones por las que Dakota no debía ir a Italia a cuidar de la hija de Lucie. No; le habló de Georgia. De lo duro que era seguir adelante. Del modo en que la tristeza afloraba a la superficie de sus pensamientos en momentos inoportunos. Sobre su miedo de defraudar a Georgia si Dakota tomaba una mala decisión. Si cometía un error.

—Por fin —dijo Anita—. Por fin estás hablando.

James se encogió de hombros. Le resultaba difícil decir lo que quería, cosas parecidas a las que compartía con Catherine, pero se le fue haciendo más fácil a medida que hablaba. Quizá hubiera sido mejor elegir un entorno más aislado para abrir su corazón a la anciana que había sido mentora de Georgia, pero a veces lo más importante es lo que se dice y no dónde se dice, ¿no? Esto pensó James, con la valentía suficiente para no importarle que los desconocidos pudieran ver lágrimas en sus ojos.

—Si una cosa he aprendido es que el dolor es individual —manifestó Anita—. Deja de intentar encajar en el programa de duelo de los demás. Nadie pensaba nada sobre el hecho de que yo encontrara a otra persona después de Stan. ¿Y por qué no? Porque yo era una anciana marchita. Pero tú, un hombre tan viril, deberías darte prisa y volver a casarte. Bueno, eso son tonterías. Cinco años no es más que un parpadeo en el grandioso orden del universo.

—Lo que pasa es que estoy tan… perdido —murmuró James—. No se trata de las relaciones. Salgo con chicas. Se trata del amor. Ni siquiera puedo concebir volver a sentirme de esa manera. Y cuando pienso en todo el tiempo que desperdicié…, me odio a mí mismo.

Anita miraba a James de hito en hito y dejaba transcurrir largos lapsos de tiempo para ver si había terminado de hablar. Lo último que quería era interrumpir. Aquélla era la charla que había estado esperando, la que siempre prometió a Georgia que podría tener; ya habría tiempo más que suficiente para hablar del tema de Italia.

—La vida es una extraña serie de coincidencias, James —comentó al fin—. Si aquel día Georgia no hubiese estado en el parque llorando porque pensaba que la habías dejado plantada, probablemente nunca me hubiera fijado en ella. De manera que me hiciste un gran favor.

—Tal vez. Esto es una locura.

—Sin embargo, es la verdad. Esa circunstancia llevó a una de las mejores amistades que he tenido en mi vida. El hecho de encontrarme con Georgia y luego conocer a Dakota me dio cordura tras la muerte de Stan. ¿Lo ves? Resultaría cómico si no fuera tan trágico.

—Por una parte, me alegro. Y por otra, lamento no haberlo intentado con más empeño. Presentarme aquí en lugar de escribir cartas. Soy tan egoísta, Anita, que desearía que no hubieses conocido nunca a Georgia si eso significara que, en cambio, yo pudiera haberla tenido todos estos años.

—Por supuesto —repuso Anita, que no se disgustó lo más mínimo—. Las cosas habrían sido muy diferentes. En ocasiones me gusta fingir que hay una versión de mí misma que vive en otra dimensión y no ha cometido ninguno de mis errores ni ha sufrido mis penas. Me gusta pensar en ella a veces, en la Anita de Otro Mundo.

—Lo comprendo —dijo James, y apretó los labios para contener el raudal de emociones—. ¿Quién sabe cómo podría ser?

—Pero miremos lo que conocemos de este mundo —sugirió Anita—. La vida de Georgia, e incluso su enfermedad y su muerte, nos condujeron a todos hacia cosas nuevas. A decisiones distintas. Cosas que, vistas desde esta perspectiva, quizá parecen menos atractivas, menos ideales. Pero en el fondo sólo son diferentes.

—Fui un imbécil —declaró James sin rodeos—. Y voy a pagarlo con mi corazón durante el resto de mi vida. Nunca será suficiente. ¿Cuándo voy a superar esta pérdida?

—Cuando te perdones por todas las cosas que no puedes cambiar —le aconsejó Anita—. Ella te quería. A ti, a Dakota, a Catherine. Si Georgia pudo ver tu verdadero yo, ¿por qué no puedes hacerlo tú?

—Ni siquiera puedo volver a tener a nadie en mi vida del mismo modo —afirmó de modo tajante—. No espero que alguien acepte sin más que mi tristeza nunca va a desaparecer. Siempre sabrán que fueron la segunda opción.

—La tristeza no es más que una parte de quien eres ahora, James. Encontrarás a esa persona. Lo harás. Y cuando lo hagas, al fin estarás listo para dejarla marchar.

—¿Y ahora qué? ¿Decidir si dejo que Dakota se vaya a Italia y quedarme solo?

—Dakota va a crecer, tanto si te gusta como si no —señaló Anita—. Y habrá momentos en los que quizá ni siquiera disfrutes de su compañía. Esas cosas ocurren, créeme. Pero el amor nunca cambia. Nunca llega un momento en el que no te arrojarías delante de un autobús para salvarle la vida. El problema es que coartándola sólo logras hacerle daño.

—Había pensado en algunas opciones. Bueno, maneras de hacer que quizá esto del verano funcione.

—Y el hecho de poner un poco de espacio entre Dakota y tú tal vez te ayude con tus propias emociones respecto a Georgia. La estás asfixiando porque tienes miedo de perder a su madre otra vez. Eso no puede salir bien.

—¿Y entonces qué?

Anita negó con la cabeza.

—No sabría decirte. El dolor no tiene horario. Cualquiera que te diga lo contrario te está mintiendo, y engañándose también —respondió—. Lloramos las pérdidas. Y no siempre son muertes.

Explicó a James que ella también tenía una noticia que dar.

—Esta noche voy a comunicar a las chicas que vamos a aplazar un poco la boda —dijo.

—¿Nathan?

Pero Anita negó con la cabeza.

—Tengo una hermana menor —empezó a contarle—. Y está por ahí, en alguna parte. Supongo que, técnicamente hablando, se escapó. Pero no fue antes de que yo le dijera que se fuera al diablo. Hace años, cuando me creía mucho más sabia de lo que soy.

—No me lo trago, Anita —dijo James—. Eres demasiado buena para algo así.

—Al igual que todo el mundo, he aprendido de mis errores. Es terrible lo que podemos llegar a decirnos unos a
otros. Y, para serte franca, desde la perspectiva que da el
tiempo, los detalles ya no importan demasiado. Los años
pasan volando, y un día encuentras una vieja fotografía y
llega el momento de dejar de fingir que falta una parte
de tu familia.

—Así pues, ¿tu hermana está viva? —preguntó James, que
parecía desconcertado.

Anita tomó una servilleta del dispensador para secarse
la nariz.

—Aunque no te lo creas, sinceramente no lo sé. Pasé
cuarenta años lamentando haber perdido a mi hermana,
y durante todo ese tiempo podía haber hecho algo para
encontrarla. Pero esperaba que ella volviera a mí. ¿Y por
qué? Estar abierto a una reconciliación no es lo mismo que
hacer un esfuerzo. Por eso te invité a comer aquel día, cuando volviste a la vida de Georgia. Necesitaba averiguar si
eras sincero.

—No sé qué decir.

—Somos más parecidos de lo que quizá puedas pensar
—afirmó Anita—. Y en muchos sentidos, tú fuiste mucho
más valiente de lo que yo lo he sido nunca. No me parece extraño que estés afligido por Georgia, James. Yo sigo
echando de menos a Stan y también quiero a Marty. No
es un grifo que puedas cerrar y ya está.

—¿Y tu hermana?

—Sarah. —Anita se hizo con otra servilleta—. Tenía el
cabello rizado y rebelde. Oscuro. El día que vi a Georgia
sentada en el parque llorando pensé, «quizá sea Sarah». Eso
me hizo acercarme a ella con su labor de punto. Pero era
una fantasía, por supuesto. Sarah hubiera tenido casi cincuenta años cuando conocí a Georgia. La mente, que te
juega malas pasadas. Y en este caso tuve suerte de que
así fuera. ¿Te das cuenta? Acciones y reacciones. Posibilidades.

—No lo sabía.

—Pues claro que no —repuso ella, que se dio unas palmaditas en las mejillas y suavizó el semblante—. Normalmente no vamos por ahí revelando nuestras vergüenzas secretas. Pero, a veces, nos vemos agraciados con la conciencia suficiente para aprender de ellas. Marty y yo vamos a buscarla, James. Y entonces traeremos a mi hermana a casa y tendremos nuestra maravillosa boda. Todos nosotros, juntos.

En el piso de arriba, las chicas se estaban poniendo manos a la obra con el serio tema de comerse los *muffins* de manzana y sirope de arce y los *biscotti* bañados en chocolate que Dakota había preparado de prueba. Estuvo casi toda la noche levantada haciendo dulces, intentando calmar su estrés.

—Casi se me olvida. También he traído «chispas» de jengibre —anunció. Aquellas galletas blandas de jengibre eran las preferidas de la hija de Lucie, a quien le encantaba no sólo la textura masticable de la golosina sino también su nombre.

—Hablando de lo que tiene que ver con Ginger —dijo Lucie—, estuve buscando a su padre.

Luego, tragó un bocado de *muffin* y, sin ni siquiera darse cuenta, metió la mano en el recipiente y sacó otro. Sólo quería guardárselo para luego.

—Eso es algo inesperado —comentó Peri mientras mordisqueaba con aire pensativo.

—Sí —admitió Lucie—. Pero me resultó fácil encontrarlo. Ya no trabaja en Sloan-Kettering, sino en una empresa farmacéutica en Connecticut.

—¿Encontraste su dirección? —inquirió Peri.

—La de su correo electrónico y la de su domicilio. En un santiamén —respondió Lucie—. Y luego consulté cuánto costaba su casa.

—¡Caramba! —exclamó K.C.—. Vas en serio, señora.

Lucie interrumpió la pasada que estaba tejiendo para reflexionar.

—No lo sé. ¿Voy en serio? Ya hace varios días y no he llamado.

—Entonces, ¿cinco años no son nada pero resulta que tres días te parecen mucho tiempo? —preguntó Peri.

—Y ahora sé que Ginger tiene un hermanito y otro de camino —añadió Lucie sin contestar a la pregunta de Peri.

—¿Cómo lo sabes?

—La gente cuelga fotografías en la red. Encontré las que había puesto él mismo e incluso encontré unas en Flickr de cuando asistieron  a la boda de un amigo.

—¿Cuántas horas al día te pasas con eso? —terció Dakota, que escuchaba la charla sólo a medias porque estaba pensando en si Anita podría obrar su magia con James.

—Está claro que demasiadas —intervino Darwin—. Creo que deberías hablar con un terapeuta antes de tomar decisiones precipitadas basadas en búsquedas por Google de madrugada.

—Tal vez —repuso Lucie—. Pero me he estado preguntando si debería cambiar eso. Mandarle una de esas cartas tipo «Querido donante de esperma».

—Ésas son para los hombres que cobraron por su material genético, querida —terció K.C.—. Tú eres más de la tradicional demanda por paternidad, pendiente de ocurrir en cualquier momento.

—Oh, no. No tenía pensado demandarle para obtener la manutención de la niña. Eso no me parece justo.

—¿Lo obligaste a mantener relaciones sexuales sin protección?

Lucie se rio.

—No, fue cómplice de buen grado.

—En tal caso, amigas, tenemos un ganador —dijo K.C.—. Puedes ir tras él si quieres. Tú lo derramas, tú lo pagas. Así funciona el sistema.

—Mi intención no es ésa, K.C. —replicó Lucie—. No estoy buscando un cheque con una paga, puedo hacerme cargo de las dos perfectamente.

—¿Pues qué, entonces? —preguntó K.C., que siempre había sido más directa que diplomática.

—No lo sé —reconoció Lucie.

Llevaba días haciendo las maletas para irse a Italia, tratando de organizar sus ordenadores y sus papeles y peleándose con Ginger sobre por qué no podía llevarse más de una maleta llena de juguetes, y estaba cansada y confusa y, mientras empaquetaba las cosas, había pasado buena parte del tiempo al teléfono con Darwin, sopesando los pros y los contras de ponerse en contacto con Will. Pero seguía sin poder decidir cuál de las opciones tenía más sentido.

—Tal vez lo que ocurre es que soy rara —murmuró al fin.

—Todas tenemos a alguien en quien pensamos —saltó Catherine—. Una persona que ocupa un lugar preponderante en nuestra imaginación, tanto si fue tan estupenda como recordamos como si no.

—Como tú y Georgia —dijo Darwin—. Viniste a la tienda para encontrarla.

—¿Y sabes una cosa? Sigue siendo la persona en la que pienso —repuso Catherine—. ¿Dónde está ahora? ¿Qué está pensando? ¿Puede oír mis pensamientos?

—Yo también pienso ese tipo de cosas —intervino Dakota.

—Yo también —dijo Peri—. Me pregunto qué le parece la pintura nueva, o qué diría cuando pido demasiado género.

—No hay duda de que me hubiera impedido que fumase —dijo K.C.—. Ya está. Ya he confesado. Soy fumadora empedernida. Una chimenea.

—No creo que hubiese podido evitar que fumaras —observó Dakota meneando la cabeza.

—Yo tampoco lo creo, pequeña —K.C. se rio—. Soy una causa perdida. Sin embargo, siendo tan fenomenal como era Georgia, nos daría una patada en el trasero por pasar demasiado tiempo de nuestras vidas aferradas a lo mismo. Lo digo tal como lo veo.

–De todos modos, le gustaría ser recordada –dijo Darwin.

–Sin duda –coincidió K.C.–. Tenía amor propio hasta contestando al teléfono. Y a la tienda podía haberla llamado simplemente «Aquí se vende un buen puñado de lana», pero puso su nombre en la puerta. Era orgullosa, y con razón.

–Pero no la recreemos demasiado, ¿vale?

–¿Recrearla? ¡Qué dices! –exclamó K.C.–. ¿No crees que Georgia ya tiene bastante con intentar conseguir que James dé permiso a Dakota para ir a Italia? El resto de nosotras podríamos darle un respiro, dejar que pase más tiempo yendo al balneario o lo que sea que ocurra más allá.

–¿De verdad piensas que quiere que vaya a Italia, K.C.?

–Sin duda alguna, pequeña Walker –respondió K.C.–, puesto que James nunca había venido a una reunión y le pidió a Anita que hablara con él... esto tiene que ser un claro indicio de que algo pasa.

Alargó los brazos por el centro del grupo para realizar una captura múltiple y enganchó tanto un *muffin* de manzana y sirope de arce como un *biscotto*. K.C. dio un bocado y le guiñó el ojo a Dakota, que fruncía el ceño, concentrada, deseando poder oír la conversación que se desarrollaba en el piso de abajo.

–Muy bien, tema nuevo, ¿de acuerdo? –dijo Dakota–. Dime, Catherine, ¿qué hay en esa bolsa? –preguntó mientras señalaba una bolsa compacta de una tienda que Catherine llevó consigo a la reunión.

–¿La Petite Nuit? –comentó K.C.–. ¿No es esa tiendecita de lencería picante que hay en la esquina?

–No sé cómo ninguna de vosotras puede pensar siquiera en el sexo –manifestó Darwin–. Yo no voy a entrar otra vez en eso nunca más.

–Dentro de uno o dos meses, cariño, todo regresará a la normalidad –la tranquilizó Lucie–. Pero mientras tanto, comparte algunos detalles. Porque no hay duda de que una no trae una compra de lencería al club de punto de los viernes si no tiene intención de que le preguntemos por ello. ¿Tengo razón?

—Claro que sí, tienes razón —secundó K.C.—. Cuenta, ¿a quién estás viendo?

—A alguien —contestó Catherine, que no pudo evitar una sonrisa.

—¿A alguien que conocemos? —insistió K.C.

—A alguien que algunas de vosotras conocéis, pero a quien todas habéis visto.

—James —afirmó K.C. con un dejo de triunfo en su voz—. James y tú estáis enamorados. No me preguntes cómo lo sé. Soy muy perspicaz para estas cosas.

—¿Qué? —Dakota se volvió a mirar a Catherine—. ¿Es eso cierto?

—De ninguna manera —negó Catherine.

—Vale, vale —dijo K.C. agitando las manos como para acallar un aplauso inexistente—. Te diré cómo lo sé. El mes pasado os vi cenando juntos y estabais tan monos allí sentados, tan absortos y haciendo caso omiso de la camarera...

—¿Qué? —Dakota se volvió de nuevo hacia Catherine—. ¿Y eso es verdad?

—Bueno, sí, pero no tal como lo está contando. Sólo somos... amigos.

—¡Como si se pudiera ser sólo amiga de un hombre tan atractivo como James Foster! —gritó Peri—. ¿Sabéis? A mí me gustaría encontrar a un chico. Tengo casi treinta años y la cosa está bastante cruda. Para ser totalmente sincera me gustaría encontrar a un hombre de color. Pero, por lo visto, todos los buenos van detrás de mujeres como tú.

—Tienes unos veinte años menos que mi padre —espetó Dakota a Peri—, con lo cual lo que dices es absolutamente asqueroso. Y tú eres una de mis mejores amigas, lo cual aún es peor, Catherine.

—Yo no he hecho nada —replicó Catherine alzando la voz—. No compré este modelito sexy para James, eso os lo aseguro, y James y yo no tenemos que daros explicaciones por el hecho de que comamos juntos de vez en cuando. A propósito, si espiar no va contra la ley, K.C., debería...

Lucie y Darwin se estaban preparando para arbitrar cuando Anita regresó a la tienda, un poco sofocada tras haber subido las escaleras a la carrera. Estaba tan entusiasmada por compartir sus noticias que no percibió la tensión que reinaba en la estancia.

—Muy bien, chicas, parece ser que es hora de dar comienzo al club de punto de los viernes por la noche: ¡Edición italiana! —Alzó las manos en el aire para pedir silencio, aunque nadie hablaba—. Dakota, tu padre ha accedido a que vayas con Lucie, pero hay algunos detalles que le gustaría que resolvierais entre los tres. Después ya te contaré más cosas.

Dakota empezó a gritar y corrió a abrazar a Anita.

—Con cuidado, querida, con cuidado —pidió la anciana—. Esta noche también quiero deciros a todas que Marty y yo hemos decidido posponer nuestros planes de boda mientras nos vamos de viaje este verano.

—¿Ocurre algo, Anita? —preguntó Peri, que estaba concentrada en tejer un bolso tan complicado como diminuto a juego con el abrigo de novia de punto de Anita.

—No —contestó Anita vacilante—. Bueno, en realidad, sí. Pero no tiene nada que ver con Marty. —Se acercó a la mesa y tomó asiento—. Tengo una hermana —empezó diciendo— y no he hablado con ella en más años de los que muchas de vosotras tenéis de vida.

—¿Dónde está? —quiso saber Dakota.

—No lo sé. De manera que dentro de poco zarparemos rumbo a Europa para intentar encontrarla.

—¿Cómo sabes que está en Europa? —inquirió ahora Dakota.

—No lo sé —reconoció Anita—. Pero tengo un presentimiento.

—Todas nos vamos de aventura —comentó Dakota, que desvió la mirada al ver el rostro de Peri—. O casi...

215

—Bueno, Catherine, como la organización de la boda queda en suspenso, ¡creo que ahora puedes marcharte a esos viñedos italianos sin sentimientos de culpa!

—Bueno, ya no creo que vaya. Estaba considerando hacer un viaje al sur —añadió, y miró a Anita de manera significativa; pero la anciana no pareció prestarle atención, estaba demasiado ocupada recuperando el aliento para poder seguir hablando.

—Peri, te prometo que me encargaré de que tengas dos semanas seguidas de vacaciones en septiembre, después de la marcha benéfica. Darwin, sigue haciendo lo que haces. Y K.C., tengo un plan para que puedas dejar de fumar. —Alargó la mano para tomar un *biscotto*—. ¡Estoy tan aliviada y emocionada de ver cómo todo empieza a ir bien! —exclamó—. He tenido varias semanas muy estresantes. Y Catherine, te alegrará saber que puedes volver a mudarte al apartamento hasta que lo vendamos. Nathan acaba de llamarme para hacerme saber que va a volver a Atlanta. Menos mal; hoy he tenido una larga charla con él mientras comíamos y supongo que hice muchos progresos. —Sonrió encantada—. Va a intentar solucionar las cosas con su esposa.

# Intermedio

Estás mejorando —eres más aguda, ágil y rápida—, y sin embargo, sabes lo justo para darte cuenta de lo mucho que te queda por aprender todavía. Ahora es cuando ya estás preparada para asumir riesgos. Para calcular hasta dónde quieres llegar.

# Veinte

No es necesario confesar todos los errores. Ni compartir todos los detalles. Era lo único que había aprendido a lo largo de su vida.

Catherine se sentía humillada por Nathan aun cuando su romance —si es que puede llamarse así, pensó para sus adentros— sólo lo conocieran ellos dos. El rechazo siempre duele. Hubo una llamada telefónica que dejó en el buzón de voz y un correo electrónico que borró. Los detalles no importaban cuando él ya se había decidido, ¿no? Una conclusión era una conclusión. El fin.

Además, ¿qué podría contarle que Catherine no supiera ya? Él tenía una familia, ella era una aventura. Y eso la hería.

—Agua —respondió a la azafata, que había tenido que preguntarle dos veces lo que quería para sacar a Catherine de su ensimismamiento—. Con gas. Con lima.

¡Qué alivio habría supuesto hablar con Anita, o con las socias del club, sobre otra posible relación... que se desvanecía justo cuando Catherine volcaba en ella su corazón! Pero ¿cómo iba a hacerlo ahora? En ocasiones, el gran alivio de desahogarse sólo sirve para aumentar la carga de otra persona. ¿Qué podía esperar que hiciera Anita? Sería muy incómodo para todos los implicados. Y no tendría sentido ponerse de parte de alguien, porque el único bando que Anita elegiría sería el de Nathan. Por comprensiva que fuese Anita, podría ser que no entendiera muy bien que Catherine se acostara con su hijo casado, y en el que antes fuera el dormitorio de Anita, nada menos.

Si lo de Nathan y ella hubiera funcionado habría sido maravilloso. Pero revelar el idilio fracasado sólo crearía posible incomodidad y vergüenza para todos los involucrados.

No; Catherine se había metido sola en ese lío y ya era lo bastante mayorcita como para mantener la boca cerrada al respecto.

Así pues, no hubo llamadas telefónicas en mitad de la noche, tampoco correos electrónicos ni seguimientos de ningún tipo para perturbar lo que ella suponía que sería el feliz reencuentro de Nathan en Atlanta. Cuando llegó la ropa de la lavandería —ella siempre la enviaba los lunes y los jueves— y encontró un par de calzoncillos limpios de Nathan metidos entre sus cosas, empuñó unas tijeras de inmediato y cortó las prendas en pedazos a modo de terapia antes de tirarlas. A continuación echó un vistazo a fondo por el apartamento y se deshizo de cualquier cosa que él hubiese tocado: una pastilla de jabón, un tubo de dentífrico recién abierto, la caja de galletas de la que comió. Se cercioró de que no quedara ni rastro de la semana que habían pasado jugando a las casitas y organizó las cosas para enviar todas sus pertenencias a la casa de Cold Spring.

Estar con Nathan había puesto fin a sus años de estancia en el apartamento de Anita: sencillamente no se veía comiendo cereales Cheerios y viendo la televisión en el mismo sofá donde Nathan le había hecho el amor una semana antes.

No obstante, el hecho de no poder hablar de ello le causaba una sensación de soledad; se sentía realmente abotargada guardándose la historia para sí misma.

Se revolvió en su asiento de primera clase y suspiró en el preciso momento en que la azafata regresaba con su bebida. «No os lo vais a creer, chicas —fingió para sus adentros que podría decirles a las socias del club—, pero he tenido una aventura con el hijo problemático de Anita, Nathan. ¡El sexo fue impresionante! Hasta que puso pies

220

en polvorosa y volvió con la esposa de la que se estaba divorciando.» Al menos eso era lo que ella creyó que le dijo. Quizá Nathan no había sido tan explícito, pero… ¡No! No iba a contarlo. Eso complicaba demasiado las cosas, la hacía igualmente responsable. En cambio, intentó visualizar la cara que pondría cada una si les revelaba que habían pasado cuatro noches juntos. La decepción de Anita. La crítica de Darwin. ¿Qué sabían esas mujeres de la tentación? Sólo K.C., con sus dos divorcios a cuestas y su actitud neoyorquina de quien lo ha visto todo, no quedaba horrorizada en la visión de Catherine.

No es que careciera del todo de límites: no se había acostado con un hombre casado sin más. Bueno, sí, lo había hecho. Pero no del todo. Nathan le dijo que ya había presentado los papeles. O que había iniciado los trámites. ¿Qué le dijo con exactitud? Hubo muchos besos y toqueteos en medio de la conversación.

Vamos, Catherine, no eres tan tonta como para no ver lo ocurrido. Un trato no lo es hasta que se cierra, pensó para sí.

–Tendría que habérmelo imaginado –murmuró mientras miraba las nubes por la ventanilla–. ¿Verdad, James? –añadió mientras alargaba el brazo y le daba unas palmaditas en la mano, un tanto contundentes, para llamar su atención.

–Mmm –murmuró él con expresión desconcertada al levantar la mirada de su ordenador portátil–. Perdona, ¿qué decías, Catherine?

–Sólo que Venecia va a ser el lugar perfecto para mí –comentó–. Un antídoto.

Tomó un sorbo de agua mineral y asintió enérgicamente con la cabeza, aguardando a que él le hiciera la pregunta. Que le preguntara si algo iba mal. «¿Por qué estás tan tristona, colega?»

Sería muy fácil sincerarse con James, pero, de algún modo, el hecho de que K.C. los viera en el restaurante y se lo contase a todo el mundo había pinchado la burbuja segura del secreto que protegía su amistad. Estuvo a punto de contárselo hacía unos días, pero sintió una punzada de duda: ¿y si le explicaba a James lo de Nathan y él se lo contaba a Anita?

Entonces decidió que si se lo preguntaba se lo contaría. Eso estaría bien. Si no, sufriría en silencio.

—Necesitaba salir de la ciudad… —empezó a decir, deseando que James la sonsacara.

—Bien —repuso James en tono agradable, y volvió a su trabajo. Catherine le caía bien. Mucho. Pero precisamente aquel día no tenía tiempo para escuchar. Tenía mucho trabajo por delante: durante unos días iba a inspeccionar una posible urbanización en la ciudad acuática y luego iría a Roma a pasar el verano. Cuidando de Dakota.

El jefe de la empresa, Charles Vickerson, parecía contento de que James se tomara tanto interés en los hoteles europeos, y aún se alegró más cuando le hizo saber que iba a tener a su hija trabajando para él un día a la semana. James Foster se había abierto camino a fuerza de trabajo y pasó de ser miembro del equipo de arquitectos de un hotel parisiense hacía casi veinte años a formar parte integral del imperio hotelero V. Y Vickerson estaba siempre en guardia con las empresas que estaban decididas a robarle a sus altos ejecutivos; el hecho de que James quisiera involucrar a su hija en la empresa le parecía una buena señal.

—Me pregunto cómo le irá a Dakota mañana en el avión —comentó entonces Catherine, intentando captar la atención de James—. Es su primer viaje sin progenitores.

—Estaba muy emocionada, te lo aseguro —contestó James, que alzó la vista de su ordenador muy brevemente—. Habría ido sola a Escocia cuando era más pequeña, pero nunca quise que estuviera sola en Heathrow.

El viaje de Catherine, que había previsto suspender cuando creía que iba a vivir feliz para siempre con Nathan, volvió a ser un hecho antes de que nadie supiera que había considerado no realizarlo. Pensó que un viaje sería perfecto para huir de otro desastre más en su vida amorosa, aunque el contacto que mantuvo con Dakota para organizar las cosas la había dejado exhausta.

—Tengo intención de comer de todo —le comentó a Catherine, y luego se pasó diez minutos enumerando todos los platos que esperaba consumir, tras lo cual pasó a todas las cosas que tenía intención de ver—. Y también voy a conducir una Vespa, al menos una vez…

Antes era como ella —se dijo Catherine, que se sintió consumida cuando cayó en la cuenta de que habían pasado veinticinco años desde que tenía la edad de Dakota—. No es así como quería que fuera mi vida… El entusiasmo imparable de Dakota era como levantar las persianas cuando te estabas recuperando de una resaca: su alegre resplandor te hacía daño. En todas partes.

Catherine afirmó que tenía que encontrar unos cuantos objetos de cristal de calidad para El Fénix y gracias a dicha estratagema se retiró del vuelo a Roma con Dakota y compañía y prometió reunirse con ellos más adelante. Cambió el destino a Venecia e hizo coincidir su partida con el viaje de James, unos días antes de lo previsto. El hecho de que no pudiera hablar de cómo se sentía no significaba que deseara que la dejasen en paz. Aunque James no resultaba una compañía entretenida precisamente, pues no levantaba la nariz de su trabajo.

Anita, quien también había planeado un gran viaje por su cuenta, negoció muy bien con James los detalles de la aventura veraniega de Dakota. La joven cuidaría de Ginger basándose en los horarios de rodaje de Lucie, pero trabajaría al menos ocho horas a la semana en el despacho de su padre: archivaría, recopilaría datos, mecanografiaría cartas… James había anunciado que la joven no iba a recibir ningún trato especial y que quería que aprendiera más cosas sobre el trabajo en un entorno empresarial. Que tuviera un poco de contacto con el mundo más allá de la venta al por menor y de la universidad. Además, Lucie, Dakota y Ginger iban a alojarse en el hotel V, en el mismo pasillo donde estaba James. De modo que Dakota estaría casi sola, pero no del todo: las noches que no tenía que cuidar de Ginger, Dakota debía hacer acto de presencia ante su padre a la una de la madrugada. Él le dijo que si llegaba antes también le parecería bien.

No era ésa la idea que Dakota tenía de un verano perfecto, con una niña de cinco años a la que cuidar y su padre pasillo abajo, pero era mejor que quedarse en casa y trabajar en la tienda. Así pues, ¿y qué si tenía que hacer de auxiliar administrativa unas horas a la semana? Podría soportarlo.

En cuanto a Anita, ella y Marty habían reservado un pasaje en el *Queen Mary 2* y Catherine fue al barco a despedirse poco antes de tomar su avión. La pareja iba al Reino Unido —ya habían contratado a un investigador privado para que se reuniera con ellos al llegar— y allí pensaban analizar sistemáticamente todas las pistas que pudieran de las casi cuarenta postales que Anita había estado guardando durante todos aquellos años. Catherine no le dijo que tenía la última postal: no quería darle motivos a Anita para que sintiera que la había defraudado. Bastante lo había hecho ya.

Catherine sabía que el viaje suponía un esfuerzo enorme para Anita. Pero su miedo a volar implicaba que los desplazamientos terrestres y marítimos fueran la única opción.

—Fui pusilánime —le confesó a Catherine en el muelle—. Me resistía a afrontar mis miedos y pesares con mi hermana. Ahora tengo que cruzar el mundo en barco para encontrarla.

Catherine asintió comprensiva.

—¡Solíamos pasárnoslo tan bien! Era como mi bebé de prácticas —le contó Anita—. La llevaba al parque y comíamos cucuruchos de helado. Para darle un respiro a mi madre, ya sabes. Sarah era mucho menor que yo.

—¿Cuántos años tendría ahora?

—Sesenta y tres —respondió Anita, tras lo cual retomó sus recuerdos—. Sarah era una tejedora excelente. Yo le enseñé. Mi *Bubbe* me enseñó a mí, y yo a ella. Tenía un ojo magnífico. Perfecto.

—¿Mejor que el tuyo?

—Sí —reconoció Anita—, aunque nunca lo admití. Pienso en ella cuando trabajo en el abrigo de novia, ¿sabes? Imagina si pudiéramos hacerlo juntas. Lo rápido que iría. Lo divertido que sería. Solíamos hacer jerséis entre las dos, una manga cada una; ella, la parte delantera y yo, la espalda. Los hacíamos para regalárselos a mi padre el día de su cumpleaños y esas cosas.

Catherine miró hacia el Hudson y Anita siguió hablando, explicándole que Nathan adoraba a su joven tía —su primera niñera y su favorita— y que Sarah pasaba casi todos los fines de semana jugando con sus sobrinos pequeños.

—Me ayudó, igual que yo ayudé a mi madre con ella. Y a su lado te partías de risa, no paraba nunca con sus bromas. En otra generación creo que habría sido humorista.

—¿Qué hizo?

Ante la pregunta de Catherine, el semblante de Anita se ensombreció. Insistió para que le diera detalles, averiguar qué había salido mal, pero Anita se limitó a mover la cabeza.

—No estoy preparada —respondió—. Me preocupa que al hablar de ella esté confirmando que ya se ha ido. No dejes que la gente se te escurra entre los dedos, Catherine. Puede resultar muy fácil hacerlo y duro, muy duro, recuperarla.

En cuanto a la pandilla que se quedaba de guardia en la ciudad, Catherine había pasado por Walker e Hija antes de abandonar el San Remo para adquirir una nueva bolsa grande fieltrada de verano de la línea Peri Pocketbook. Tenía necesidad de ver a todo el mundo, casi como si quisiera poner continuamente a prueba su determinación de no hablar de Nathan.

—¿Estás saliendo con alguien últimamente, Peri? —le preguntó en la tienda cuando faltaba menos de un día para su vuelo. Normalmente Catherine era una viajera muy organizada, pero la situación la había dejado distraída.

—¡Ja! —repuso Peri—. Soy la quintaesencia de la profesional ocupada de casi treinta años en Nueva York que está horrorizada y alarmada de descubrir que no tiene pareja.

O de cuarenta y tantos, se dijo Catherine.

—Pensaba que K.C. tenía al hombre perfecto para ti, ¿no?

—Bueno, ya conoces a ese tipo de hombres. Se pasó toda la velada hablando sobre sí mismo.

Nathan había parecido interesado cuando ella le habló de su vida, de que había crecido en Nueva York, de que Anita era como una madre. Ahora Catherine lamentaba no haber mantenido la boca cerrada. Odiaba conocerlo tan bien como lo conocía. O, al menos, conocer su cuerpo tan bien como lo conocía.

Sonó el teléfono. Era Darwin, y le pedía a Peri que le enviara un mensajero con más hilo. Desde que Dakota le enseñó a hacer calcetines pequeños, Darwin se había convertido en una mujer obsesionada, cautivada por la idea de los deditos de Cady y Stanton calzados con los zapatitos de mamá. Aun sabiendo que sería mejor para ella echar una cabezada, seguía intentando hacer unos cuantos puntos antes de quedarse dormida.

—De manera que este verano voy a centrarme en darle clases particulares a Darwin en su casa —dijo Peri—. Cuando no tenga a Rosie de visita. Tal como ella dijo, cuantas más madres, mejor.

—No sé qué decirte —repuso Catherine.

Intentaba con todas sus fuerzas hacer el papel de la amiga interesada y comprometida. Pero se sentía como los heridos que pueden caminar, traumatizada por la guerra de un modo como hacía mucho tiempo que no lo estaba.

—Yo tampoco —dijo Peri—, puesto que lo único que hago es tratar de que aquí funcionen las cosas y de poner mis bolsos en manos de las famosas de cuarta categoría. Nada de viajes a Italia para una que yo me sé.

Peri había dejado muy claro que no estaba del todo entusiasmada con el viaje de Dakota, pero cedió y aceptó una sustituta durante el verano: era la amiga de la universidad de la joven, Olivia. Lamentablemente, Olivia tenía problemas para anotar en caja la magnífica funda para ordenador portátil de color azul cobalto que Catherine estaba comprando. Ella había insistido en pagar lo que valía y no quiso beneficiarse siquiera del descuento como socia del club de punto de los viernes que Peri generosamente ofrecía a sus amigas.

—Yo a duras penas sé hacer funcionar la caja registradora de mi tienda —comentó Catherine con comprensión.

Eso fue segundos antes de percatarse de la mirada asesina de Peri. Como respuesta, compró también una mochila gris de punto y un bolso de noche negro con cuentas.

Aplacada, Peri empezó a envolver sus compras con mucho cuidado, doblándolas entre capas de papel de seda.

—¿Vas a asistir a grandes fiestas en Italia? —le preguntó.

—No lo sé —contestó Catherine que, por supuesto, no estaba planeando volver a divertirse jamás—. Lo cierto es que no tengo un itinerario de viaje.

—Dakota me contó que tienes mucho trabajo que hacer, como encontrar cosas únicas en su género.

—Bueno, sí, eso lo tengo previsto, por supuesto.

Era mentira. Lo cierto era que Catherine no sabía qué iba a hacer. Había anulado la excursión organizada de antemano a los viñedos Cara Mia e incluso dejó perder el apartamento que había reservado. Sólo quería estar sola y pensar. Y sufrir. Y castigarse por haber caído en el engaño de un futuro de fantasía.

—¡Eres tan afortunada! —exclamó Peri mientras colocaba cuidadosamente las compras de Catherine en una bolsa grande color lavanda de Walker e Hija—. Envidio cómo te lo montas, Catherine.

—Bueno, ya sabes lo que dicen —repuso Catherine—. Las apariencias engañan.

Era un placer intenso e inesperado contemplar las olas. Anita se pasaba horas observando las ondulaciones de agua azul y las espumosas burbujas blancas una y otra vez.

—Aquí fuera todo es perdón —le dijo a Marty al tiempo que se inclinaba para recibir un abrazo y él le daba un beso en la cabeza—. Una renovación constante.

Con las pulseras de digitopuntura en las muñecas para evitar el mareo, Anita estaba disfrutando muchísimo de sus días en el barco. Mordisqueaba sándwiches con el té de la tarde, se unía a los hermanos sexagenarios que se sentaban a su misma mesa en el comedor para la habitual partida al juego de las preguntas y respuestas por las mañanas y mimaba su lado goloso con tres bolas de helado de vainilla —y una galleta de barquillo adicional— cada noche. Marty la llevó al casino, donde Anita ganó cuarenta y siete dólares que se guardó rápidamente en el bolso, y asistieron a varias conferencias sobre historia maravillosas. Por no mencionar que se había llevado un montón de lana preciosa —toda de color crema, su color distintivo, dijera lo que dijese Dakota al respecto— para poder trabajar en su abrigo de novia. Porque al final decidió lo que iba a llevar cuando se casara con Marty: un vestido de manga larga rematado con un abrigo de punto, delicado y ligero, que caería formando ondas y arrastraría tras ella cuando recorriera el pasillo. ¿Lo ves? —se dijo a sí misma mientras tejía otra pasada más con las pequeñas agujas redondas del número 3—. La verdad es que es una buena cosa disponer de un poco de tiempo antes del gran acontecimiento.

No obstante, llenar sus días no era sino un patrón de espera hasta que llegaran a Southampton y se reuniesen con el investigador privado que Marty había seleccionado. Anita llevaba consigo toda clase de cosas: fotografías antiguas, documentos familiares, el montón de postales —la del Big Ben había llegado en abril de 1968— y fotografías actuales de sus hijos y sus nietos. Incluso había metido algunas fotografías del club, y otras en las que salía trabajando en la tienda con Georgia y una infantil Dakota. A despecho de dónde o cómo encontrara a Sarah, estaba decidida a ponerla al corriente de los detalles.

—Es posible que haya fallecido —dijo Marty cuando, una vez más, encontró a Anita en la barandilla, contemplando el océano—. No ha llegado ninguna postal. Estemos preparados para llevarnos una decepción.

—Tonterías —replicó Anita sin apartar los ojos del agua—. Tiene unos buenos quince años menos que yo. Sólo tiene sesenta y tres.

Pero, mientras lo estaba diciendo, se dio cuenta otra vez de cuánto tiempo había pasado y torció el gesto.

Anita había previsto toda suerte de panoramas. Que tal vez no reconociera a Sarah, o que su hermana tuviese un aspecto muy cansado tras años de lucha y trabajo duro, o que ella y Sarah volvieran a encontrarse y comprobasen que no tenían absolutamente nada que decirse, aun después de toda esa añoranza. La brecha se había ensanchado demasiado y no se podía salvar la distancia.

Fue alternando diferentes preocupaciones en días distintos para así agotarse debidamente con todas las inquietudes.

Intentó recordar las canciones favoritas de Sarah, sus colores preferidos, y las comidas predilectas. «Sopa de pollo», pensó. ¿O quizá ése era Nathan? ¿Y si en el transcurso de los años lo había mezclado todo y las migajas de Sarah a las que se había aferrado eran en realidad fragmentos de la historia de otra persona? Y, a su manera, ¿no era eso peor que perderla directamente?

—Tú y tu hermano Sam, ¿tuvisteis alguna gran pelea alguna vez? —preguntó de repente.

—Oh, sí, nos peleábamos mucho —contestó Marty—. Pero a la hora de la verdad, siempre lo solucionábamos.

—En cierto sentido, Sarah fue más como mi hija en vez de una hermana —dijo Anita—. No podíamos reírnos tontamente y susurrar a altas horas de la noche porque cuando ella llegó yo ya estaba prácticamente fuera de casa. Pero siempre fue como un regalo.

Marty asintió con la cabeza, prestando mucha atención aun cuando llevaban días, semanas ya, sin hablar de otra cosa más que de Sarah.

—¡Qué fácil resulta olvidar cómo eran las cosas antes! —exclamó finalmente Anita—. Ahora ya casi nada provoca un escándalo.

---

Sola en Venecia —James había decidido desplazarse enseguida a Roma—, Catherine hizo cuanto pudo para hacer de turista: se bebió una copa de vino y escuchó a un violinista en la Piazza San Marco, fue al estudio de uno de sus sopladores de vidrio favoritos y se gastó una cantidad de dinero astronómica hasta que él asintió mirándola con aprobación y ella se vio, por un momento, respetable.

Luego se sintió asqueada consigo misma.

Vuelves a estar perdida, Catherine, se dijo mientras tomaba un taxi acuático para regresar a su hotel y tomar una tranquila comida sola.

Lo estaba haciendo muy bien, y entonces… ¿qué? La soledad es la soledad, pero ¿de verdad iba a permitirse deambular por la vida como una mitad de un todo misterioso?

No serviría de nada recorrer una ciudad tan maravillosa como Venecia, se dijo mientras se ponía un sombrero grande para proteger su piel clara del sol y dirigirse al Museo de Arqueología. Investigó las tallas de marfil y las momias y admiró busto tras busto de atractivos generales y emperadores romanos. Al cabo de un rato, a pesar del trabajo de artesanía, a pesar de la presentación, Catherine empezó a reírse tontamente.

Todos eran iguales. Una y otra vez. Las cabezas, la pose… Bueno, quizá de vez en cuando había alguna nariz distinta. Pero los traseros eran, sencillamente, repetitivos.

—Alguien tendría que haber roto el molde —le dijo a un turista vestido con unos pantalones cortos de estampado madrás que estaba a su lado, y el hombre frunció el ceño para demostrar que era un serio entendido en arte que se tomaba las visitas a los museos muy, muy en serio.

Todas las figuras tenían un aspecto confiado y atractivo. Seguras de sí mismas aun después de dos mil años. Seguro que había días en los que debían de estar asustadas, pensó Catherine, cuando se enfrentaban a grandes batallas o veían morir a sus amigos. Seguro que también se angustiaban por amores no correspondidos, aunque probablemente pudieron permitirse el lujo de estrangular a unos cuantos.

Cayó en la cuenta de que, siendo especialista en historia del arte, se hubiera pasado años admirando la forma —la belleza y la perfección— sin preguntarse demasiadas cosas sobre los hombres que había detrás de esas grandes estatuas. Los individuos, dando su mejor impresión, guardándose su intimidad. Los artistas, optando por reflejar sólo lo ideal y pasando por alto, por ejemplo, las papadas, las cicatrices y las arrugas. Y al hacerlo, sus talentos monumentales casi habían eliminado aquello que hacía único a cada uno de aquellos individuos. Tan sólo había quedado la impresión de su poder.

Antes, Catherine había encontrado perfectamente razonable dicho enfoque. Pero ya no.

—Yo soy mi propia artista —dijo en voz alta. Al centrarse en ser perfecta, perfecta, perfecta, siempre estaba tratando de ocultar a Catherine la mujer. Hacía lo mismo una y otra vez. Y, a diferencia de aquellos grandes rostros, al hacerlo desperdiciaba todo su potencial y estima.

—Ya es hora de probar un nuevo patrón —dijo, en esta ocasión para sus adentros.

Sabía que no se había enamorado de Nathan; se había enamorado de la idea de vivir la afortunada vida de Anita. De recibir una familia ya formada, atada con un lazo. De saber con absoluta certeza que tenía un lugar.

Pero siempre lo había tenido. Consigo misma. Lo que ocurría era que lo había olvidado.

—Gracias, Julio. Me has sido de gran ayuda —le dijo a la estatua, sin darse cuenta apenas de los visitantes del museo que pasaban con cautela junto a la mujer que hablaba con las obras de arte—. Cuando te vea en Roma, te invitaré a una copa.

# Veintiuno

El vuelo a Roma fue un milagro. Ginger quería hacer cualquier cosa que hiciera Dakota, y eso incluía permanecer sentada en silencio, hablar en voz baja y sorber poco a poco su zumo.

—Vamos a conversar —dijo la niña de cinco años y medio y cabello rubio rojizo dirigiéndose a Dakota, que estaba sentada a su derecha, mientras Ginger ocupaba el asiento central, metida entre su madre y su nueva mejor amiga.

—Es una idea excelente —repuso Dakota, que alargó la mano para sacar de su mochila un catálogo de American Girl—. Vamos a discutir qué muñecas nos gustan y por qué —sugirió.

Ginger asintió enérgicamente con la cabeza en tanto que Lucie, contenta de haber insistido con James, sacó una cómoda almohada cervical y se entregó a un sueño exhausto, sin que ni siquiera le importara que la despertaran las risas tontas de Ginger y Dakota que se burlaban de sus ronquidos.

En cambio, la llegada al aeropuerto de Roma fue menos optimista cuando descubrieron que, inexplicablemente, habían enviado su equipaje a Chicago.

—Llegará pronto —le dijo en un inglés con mucho acento un hombre que sostenía una tablilla con sujetapapeles.

—¿Cuándo? —preguntó Lucie enérgicamente.

—Tal vez mañana —respondió el hombre, tras lo cual añadió—: o pasado mañana.

—Dijiste que a Polly no le iba a pasar nada —acusó Ginger, que señaló a su madre con un dedo regordete.

—Juguetes —le aclaró Lucie a Dakota, y explicó con insistencia a su hija que lo único que ocurría era que Polly y sus amigos harían un vuelo más largo.

—Estará bien —afirmó Dakota—. Tengo una camiseta de más en mi mochila y te la puedes poner si quieres.

Todas las preocupaciones por la maleta de juguetes se olvidaron al instante.

Agarraron el equipaje de mano y a Dulce, el peluche de Ginger, el único miembro de la comunidad de los juguetes autorizado para viajar con las personas, pasaron por la aduana y se dirigieron al coche que las estaba esperando para llevarlas al recién restaurado hotel V de Roma. La estancia en el establecimiento había sido una de las muchas condiciones de James, pero Lucie estaba más que contenta de alojarse allí. La idea no le había causado tan buena impresión a Dakota, quien se sentía frustrada por las maniobras de su padre para inmiscuirse en su aventura. Se figuraba que aún la seguiría a todas partes cuando tuviera treinta años.

—A veces no se está en situación de exigir nada —repuso Catherine cuando Dakota le suplicó que evitara que James las acompañara—. He oído hablar de cosas mucho peores que trabajar en la oficina de desarrollo internacional de V en Italia. Tu padre es un hombre de talento y puede que, en contra de todos tus esfuerzos, acabes aprendiendo algo.

Últimamente Catherine también estaba insoportable, resultaba difícil localizarla para charlar y esas cosas.

No obstante, la joven se sintió emocionada en cuanto vio la campiña italiana y los pequeños automóviles que iban a toda velocidad por la autopista hacia Roma.

—¡Me encanta ver lugares nuevos! —exclamó Dakota mirando por la ventanilla del coche.

—A mí también —coincidió Ginger, que alargó el brazo y le tomó la mano a Lucie distraídamente.

Al cabo de poco llegaron a la ciudad y vieron pasar las tiendas y las viviendas rápidamente al otro lado del cristal, a gente paseando por las aceras, escogiendo fruta, hablando por el móvil. Igual que en Nueva York, salvo que era completamente distinto.

—Hasta las ancianas van a la moda —comentó Dakota, mientras volvía la cabeza para mirar por ambas ventanillas.

—Sí —asintió Ginger con entusiasmo—. ¡Qué señoras más guapas!

El taxi cruzó a toda velocidad las fortificaciones de la antigua metrópoli, con la piedra marrón y el ladrillo sorprendentemente intactos.

—¿No te parece notar los pasos de marcha de los centuriones? —preguntó Dakota.

—Eso no es más que el petardeo de una Vespa a lo lejos —se rio el taxista—. La energía de Roma os robará el corazón. ¡Os va a encantar!

—¡Oh, Dios mío! —dijo Dakota a modo de respuesta. Allí estaban los amplios arcos del Coliseo, más impresionante que cuando se veía en cualquier programa de televisión—. Fíjate, está ahí mismo, al lado de la calzada.

—Sí —la secundó Ginger—. Mira, mamá.

El taxi continuó avanzando entre el tráfico —no había ocasión ni lugar donde detenerse—, pero los bocinazos y el ruido de la ciudad se desvanecieron mientras Dakota miraba boquiabierta. A ambos lados de la calle había columnas que antaño sostuvieron edificios y ahora se alzaban, solas y majestuosas, como recuerdo de épocas pasadas.

—Es absolutamente… real —comentó Dakota—. El pasado es presente. Aquí mismo. Esto son personas. Es como sentir los fantasmas.

Dakota estaba tan sobrecogida como nunca antes lo había estado, de un modo que sus viajes a Escocia, e incluso la visita a sus castillos, no habían hecho del todo patente. A pesar de los actores romanos vestidos como gladiadores que se hacían fotos con los turistas, Dakota sintió una profunda alegría al ver la prueba de aquella antigua civilización. Un mundo que había dejado atrás sus restos.

«Míranos —parecía decir la destrucción—. Estábamos aquí. Esto era nuestro. Y ahora ya no existimos. Todo desaparece. Y todo permanece.»

En definitiva, pues, aquélla era una ciudad que comprendía su alma.

—Dakota está llorando —le dijo Ginger a Lucie en tono confidencial—. No le gusta Roma.

—¿Bromeas? —Dakota alargó la mano y se la restregó en la cabeza a Ginger—. ¡Me encanta!

—¡A mí también! —gritó Ginger, con lo que consiguió que el taxista les lanzara una mirada severa mientras se dirigían al V.

Dakota sabía que aquel verano sería de descubrimientos. Cada segundo que pasaba revelaba algo nuevo y magnífico... ¡y eso que ni siquiera había salido del coche todavía!

No tenía ni idea de lo que andaba buscando. Pero allí, en Roma, iba a encontrarlo. Lo sabía.

———

Llegar al V, registrarse, subir en ascensor hasta la *suite* —una habitación para Lucie y Ginger y otra para Dakota— y pedir una bandeja con el desayuno era más que suficiente por un día, declaró Lucie. Ginger estaba prácticamente grogui en el sofá, se iba apoltronando por ahí e intentaba mantenerse despierta para seguir escuchando a Dakota, quien continuaba hablando del Coliseo.

—Y eso que todavía no has estado dentro —observó Lucie.

—Lo sé —gritó Dakota, y entonces bajó la voz—. ¡Si es tan guay desde la calle, imagínate cómo será cuando cruce la entrada!

—Lo veremos todo, te lo prometo —dijo Lucie—. Las dos juntas y lo que explores tú por tu cuenta. Pero de momento vamos a echar un sueñecito.

—No.

Ginger había mascullado la negativa por la fuerza de la costumbre. A duras penas podía mantener los ojos abiertos.

Lucie la tapó con una manta y, tras asegurarse de que la puerta estaba cerrada, se dirigió al dormitorio, se dio una larga ducha con agua caliente (siempre se sentía sucia después de volar) y luego se desplomó en la cama y se quedó dormida.

Cuando abrió los ojos la habitación estaba a oscuras. Levantó las persianas; era de noche. Se vistió rápidamente y se aventuró a salir al salón. Ginger, aferrada a Dulce, no se movió. Dio unos golpes en la puerta de Dakota; no hubo respuesta. Fue a buscar el bolso, sacó su teléfono móvil y miró la hora: las dos menos cuarto de la madrugada. ¿De verdad habían podido dormir diez horas seguidas? ¡Caray! Debían de estar más agotadas de lo que le parecía. Tomó a Ginger en brazos, la llevó al dormitorio, la desnudó y metió entre las sábanas a su encantadora niña y a Dulce. Tendría que haberme traído espinilleras, se dijo al recordar las patadas que llegaba a dar Ginger en sueños. Entonces se metió en la cama con cuidado junto a su hija y se durmió enseguida.

Cuando se volvió a despertar todavía era de noche. No. La oscuridad era aún mayor. De hecho, no había luz en absoluto: las persianas ejercían su función con mucha eficacia. Faltaba algo. No había ningún radiodespertador con números rojos parpadeantes. Era eso. Lucie, que se sentía desorientada, sedienta y, además, tenía apetito, fue a trompicones hasta el salón de la *suite*. En ese preciso momento Dakota salía de su dormitorio, vestida con una camiseta larga.

—¿Qué hora es? —preguntó frotándose los ojos y con un bostezo.

—Sinceramente, no lo sé.

Lucie tomó el teléfono para llamar a recepción. Dakota esperó mientras ella preguntaba la hora y luego colgaba.

—Son las dos menos cuarto de la madrugada —comunicó a Dakota—. Pero sucede que juro que me he levantado a esta misma hora hace muchas.

—¿Hemos dormido hasta la madrugada?

—Sí —dijo Lucie, quien metió la mano en el bolso y comprobó la hora en su teléfono, que registraba las diez menos cuarto de la mañana—. ¡Dios mío! —exclamó—. Podríamos habernos despertado a una hora normal, pero la alarma del teléfono estaba desconectada. Así que, oficialmente, hemos pasado nuestro primer día en Roma durmiendo.

—Me muero de hambre —dijo Dakota—. ¿Hay límites en cuanto al minibar?

—Esta noche, no —contestó Lucie—. Arrasemos ese cacharro y comamos todas las chocolatinas y refrigerios excesivamente caros que encontremos.

—¿Tendríamos que despertar a Ginger? —preguntó Dakota.

—Oh, no, Dakota. Definitivamente, no —dijo Lucie—. Veo que todavía tienes mucho que aprender.

***

Tres billetes de primera clase. Eso compró Catherine el lunes por la mañana, un billete para ella y dos más para la joven pareja de las mochilas gigantescas que esperaba en la estación.

—¿Por qué? —preguntaron, a todas luces desconcertados, cuando ella los obsequió con los billetes.

—Porque nunca he hecho algo así antes.

Se sentía muy satisfecha consigo misma. No se había comprado ningún libro o revista para el viaje en tren hasta Roma. En cambio, iba a estarse un rato sentada a solas mirando por la ventana. Y luego utilizaría sus muy caros minutos de teléfono para llamar a una persona a quien nunca se había molestado en intentar conocer: K.C. La única persona que, según suponía Catherine, no se quedaría horrorizada por el desastre de Nathan. Imaginaba que, en realidad, podría ser que tuvieran mucho en común.

Además, iba a comerse un delicioso sándwich estilo panini con tomates secados al sol y pollo, y no se preocuparía por si se le caían migas en la blusa de seda rosada y la falda de color crema, y no pensaba limitarse a tomar sólo medio sándwich por miedo a que se le pusiera en las caderas.

Catherine se acomodó en su asiento y se puso las gafas de sol, lista para dejarse deslumbrar por la verde campiña italiana.

Al cabo de una hora de empaparse de todas las cosas preciosas que podía ver, llamó a K.C. al número de su despacho. Ya casi era el fin de la jornada.

—K.C. Silverman —retumbó una voz con un fuerte deje neoyorquino.

—K.C., soy Catherine. Catherine Anderson.

—Uy, esto no es normal —soltó K.C., que no era de las que se callaban las cosas—. ¿Algo va mal? ¿Te han metido en la cárcel? Porque no soy de ese tipo de abogados, ¿sabes? Yo hago contratos.

—No, sólo te quería saludar —repuso Catherine.

—Vaya, eso es estupendo —dijo K.C. sin cambiar el tono—. ¿Y qué se celebra?

—No tengo nada que celebrar.

—Bueno, en cinco años nunca has hablado conmigo fuera de las reuniones del club —siguió K.C.—. Ves a Lucie, pasas por la tienda y está claro que conectas con Dakota y Anita. Apuesto a que hasta ves a Darwin. Pero a mí nunca me habías telefoneado antes.

Catherine tardó un momento en responder, pensando en cómo actuar. Podía echarle la culpa a K.C., convencerla de que le había enviado señales poco amistosas. O podía fingir que se interrumpía la conexión y perdía la llamada. Eso sería más fácil. Al fin, sin embargo, decidió abrazar a la Catherine de su fuero interno y ser franca.

—Tienes razón —admitió—. Es curioso que puedas moverte en un círculo de amistades y aun así no tener una relación estrecha con ciertas personas. La verdad es que no era consciente de que tú y yo no nos habíamos esforzado demasiado para remediarlo.

—Bueno, no todo es cosa tuya —dijo K.C., aplacada. Ladraba pero no mordía—. En cualquier caso, supongo que eres un poco arrogante.

—Oh —murmuró Catherine, cuyo tono herido cruzó el océano con un leve retraso de diez segundos.

—Vamos, mujer, no te molestes. También tienes muy buen sentido del humor.

—Sí, lo tengo, ¿verdad? —coincidió Catherine con entusiasmo.

—Catherine, ¿ha ocurrido algo? A ti, quiero decir, y ahora hablo en serio —dijo K.C.—. Esta llamada es tan... tan inesperada... Y sólo quiero que sepas que puedes hablar conmigo, ¿sabes?

—Por eso te llamo —repuso Catherine—. Estoy depre por una mala ruptura. Pero quería hablar como mujer soltera y triunfadora con otra.

—¿Triunfadora, yo? No sé qué decirte. Pero, en general, estoy satisfecha de estar en mi pellejo. Creo que incluso podría ser que mejoraran las cosas.

—Me paso mucho tiempo fingiendo —declaró Catherine—. ¿La gente me toma en serio? Tengo mis dudas.

—Puedes ser un poco… difícil de conocer.

—K.C., en la fiesta de Darwin sugeriste que tú y yo nos parecemos porque no queremos tener hijos —comentó Catherine con cierta incomodidad. Pero si iba a compartir, más le valía aceptarlo—. Pero la verdad es que, sencillamente, no los tengo. No es que no quiera tenerlos.

—Vaya, me estoy enterando de algo nuevo. Pero ¿por qué me lo cuentas?

—Me lo estoy contando a mí misma —repuso Catherine—. Pero la última vez que hablé en voz alta me dirigieron unas cuantas miradas raras —se echó a reír—. Supongo que imaginé que tú lo entenderías.

—¿Porque se me ha pasado el arroz y te preguntas si lo lamento? —preguntó K.C.

—Quizá en cierto modo —contestó Catherine. Y añadió—: Sí.

—Hay muchas cosas que cambiaría; sin embargo, algunas personas no están hechas para ser madres y hay otras que no necesitan serlo. Yo soy una de ésas. No siento la falta de hijos.

—Entonces todo va a las mil maravillas, ¿no?

—Ni mucho menos —respondió K.C.—. También he cometido errores.

—¿Como por ejemplo?

—¿Qué es esto? ¿Oprah a larga distancia? —K.C. suspiró y acto seguido transigió—. Me dediqué en cuerpo y alma a mi profesión cuando era editora. Y cuando en su día me despidieron, me quedé completamente perdida.

—Como cuando yo dejé a mi marido.

—Parecido pero distinto —replicó K.C.—. Tú tomaste una decisión. La mía la tomaron por mí. Pero al final, ambas tuvimos que reinventarnos. Ahora invierto más energía en mí misma. Mi carrera de abogada es intelectualmente estimulante pero no me define.

—Yo todavía estoy intentando definirme —dijo Catherine—. Abracé mi independencia, pero, no sé por qué, todo parece girar en torno a mí. Estoy completamente centrada en mí misma.

—Todos lo hemos notado.

—Bueno, pues estoy harta de eso.

—La necesidad es la madre de la reinvención. ¿Lo ves? Al fin y al cabo somos madres.

—Estoy mirando por la ventana y hay una mujer robusta que tiende la colada en una cuerda —dijo Catherine—. ¡Parece tan maravilloso! A veces pienso que ojalá supiera lo que me va a deparar cada día.

—Ya lo sabes. Depara más preguntas. A propósito, espero que con nosotras no vayas a ponerte en plan «volver al campo, los frutos de la tierra y tal», ¿eh?

—No, lo que pasa es que… —empezó Catherine, y se interrumpió.

—Por lo visto, el síndrome de la hierba siempre es más verde, no conoce fronteras internacionales —comentó K.C.—.

No te hagas ilusiones suponiendo que tus retos son más complejos que los de esa mujer que tiende la colada. No conoces su historia. Ella no conoce la tuya.

—Pareces diferente fuera de contexto —observó Catherine—. Más inteligente. Me alegro de haber llamado.

—Oh, no, no hagas eso.

—¿Que no haga qué?

—Llamar y sonsacarme buenos consejos sin ofrecer nada a cambio —contestó K.C.—. Ya ibas camino de colgarme y acabas de decir que estás intentando hacer que no todo gire a tu alrededor.

—Ah —dijo Catherine—. Tienes razón. Perdona.

—Pues yo estoy muy bien, gracias por preguntar —afirmó K.C., tras lo cual sufrió un acceso de tos áspera.

—Pues no parece que lo estés —comentó Catherine vacilante.

—¡Es que no lo estoy! Por lo visto, no puedo parar con los cigarrillos —explicó K.C.—. Parece ridículo, pero empecé a hacerlo por diversión, como algo que me hiciera sentir joven, y ahora me pongo de los nervios si no tengo algo en las manos. La idea del libro que sugirió Anita no hizo mucho para quitarme el ansia.

—Se me ocurre una cosa que podrías hacer.

—Ya lo sé, Anita también me lo dijo —respondió K.C.—. Ya voy por mi octavo paño de cocina.

—¿Qué? Yo iba a sugerirte que compraras un perro —dijo Catherine—. ¿Has conseguido trabajo de lavaplatos?

—No, estoy haciendo punto, boba. Fui a una tienda del SoHo por el material.

—¿Ni siquiera fuiste a Walker e Hija? —preguntó Catherine, sin poder evitar una sonrisa.

—¿Y que Peri lo supiera? —atajó K.C. con brusquedad—. He estado años cultivando una actitud de no tejedora. —Hizo una pausa y continuó diciendo—: Además, no me dejaría entrar en la tienda sin hacerme subir primero a su apartamento para dejar allí el abrigo, el bolso y, a veces, cambiarme y ponerme una sudadera. Se convirtió en una amenaza en cuanto Anita subió a ese barco.

—Lo único que intenta Peri es que dejes de fumar —señaló Catherine—. Y proteger sus bolsos.

—Sí, ya lo sé. El problema es que no funciona. ¿Alguna sugerencia?

—¿Aparte de la del perro? ¿Hacer punto? ¿Cortar en seco? —preguntó Catherine—. Sí. Masca chicles de nicotina. Haz yoga. Acude a Peri y dile que necesitas su apoyo y no solamente su lista de restricciones.

—Lo consideraré —refunfuñó K.C.

—Aparte de eso, supongo que lo único que podemos hacer las dos es esforzarnos —dijo Catherine antes de despedirse para atacar aquel delicioso sándwich—. Y luego, esforzarnos un poco más.

# Veintidós

A petición de su padre, Dakota había metido un traje en la maleta, una falda y una chaqueta de mezcla de lino que se puso en su primera media jornada en la oficina.

—Hola, papá —dijo al llegar a la puerta de la *suite* de despachos—. ¿O debería llamarte señor Foster?

—Con papá servirá —repuso James—. Siempre y cuando no sigas con ese tono sarcástico.

Recorrieron juntos el pasillo hasta el ascensor y montaron en silencio en compañía de un grupo de viajeros que charlaban mirando sus mapas de la ciudad. Dakota les envidió su horario libre de trabajo.

—¡Ojalá pudiera ir a visitar los lugares de interés! —comentó.

—No es culpa mía que te pasaras un día entero durmiendo —contestó James, y le pasó un brazo por el hombro juguetonamente—. Tendrás ocasiones de sobra para vagar por ahí; pero de momento quiero que vengas a conocer al personal del hotel.

—¿Para que así pueda preguntarles cómo les gusta el café? —repuso Dakota en broma, pues James ya le había explicado que dedicaría las jornadas a tomar notas en sus reuniones y a realizar otras tareas más aburridas si cabe.

—Es una buena forma de que te hagas una idea de cómo funciona el negocio. Y también de cómo las personas trabajan juntas en entornos distintos. —Para colmo, tendría que realizar un emocionante trabajo de archivo y, más adelante, un informe que aún no estaba decidido—. Tendrás un proyecto en el que basar tu ejercicio, no te preocupes

—agregó James—. Pero primero metámonos de lleno en nuestro trabajo antes de llegar a ese punto.

Era un plan bastante bueno, la verdad. Además, Dakota sólo tenía que trabajar en el despacho cuando no le tocaba cuidar de Ginger. Lucie tenía aquella mañana libre, y cuando Dakota dejó el hotel, estaba haciendo todo lo posible para convencer a Ginger de que podría sobrevivir unas horas lejos de su canguro favorita. Si bien el hecho de trabajar con su padre no le entusiasmaba demasiado, Dakota estaba deseando descansar un poco de la niña. Sin embargo, había algo extrañamente cuidado en la manera entusiasta con la que su padre parecía llevarla por ahí.

—...y ésta es mi hija, Dakota —dijo por enésima vez tras recorrer varios departamentos para llegar por fin a un piso bajo del hotel que parecía estar formado por muchos despachos.

—Trabajaremos aquí —anunció James al tiempo que la hacía pasar a un despacho espacioso con dos mesas.

—¿En la misma habitación? —preguntó Dakota. Y luego, tras adoptar un tono más profesional, añadió—: Estupendo.

A James se le iluminó el rostro al oír su comentario.

—Es fantástico, ¿verdad? Desde que te mudaste a la residencia de estudiantes no habíamos estado juntos de esta manera. Algún día incluso podríamos quedar para desayunar.

Parecía tan contento que Dakota no quiso recordarle que sólo iba a trabajar con él una o dos veces por semana a lo sumo.

—Eso de desayunar suena bien, papá —repuso.

James chasqueó los dedos.

—Ya sé lo que vamos a hacer —anunció—. Aprovecharemos la mayor ventaja de tener un hotel a nuestra disposición. Vamos a pedir un *capuccino* y unos *biscotti* directamente al chef.

De todos los lugares entretenidos que Dakota había visto hasta entonces —el exterior del Coliseo, el castillo de Edimburgo, la casita de la bisabuela en Thornhill, la casa de su abuela Lillian en Baltimore, la granja de sus otros abuelos en Pensilvania—, nada podía compararse con su deseo de estar en una cocina de restaurante como es debido en pleno funcionamiento. Quizá incluso conocer a un maestro repostero de verdad, mientras mezclaba masa e incorporaba crema. Que le pidieran que se quedara a observar, ¡o tal vez hasta tomar una cuchara y probar!

—¿Tengo buen aspecto? —preguntó.

Su padre la miró con aire burlón.

—El mismo que tenías hace cinco minutos —respondió—. Y entonces te dije que estabas estupenda.

—Bien. Gracias, papá.

Estaban a punto de salir del despacho cuando un empleado llamó a la puerta abierta y le pidió a su padre que echara un vistazo a unos documentos. Dakota se fijó en que el empleado se mostraba inquieto, claramente nervioso al estar cerca de James. Quizá lo que había dicho Catherine era cierto: allí su padre era un tipo importante.

—Iremos después, Dakota —le dijo, y tomó asiento frente a su mesa con los papeles en la mano—. ¿Por qué no te sientas y jugueteas con el ordenador? Te vas aclimatando y luego me puedes acompañar a la reunión de planificación de las once, ¿eh?

—De acuerdo, papá.

Contestó procurando que su tono no mostrara decepción ni enfado. Era fácil enojarse con él, eso era cierto, pero resultaba difícil cuando parecía tan emocionado de tenerla consigo. Una cosa sí podía decirse de su padre: estaba realmente encantado de pasar tiempo con ella. Era una lástima que Dakota no pudiera embotellar un poco de ese entusiasmo hacia su persona y dárselo a beber con disimulo a Andrew Doyle cuando volviera a Nueva York.

El tren llegó a Roma a primera hora de la tarde, aunque Catherine se había pasado la última hora dormitando, sumida en la inconsciencia por el arrullo del movimiento regular y constante. Como envió algunas de sus pertenencias directamente a Roma, sólo llevaba consigo unos cuantos bultos pequeños de equipaje, así como la funda del portátil que le había comprado a Peri. En el tren encontró energía suficiente para escribir a duras penas unas cuantas páginas de *Los muertos no vuelven a casarse* y añadió un personaje nuevo llamado Nathan que también encontraba un fin prematuro. «Mucho mejor», pensó, y se puso sobre aviso cuando el tren empezó a detenerse. Cerró el ordenador, lo guardó, tomó las bolsas y, caminando tranquilamente, dejó atrás el andén y se vio bajo el alto techo de la estación Termini. Una multitud de taxis aguardaba al otro lado del edificio con fachada de cristal y Catherine se dirigió hacia ellos con confianza.

—No ir —dijo un conductor cuando se acercó.

—¿Cómo dice?

—No trabajar —dijo el hombre—. Suspendido.

Confusa, Catherine lo probó con el taxi de al lado; quizá tuviera mejor suerte, razonó.

El segundo taxista alzó los brazos.

—*Sciopero* —dijo.

—¿Puede repetirlo? —preguntó Catherine, y en aquel momento pasaron por allí los jóvenes mochileros a los que les había comprado los billetes.

—Hay huelga —le explicó el chico—. Hoy los taxistas no van a conducir.

—Vaya —rezongó Catherine.

No sabía cómo iba a llegar al V. Supuso que podía llamar a James y que el hotel le enviara un coche. O podía ir a pie cargada con el equipaje. Dio unos pasos preliminares en un intento de imaginar cómo sería recorrer una distancia de unos cuantos kilómetros con sus zapatos de tacón. Calculó que no sería agradable.

Recorrió los alrededores de la estación con la mirada hasta que sus ojos se posaron en una hilera de motocicletas; algunas de ellas tenían conductores que montaban o se apeaban, en tanto que otras permanecían solas esperando el regreso de sus propietarios. El comentario de Dakota sobre que quería conducir una Vespa, aunque sólo fuera una vez, resonó en su memoria.

Se dirigió a un conductor con casco que estaba de pie junto a una Vespa roja y que sin duda se disponía a marcharse.

—*Scusi* —le dijo, le mostró un billete de cincuenta euros e hizo la mímica de subirse en la moto.

Recibió un encogimiento de hombros por respuesta, seguido de un:

—De acuerdo.

El conductor era una mujer. Catherine sonrió. ¿Lo veis? No necesitaba a un hombre que la rescatara, pensó mientras colocaba la bolsa en el portaequipajes. Iba a subir a bordo con el portátil en la mano y llegaría con potencia femenina a su destino.

---

El hotel V era grande, pero no estaba fuera de lugar en su entorno, tenía mucho cristal y muchos pisos que se alzaban hacia el cielo. Catherine se apeó de la motocicleta, pagó a la taxista sucedánea y entró tranquilamente en el vestíbulo sintiéndose mejor de lo que se había sentido en mucho tiempo. Claro que bastó un rápido paseo por las calles de Roma —ciudad un poco sucia, a decir verdad, pero es que la gente llevaba millones de años construyendo allí sus casas— para que absorbiera la vitalidad y la energía de la urbe. Ya había estado allí antes, por supuesto, pero nunca la había sentido tan llena de posibilidades. Tuvo la sensación de que la ciudad misma la estaba alimentando cuando pasó en la Vespa junto a la Columna de Trajano y la cúpula de Santa María de Loreto, una iglesia pequeña y compacta que era uno de esos lugares en los que a Catherine le gustaba sentarse y pensar tras pasar una larga tarde caminando. Por algún motivo, parecía mucho más fácil recorrer Roma con tacones, tal como hacían todas las mujeres de allí con sus zapatos de tacón de aguja, de lo que resultaba hacerlo en casa. Y ahora estaba allí. Reparada. Descansada. Lista para ver a sus amigos.

Tal como había previsto, su habitación estaba ya preparada y en ella había una enorme cesta de obsequio, llena de fruta y bombones y lo que parecían ser varias botellas de vino, esperando sobre una mesa de mármol junto a la puerta. El espacio era amplio, decorado en tonos crema y dorado, con una agradable zona de salón y un dormitorio a su derecha. Vio que había un magnífico ramo de flores en la mesilla de noche. Y, para tratarse de una ciudad famosa por sus hoteles de baños diminutos, con un vistazo rápido supo que no echaría de menos sus comodidades típicamente norteamericanas, pues había una bañera grande y hasta una ducha separada. Estaba claro que los hoteles V –diseñados con esmero por James Foster– te facilitaban la existencia. En cuanto se despojó de la falda y la blusa, se metió bajo el chorro de agua caliente y humeante y probó el champú de cortesía, pues ni siquiera se había molestado en mirar en su bolsa antes de entrar en la ducha. Sintió el fuerte impulso de empezar a cantar, pero se contuvo hasta tener una idea cabal del grosor de las paredes del hotel. No tenía sentido atormentar a sus vecinos, pensó mientras desenvolvía una pastilla de jabón.

Sabía que no estaba del todo curada. Era evidente la sensación de que tenía que seguir adelante y resistir, no fuera a volverse taciturna y caer en un pozo de lástima por sí misma inducido por Nathan. Catherine sentía las emociones muy cerca, atormentándola. Pero no iba a ceder. Ella era más fuerte. Lo sabía.

Hora y media más tarde, ataviada con un vestido negro sin mangas y resistente a las arrugas que siempre llevaba en su equipaje de mano, con el cabello seco y ligeramente maquillada de nuevo, Catherine estuvo lista para tomar una copa de vino y reunirse con sus amigos. Cayó en la cuenta de que llevaba muy poco tiempo sin ver a Dakota y ya echaba de menos su presencia, y pensó que tal vez eso también fuera una señal. Hacía días que nadie le mandaba un mensaje de texto. Incluso tenía ganas de ver a la pequeña Ginger. Quizá la interpretación externa que siempre andaba buscando para saber si encajaba era, en realidad, algo totalmente interno: no se trataba tanto de lo que sentían sus amigos hacia ella sino de lo que ella sentía hacia ellos.

Echó un vistazo a la cesta que le habían regalado, quitó el envoltorio a un bombón y dejó que se fundiera en su boca mientras buscaba la tarjeta. Las flores del dormitorio eran de James y Dakota, acompañadas por una nota que la emplazaba a tomar una copa en la *suite* de Lucie a las ocho de la tarde. Se preguntó quién podía haber enviado entonces aquel obsequio.

«¡Bienvenida a Roma! Saludos del viñedo Cara Mia. Marco Toscano.»

¡Marco! Por supuesto. Su exportador de vinos favorito, el de la voz suave y las alegres charlas por teléfono. Aunque en principio tenía pensado hacer una excursión para visitar el viñedo, la cuestión era que ya se había comprometido a vender el vino. No tenía ninguna necesidad de hacer el viaje. No obstante, estaba claro que a Marco le preocupaba el hecho de que su falta de entusiasmo por ver las actividades de su familia significara otra cosa. Una crisis de confianza, quizá. Bueno, en ese sentido podría ser que tuviera razón, pensó Catherine, pero no tenía relación con el trabajo. Se hizo con un puñado de bombones, se llevó dos botellas de vino bajo el brazo y se dirigió al ascensor, rumbo a la *suite* de Lucie.

—¡Oh, Dios mío! —exclamó Dakota cuando abrió la puerta y vio a Catherine, y entonces salió sigilosamente al pasillo—. Hola. ¡Isabella está aquí! La cantante, ¿sabes?

Hablaba en voz baja y dirigía la mirada a un lado y otro, como si estuviese llevando a cabo una misión de espionaje.

—Hola a ti también —correspondió Catherine, y le dio las botellas de vino.

—Sí, vale, ¡mua, mua!, abrazo, abrazo —contestó Dakota, y puso los ojos en blanco.

—¿Desde cuándo sigues a las estrellas del pop italianas?

–Desde que está sentada en nuestro salón –contestó Dakota con excitación–. Además, tiene un álbum en inglés. El año pasado estuvo en los Grammy, ¿te acuerdas? Fue la que rompió el matrimonio de esa estrella de cine... –Dakota aguardó a que a Catherine se le encendiera la bombilla del entendimiento, pero no fue así. La joven suspiró e intentó volver a explicar por qué Isabella tenía tanto interés para una universitaria de Nueva York. Al cabo de un momento, frunció el ceño–. Pareces distinta. Tienes la piel más tersa o algo. ¿Te has cambiado el peinado? Se ve menos arreglado. ¡Pero ahora no hay tiempo para secretos de belleza, Catherine!

Catherine no había dicho ni una palabra en medio de las divagaciones de Dakota sobre estrellas de cine, cantantes y la revista *People*. La muchacha tenía tantas cosas que decir que parecía como si no hubiera hablado con ella en meses.

–La cuestión es que ahora mismo Isabella está en la habitación de al lado junto con, digamos, unos ocho millones de miembros de su séquito, y acaba de alabar el conjunto que llevo.

Catherine no se había fijado en lo que llevaba puesto Dakota y lo miró: una blusa roja de punto confeccionada con una mezcla de cachemir muy liviano y cuya parte delantera estaba tejida en punto de trenza. La banda de la orilla inferior le llegaba justo por debajo del trasero y rozaba la parte superior de los muslos.

–Veo que esta noche llevas piernas –comentó Catherine–. ¿Éste no es el jersey que hiciste en tu último curso de instituto?

–Totalmente –respondió Dakota–. Lo he reinventado como vestido. Está guay, ¿eh? Isabella quiere uno igual. Y usa la talla cero. Hace que a su lado cualquiera parezca gordo, incluso tú.

–Hoy derrochamos encanto, ¿eh? –refunfuñó Catherine–. ¿Tengo que participar en este espectáculo? No sabía que era una fiesta.

—Se supone que la fiesta no es hasta más tarde, en la terraza —explicó Dakota—. Pero Isabella y su representante han venido para negociar algunos detalles con Lucie. El rodaje empieza mañana.

—¿Está James?

—Creía que habías visto mi modelito. No llevaría esto puesto si él fuera a venir. Tiene que trabajar hasta tarde. Algún problema en Singapur, o algo así.

—¿Y tú no deberías saber qué ocurre?

—Los que están en prácticas no dirigen el cotarro, Catherine —dijo Dakota—. Lo único que hago es tomar notas y archivar.

—¿Cuántos días has trabajado?

—Casi todo el día de hoy —se quejó Dakota—. De modo que sólo he visto la ciudad desde el coche.

Espontáneamente, y con los bombones aún en la mano, Catherine rodeó a Dakota con los brazos y le dio un fuerte abrazo, teniendo cuidado con las botellas de vino que le había dado antes.

—¡Ay, qué duro es tener dieciocho años y estar atrapada con un trabajo veraniego en la ciudad más maravillosa del mundo! —exclamó, burlándose de ella.

—Bueno, no todo es malo —replicó Dakota nerviosa; miró a uno y otro lado y bajó la voz—: He conocido al chef.

Aguardó a que Catherine se sintiera sobrecogida.

—Eso está muy bien —dijo Catherine—. Te he echado mucho de menos, ¿sabes? Pero si tu padre te ve con este vestido, y no es que no te quede bien, no voy a cargar con la culpa si intentas hacerle creer que fue una sugerencia mía. *Capice?*

—Entendido —contestó Dakota—. Aunque, ¡a quién le importa un vestido cuando puedo deambular por la cocina!

—¿Deambular?

—¿No me has oído? He conocido a Andreas. En la cocina. ¡La cocina!

Dio un salto que dejó al descubierto hasta el último centímetro de sus largas piernas. Entonces fue ella, Catherine, la que echó un vistazo en derredor para asegurarse de que no viniera nadie por el pasillo, en especial James.

—Estaba haciendo tarta de chocolate y dejó que lo observara, y luego me dijo: «¿Quieres sacar la crema de leche de la cámara?», y resulta que era absolutamente enorme y estaba llena de toda clase de fruta, leche y todo lo que puedas imaginar… y le dije: «Claro que sí, chef». ¡Lo llamé «chef», como si trabajara para él! Y luego vi cómo metía la tarta en el horno.

—Suena… estupendo —comentó Catherine, que rara vez cocinaba, y elaboraba pasteles aún con menos frecuencia.

—¿Estupendo? —gruñó Dakota—. Fue una revelación. Mi padre ni siquiera se dio cuenta de que estuve dos horas ausente. Andreas hizo masa, y unas galletitas minúsculas para servir con el café expreso, y luego hizo granita de frambuesas y lima. ¡Y me dejó probarla!

—¿Estaba buena? —preguntó Catherine, que notó que se le alborotaban las tripas.

—La palabra buena no expresa ni siquiera una aproximación de la magia que obra Andreas —afirmó Dakota, como si lo estuviera vendiendo—. Era etérea. Tal como debería ser toda la comida.

—Pregúntale a ese tal Andreas si puedes prepararme unos *muffins* —le dijo Catherine—. Necesito una exquisitez estilo Dakota.

—¿Crees que me dejaría? —preguntó la joven con los ojos muy abiertos.

—Lo dudo —admitió Catherine, que lamentó haberle dado esperanzas.

—Bueno, no pasa nada —decidió ella—. Me dijo que podía pasar después de la hora punta de la comida. Es estupendo, ¿no te parece?

—Fabuloso. Y ahora, si te parece, ¿podemos dejar ya este pasillo, por favor?

—Por supuesto.

Dakota abrió la puerta y reveló a Lucie, que se hallaba enzarzada en una animada conversación con un hombre a un lado de la estancia. Sentada en el sofá con varias botellas de vino tinto sobre la mesa que tenía enfrente, había una chica delgada que debía de tener poco más de veinte años, con una corona enorme de rizados tirabuzones. Iba vestida con lo que parecían varias capas de pañuelos, pensó Catherine, quien, como de costumbre, apreció el arte de vestirse con brevedad.

—*Vino!* —gritó Isabella, y le dirigió una señal de asentimiento a Dakota, como si ésta hubiera salido con el único propósito de ir a buscar a Catherine y que ésta aportara más vino.

—¡Catherine! —exclamó Lucie, que se puso de pie y se acercó a saludarla. La expresión de alivio de su rostro al ver las botellas de vino en brazos de Dakota resultó evidente—. ¿Te importa si lo servimos? He pedido más botellas, pero los invitados están muy… sedientos.

En unos momentos se abrieron las botellas y se hicieron las presentaciones. Isabella bebió una copa, luego otra.

—Me encanta este vino —alabó en un inglés casi perfecto—. Es magnífico y ligero.

—Es del viñedo Cara Mia —explicó Catherine—. Lo vendo en mi tienda de Nueva York.

—¿En Nueva York? ¿Cómo pueden permitir que este buen vino italiano salga siquiera del país? —comentó Isabella.

—De la misma manera como te exportan a ti, supongo —repuso Catherine, que al instante fue interrumpida por Lucie.

—Si tanto te gusta, podemos traerte más —afirmó, con un gesto hacia su famosa estrella del rock.

—Sí, por favor —respondió Isabella—. Y no sólo unas cuantas botellas, no. Quiero varias cajas.

Dakota abrió unos ojos como platos.

—¡Oh, no! No son para bebérmelas en un día ni nada parecido —aclaró la estrella—. Pero sé que si algo me gusta, lo mejor es entregarme a ello. Traedme más vino, y procurad que también lo haya en el plató. —Se acercó a Lucie y le tomó la mano con aire solemne—. Sé que harás que quede estupenda ante la cámara —le dijo—. Y no bromeaba acerca del vestido de Dakota. Digámosle al estilista que haga algo parecido.

—Éste está tejido a mano —repuso Lucie—. Lo confeccionó Dakota.

Como si fuera un reflector, Isabella volvió todo su encanto y atención sobre Dakota.

—¿Querrías hacer algo así para mí? —le preguntó.

—Sí —contestó Dakota, extasiada por su encuentro con una persona famosa. ¿No sería la historia perfecta para contarle a Andrew Doyle?

—Entonces, ya está todo arreglado —declaró Isabella—. El rodaje empieza el jueves, tú me traerás el vino y tú me harás un vestido. Como el tuyo. Corto, cortito. Y quizá un poco más ceñido.

—Puedo hacértelo en dos días —dijo Dakota—. Iría más rápido si prescindiera de las mangas.

—Bien —asintió Isabella, que tomó de la mesa la botella del viñedo Cara Mia que quedaba sin abrir y se la metió bajo el brazo.

—Y el rodaje empieza mañana —le recordó Lucie.

Isabella sonrió ampliamente y le brillaron los ojos.

—De acuerdo —dijo tranquilamente—. Pero no me verás hasta el jueves.

Y con estas palabras salió majestuosamente de la habitación llevándose consigo a su representante y a sus amigos y dejó a Lucie, Catherine y Dakota pensando en qué lío se habían metido.

# Veintitrés

Por fin. Después de un día cuidando de Ginger, que pasó principalmente mirando un payaso en la plaza Navona y a la caza de toda una variedad de tiendas de juguetes, y de otra tarde mecanografiando notas para su padre, a Dakota le habían concedido un hermoso día entero para ella. Lucie iba a necesitarla a última hora de la tarde porque el rodaje empezaba de noche —Isabella había confirmado su asistencia—, pero, durante siete horas, era libre para hacer lo que quisiera.

Siguió la dirección en que la llevaban sus ojos, atraídos por las cúpulas aquí y allá, y su olfato, que olía la deliciosa comida que se preparaba en algún edificio cercano. En todas direcciones había algo que despertaba su curiosidad y prácticamente corría de un lado a otro, fascinada por todo, desde los jóvenes que discutían con vehemencia mientras tomaban un *capuccino* hasta el singular despliegue de Mussolinis y nazis en el escaparate de la tienda de juguetes.

—¡Vaya! Esto sí que no se ve todos los días —comentó en voz alta sin dirigirse a nadie en particular.

Dobló el mapa, se lo metió en el bolsillo de su cazadora vaquera y se puso a pasear sin más, experimentando la alegría de descubrir una fuente con tortugas en medio de un barrio sin ver ningún tipo de explicación ni nada más que apartamentos y coches alrededor. Pero claro, aquello era Roma, una ciudad construida sobre una ciudad construida sobre una ciudad. Pulsó un timbre para que la dejaran entrar en una lujosa tienda de porcelana cuyo único dependiente estaba sentado en una mesa elegante, al parecer ajeno al maravilloso despliegue de platos que se alzaba por la pared hasta los techos encofrados a más de tres metros y medio del suelo. Una fantasía de vajillas de porcelana. El edificio en sí se hallaba tras un enorme juego de columnas, con inscripciones latinas grabadas en la parte anterior. A unos pasos de distancia se había terminado un edificio de apartamentos dentro de las ruinas de lo que parecía un teatro antiguo, con modernas ventanas de ladrillo y cristal por encima de unas hileras de arcos y cuya «zona verde» consistía en una serie de piezas caídas de piedra y mármol, algunas de ellas con intrincados grabados, que estaban allí, en el suelo, tal cual. Un letrero escrito en varios idiomas advertía a los transeúntes de la prohibición de llevarse algún recuerdo de las ruinas. «¡Cuánta historia debe de haber en este lugar!», pensó Dakota, tanta como para poder dejarla allí, esperando el momento en que hubiera suficiente tiempo y dinero para ir a recogerla.

Sacó fotografías de iglesias y cafés, de escaparates de colmados y de establecimientos de zapateros remendones. De Vespas aparcadas y en marcha. Se compró tantas pastas que no podría comérselas ella sola, ansiosa por probar todos los sabores y cautivada por el concienzudo envoltorio de papel de seda y un fino cordón atado en torno a cada una de aquellas exquisiteces. Un pastel danés metido en una bolsa blanca, tal como hacían en su país, nunca le pareció menos profesional que cuando lo comparó con el amor que el panadero y su esposa volcaban en cada uno de sus pasteles. Su regalo al mundo.

Metió los dedos en la Boca de la Verdad en Santa Maria in Cosmedin y contempló el templo de Portuno desde el otro lado de la calle, llena de asombro por la manera en que lo antiguo y lo más antiguo chocaban con lo nuevo, por el modo en que los autobuses y los coches se abrían camino a bocinazos por la transitada calzada rumbo a lo que Catherine le contó que llamaban «la tarta de boda» —el monumento a Víctor Manuel— y a las ruinas del Foro Romano.

No obstante, pese a su deseo de llegar al Coliseo, sintió el impulso de ir en dirección contraria. Cruzó un puente ancho —el Ponte Fabricio—, fue al otro lado del río para asomarse a la iglesia de la Isla del Tíber y luego recorrió las calles del barrio del Trastevere, y se detuvo a tomar o degustar algo en toda clase de panaderías y heladerías.

Catherine le había contado que el truco para encontrar el *gelato* más fresco y natural era fijarse en el color del helado de plátano. Si era amarillo, era artificial; pero si tenía un color crema, incluso un tono un tanto grisáceo, entonces era de verdad.

Recorrió el largo trecho de muros del claustro de un convento pensando en las mujeres que habría dentro y luego se sumó a un partido de fútbol improvisado en una plaza cualquiera, intentando desesperadamente mantener el ritmo de aquellas dinamos de energía de diez años que no dejaban de reírse de su incapacidad para chutar la pelota y enviarla lejos.

Fue entonces cuando al fin sus pies dejaron notar su protesta y su cuerpo ansió un descanso. Y Roma, a diferencia de cualquier otra ciudad que hubiera visto, tenía una iglesia en cada esquina. Una buena tapadera para tener ocasión de descansar las piernas —podría incluso apoyar los zapatos en el reclinatorio— y parecer devota al mismo tiempo. Dakota no era religiosa por naturaleza; su madre había sido presbiteriana, pero nunca asistía a los oficios, y su padre, baptista, solía ir a la iglesia sólo cuando su madre, Lillian, estaba en la ciudad o cuando Dakota y él iban a visitarla. Ella no tenía ningún problema por no asistir a la iglesia, pues le gustaba tener los domingos por la mañana libres para hacer pasteles. No obstante, las breves estancias en las iglesias y basílicas le parecieron relajantes, la combinación de quietud y frescor del interior de los edificios le proporcionaba un respiro en sus extenuantes —y estimulantes— exploraciones de la ciudad.

—*Sì, sì* —gritaron los niños intentando que se quedara a jugar con ellos—. *Viva il football.*

Dakota les hizo señas para que se marcharan y se encaminó a través de un arco hacia una fuente antigua que había en la plaza frente a la iglesia de Santa Cecilia con la esperanza de que la brisa dirigiera el rocío del agua hacia ella. La enorme fuente estaba situada en el centro de una pequeña zona de césped, toda ella rodeada por un borde elevado de piedra y baldosas. Cruzó la plaza y entró en la iglesia, admirando allí la hermosa escultura de la figura tendida de la martirizada santa Cecilia, la delicadeza con la que volvía el rostro en su sufrimiento y, aun así, proyectaba una fortaleza eterna. Bajó a la cripta con paso perezoso y le pagó un par de euros a una monja de hábito blanco para ver las excavaciones. Los restos de una casa, un altar de un templo, una de las primeras iglesias. Todo junto. Mundos en colisión.

Salió del edificio y se detuvo a admirar los frisos de mosaico de la fachada. En general, había sido un día muy bien aprovechado. Y entonces la vio: una mujer de rizados cabellos castaños, sentada al borde de la fuente, de espaldas a Dakota. Los codos de la mujer le sobresalían un poco de los costados y los hombros estaban encorvados de una manera que ella conocía muy bien.

Estaba haciendo punto.

Al no poder verle la cara, resultó fácil pensar, sólo por un segundo, que la mujer allí sentada era su madre. Que llevaba toda la tarde esperando a que viniera, sólo para charlar allí en la iglesia. Dakota se preguntó cuánto tiempo había pasado dentro. La mujer no estaba cuando entró en la iglesia, y ahora la tenía allí delante.

Hacía mucho tiempo que no me ocurría esto, pensó Dakota al recordar el período inmediatamente posterior a la muerte de Georgia en el que tenía la extraña sensación de que, sin saber por qué, en cualquier esquina podría tropezarse con su madre por la calle. O veía una figura alta de cabello rizoso en el metro y corría a alcanzarla, con la esperanza de que hubiera ocurrido alguna especie de milagro o una deformación del tiempo, le daba igual lo que fuera.

Por supuesto, aquella mujer no podía ser su madre. Y aun así, notó un nudo en la garganta mientras observaba a la desconocida que tejía atentamente las pasadas disfrutando de una tarde soleada, ajena a todo.

En su arrebato por ver todo lo que había en Roma en un solo día, Dakota no había esperado toparse con una cosa —el punto— que era esencialmente suya. Muy personal. Parecía fuera de lugar ver a una mujer romana corriente haciendo punto y, sin embargo, era perfecto. Un gran descubrimiento más en aquella hermosa ciudad.

Dakota se aproximó a la mujer lentamente, posponiendo el momento en el que vería su rostro y sabría, sin duda alguna, que no era Georgia.

Se sentó un poco por detrás de ella, a su derecha, y le dirigió miradas furtivas. La mujer llevaba el pelo un poco alborotado y éste le ocultaba el rostro. Y no vestía vaqueros, como solía hacer Georgia. No obstante, se dio cuenta de que sus puntos estaban bien hechos y de que trabajaba en lo que parecía ser una manga de color escarlata. Era un jersey para alguien. Para una hija, tal vez.

Cerró los ojos y sintió solamente el calor en la cara mientras escuchaba el débil borboteo del agua de la fuente y el continuo ir y venir de las agujas. Así pues, aquél también era el viaje a Roma de Georgia. Acompañándola en su recuerdo. A Dakota le encantaba hacer punto, disfrutaba con el tacto de la lana entre los dedos. Pero no quería gestionar una tienda de punto. Quería tener la libertad y la flexibilidad de hacer lo que quisiera.

La mujer dio un tirón para sacar más lana de la madeja que tenía en la bolsa y lo hizo con un movimiento fluido, sin ni siquiera romper el ritmo. Georgia también había tejido así. Con rapidez y sin esfuerzo.

¡Qué estupendo sería tener con ella aunque sólo fuera una conversación!, pensó Dakota, mientras repasaba mentalmente todos los lugares y personas que había visto sólo en un día. No obstante, al final se quedó con una sola idea.

—Te echo de menos, mamá —dijo en voz alta.

Se puso de pie sin ganas, pero tenía el tiempo justo para regresar al V y mirar la confusa televisión italiana con Ginger y Dulce antes del baño y de acostarse.

—*Sì, sì* —dijo la tejedora, sonriendo en dirección a Dakota y alzando ligeramente las agujas a modo de saludo mientras la muchacha continuaba su camino.

# Veinticuatro

Por maravilloso que fuera estar en Roma, Catherine continuaba siendo de las que se levantan tarde, aun cuando llevara semanas en Italia. Ella se ceñía al milagroso horario de Catherine: no había luz del sol que pudiera hacerle abrir un ojo antes de las nueve de la mañana como muy pronto. Y, para prevenirse contra cualquier posibilidad de sueño interrumpido, se había asegurado de incluir en la maleta una selección de antifaces de seda que hacían juego con sus camisones, también de seda. Todo lo cual explicaba el hecho de que no estuviera muy receptiva a los fuertes golpes que sonaron en su puerta a las siete de la mañana. No lo estaba en absoluto.

—¡Catherine!

Oyó con claridad los gritos susurrados, pero intentó no hacer caso, con la esperanza de que desaparecieran. ¿Una gobernanta madrugadora, tal vez? Era poco probable que la llamara por su nombre.

—¡Catherine!

No parecía Dakota. Los demás clientes del hotel no tardarían en abrir las puertas para hacer callar a aquella maníaca. Metió la cabeza bajo una almohada y esperó que el ruido se desvaneciera.

—¡Catherine, soy Lucie!

Intento frustrado. Era como si no pudiera ignorar a Lucie sin más. Pero Lucie también era lo bastante inteligente como para darse cuenta de que podía haber descolgado el teléfono y llamar a su habitación. Con gran esfuerzo y soltando un gemido, Catherine se levantó y observó por la mirilla de la puerta.

—¡Abre ya!

Sí, era Lucie, sin duda.

—No estoy despierta, y no creo en las citas sin previo aviso —gruñó Catherine, que abrió la puerta apenas un par de centímetros.

—Esto es una emergencia —dijo Lucie—. ¡Una verdadera crisis!

Catherine la dejó pasar.

—¿En serio? —dijo, preocupada—. ¿Dakota está bien? ¿Y Ginger?

—Oh, no, no es una crisis real —respondió Lucie, que torció el gesto—. Es una crisis tipo «estoy a punto de perder mi trabajo».

—En tal caso, estoy segura de que seré de gran ayuda. ¿Tal vez necesitas otro cámara?

—No. Se trata de Isabella. Se ha obsesionado con ese maldito vino que tuviste la gracia de traer.

—Pensé que habías arreglado las cosas para conseguir las existencias de varios establecimientos locales y poder entregarle una caja, ¿no?

—Lo hice. No fue suficiente. Dice que no necesita bebérselo ahora. Sólo desea saber que podrá beberlo siempre que le apetezca.

—Así pues, ¿exige más vino porque teóricamente quizá quiera disfrutar de él en algún momento indeterminado del futuro? —preguntó Catherine—. Vuelve a recordarme por qué se me ha despertado a causa de esta emergencia que no lo es tanto y por la que me van a salir arrugas por falta de un buen sueño.

—Porque es una estrella del rock —repuso Lucie—. Y quiere que la agasajen.

—¿Que la agasajen?

—Los famosos no pagan por la mitad de las cosas de las que disfrutan —explicó Lucie—. Se las regalan. «Muchas gracias por llevar las gafas de sol que fabrica mi empresa: ¿podemos ofrecerle lo mejor de nuestra línea, por favor?», y cosas así.

—Estupendo —comentó Catherine—. Los que más pueden permitírselo, lo tienen casi todo gratis.

—Es publicidad. Si un famoso utiliza un producto, nosotros, los fans, salimos corriendo a comprarlo.

—Yo nunca me he comprado nada sobre lo que leyera en la revista *People* —declaró Catherine—. Salvo la Crème de la Mer. ¡Pero nada más!

Se acercó tranquilamente al sofá, se sentó con los pies descalzos doblados bajo su cuerpo y agarró un cojín que se puso sobre el estómago. Se le empezaron a cerrar los ojos de manera involuntaria, aun estando sentada.

—¡No! —exclamó Lucie—. Tienes que ayudarme. Quiere que el viñedo Cara Mia le mande una selección de vinos gratis.

—¿Unas cuantas botellas?

—Varias cajas —dijo Lucie con desánimo.

—Mira, ¿no tiene un asistente personal que pueda llamarles? —Catherine decidió confesar—. Prácticamente los he dejado plantados. No paraba de darle vueltas a la visita al viñedo y a cómo era de importante para mí, y luego voy y paso de eso. Lo cancelé. Mi contacto, Marco, me ha enviado tres o cuatro correos electrónicos sugiriéndome fechas distintas y no he contestado ninguno. Me sentiría incómoda si tuviera que aparecer ahora diciendo: querría varias cajas de vino gratis para Isabella, por favor. No la conozco. Ni siquiera los conozco a ellos.

Lucie empezó a caminar de un lado a otro de la *suite*.

—Dentro de media hora tengo que estar en el plató —murmuró—. La cuestión es ésta: Isabella se obsesiona. Por eso me contrataron a mí, porque se obsesionó con un vídeo que hice para una banda de chicos en Estados Unidos. Y no quiso aceptar a nadie más.

—¿La compulsión como camino al éxito? —preguntó Catherine—. ¿En lugar de ser sólo una ruta para volver loco a todo el mundo?

—Su fijación es lo que la hace estar en los primeros puestos de las listas de éxitos de por aquí. Practica y practica hasta que es perfectamente asombrosa. Pero ha decidido que quiere este vino. Ninguna otra cosa servirá. A decir verdad, creo que lo que pasa es que le gusta la etiqueta.

Catherine volvió a dejarse caer en el sofá.

—No te prometo nada.

—Tú eres buena persona, Catherine —dijo Lucie con una amplia sonrisa—. Aunque pases mucho tiempo fingiendo lo contrario.

—¿Y ahora te marcharás y podré dormir?

—Ahora me marcharé y tú puedes quedarte levantada una hora y llamar a ese tal Marco —contestó Lucie—. Corre la voz de que Isabella no quiere salir de su caravana hasta que sepa con seguridad que tendrá el vino.

—¿Has pensado alguna vez que te está manipulando? —le preguntó Catherine.

—Al precio que pagan no me conviene preguntármelo. Ginger va a empezar el primer curso con mocasines de Prada.

—¡Qué monada!

—Esto… Bueno, la verdad es que lo decía en broma. Podremos permitírnoslos en cuanto termine el verano, pero en cambio, lo que haré con ese dinero será ingresarlo en su fondo para la universidad y la mandaré a la escuela con zapatos Crocs. —Se encaminó hacia la puerta—. ¡No te duermas! —le ordenó—. Te llamaré dentro de unas horas para comprobar tus avances.

«Hola, Marco —se dijo Catherine mentalmente, imaginando lo que le diría a su enamorado telefónico—. Me preguntaba si podrías enviarme un camión de vino para esa estrella del rock consentida a la que de hecho no conozco. No, no, dudo que te promocione el vino. Y no creo que vaya a poder dejarse fotografiar llevándolo en el bolso. Así pues, ¿qué ganas tú con tu generoso regalo? Pues, por lo visto, no mucho.»

Concluyó que ese enfoque era poco probable que funcionara.

Sonó el teléfono móvil; era Lucie, realizando las comprobaciones con las que amenazó. Catherine dejó que saltara el buzón de voz. Luego inspiró profundamente y, sintiéndose bastante incómoda, llamó a Marco. Se le ocurrió tratar de fingir que era un seductor personaje telefónico, pero eso era más propio de su yo anterior. De antes de que Julio César y ella hubieran tenido su acuerdo de voluntades.

—¡Catherine! —exclamó Marco al oír su voz—. Estaba preocupado por ti. Esperaba que vinieras y al día siguiente ya no vuelvo a saber de ti. Pensé que podrías estar enferma, o haber sufrido un accidente.

—No, no, Marco. Lo que pasa es que he estado muy… ocupada con cosas en Venecia y Roma. Hubo cambios en mi programa y… —se interrumpió—. No, Marco —añadió—, la verdad es que tenía algunos asuntos personales que atender. He sido desconsiderada, y lo lamento.

—¿Hay algo que pueda hacer? ¿Tienes problemas?

—Gracias, no. Pero necesito pedirte un favor. Para una amiga mía. No sé ni por dónde empezar, porque en realidad no soy quién para pedírtelo, y…

—Tú pídemelo y ya está —contestó Marco—. Haré cualquier cosa por ti.

—Marco, ni siquiera me conoces. No tienes ni idea de qué voy a decir. Ni siquiera nos hemos visto nunca.

—No me importa. Me caes bien. Eres una de mis yanquis favoritas.

—¿Has conocido a muchas más?

—Sí —respondió—. Y tú me caes muy bien.

Catherine le dio una rápida idea general de la situación y esperó a que Marco le brindara su negativa o bien se ofreciera a enviar una caja. En cambio, accedió sin dilación a enviar una cantidad sustancial de vino a Isabella.

—Esto no es necesario, de verdad —le dijo Catherine.

—Sí lo es —replicó Marco—. Lo es porque tú me lo has pedido.

—¿Qué puedo hacer para corresponderte?

—Vaya, ahora me ofendes. No mando este vino con expectativas de ningún tipo. Lo hago porque eres mi amiga.

¡Qué maravilla!, pensó Catherine. No creía que un hombre hubiera hecho nunca algo así por ella sin esperar nada a cambio. Sin ni siquiera haberla visto, o sin tener que mostrarle fugazmente un poco el busto o el muslo. Era tan reconfortante... Le pasó los datos que Lucie le había dado sobre la dirección y la ubicación y luego volvió a meterse en la cama, satisfecha consigo misma, habiendo hecho la buena acción del día. Y, ahora que lo pensaba, probablemente la de todo el verano.

Catherine siempre le explicaba a Dakota que lo mejor de trabajar para uno mismo era que podías organizar tu propio horario.

—A veces tienes que trabajar a media noche —le contó— y otros días puedes dormir hasta tarde y desayunar a mediodía.

Aquel día Dakota había desayunado temprano porque Ginger se despertó cuando Lucie se marchaba y no hubo manera de convencerla de que volviera a meterse en la cama.

—Vamos —le dijo entonces—, salgamos a tomar un poco de aire fresco.

Su objetivo no era especialmente honorable: tenía planeado hacer caminar a Ginger por ahí hasta que la niña le rogara que volvieran para dormir un poco.

Vieron a James en el ascensor cuando se marchaban.

—Hola, papá —saludó Dakota.

—Hola, señor Foster —dijo Ginger—. ¿Quiere llevarse a Dulce a trabajar con usted?

—Es muy generoso por tu parte —repuso James con absoluta seriedad—. Pero me temo que no sabría qué hacer si Dulce empezara a sentirse solo. Quizá prefiera ir con vosotras dos.

Ginger consideró el argumento de James.

—Creo que tiene razón —asintió—. Pero usted puede venir a vernos más tarde.

—Eso me gustaría mucho —repuso James, que le dio unas palmaditas en el hombro a Dakota al entrar en el ascensor.

Cuando salieron del vestíbulo del hotel se encontraron con un cielo cubierto; era el primer día gris en dos semanas maravillosamente soleadas y muy ajetreadas.

—Ginger —dijo Dakota—, ¿has estado alguna vez en un museo?

—Sí —respondió Ginger hoscamente, levantando la vista a través de su flequillo rubio rojizo—. Estate quieta. No corras. No lo toques. No hay helado. Y no es divertido.

—De acuerdo —Dakota pensó con rapidez—. Bueno, probemos algo distinto. ¿Sabes contar hasta diez?

—Sí —contestó Ginger, ofendida—. ¡Uno, dos, tres, cuatro, cinco, seis, siete, ocho, nueve y diez! —gritó para dejarlo claro.

—¿Y si te dijera que vamos a ir a un edificio precioso y allí contaremos diez cosas? —sugirió Dakota—. Diez cosas que tú elijas… y tendrás que contarme una historia sobre cada una de ellas.

—No —replicó Ginger—. Las dos contamos historias.

—Trato hecho —accedió Dakota, y estrechó la mano de la niña—. Y si no lloriqueas nada, nos tomaremos un helado, eso seguro.

Condujo a Ginger calle abajo y luego hacia la otra acera, consultando el mapa de vez en cuando para cerciorarse de que iban en la dirección correcta. Ginger se adelantó corriendo varias veces de camino.

—¡No me dejes atrás, Ginger! Podría perderme si haces eso.

—Vale, está bien —contestó Ginger cada vez, y retrocedió y tomó a Dakota de la mano.

Por último, al cabo de unos minutos se soltó y avanzó como una flecha, embelesada ante el colorido despliegue del escaparate de una tienda.

—Afloja el paso, vaquera.

—Pero es que quiero verlo —replicó Ginger.

—No —ordenó Dakota—. Tienes que caminar conmigo.

Ginger se metió las manos en los bolsillos de sus pantalones capri y dejó de moverse. Se encontraba a tan sólo unos pasos de distancia.

—Ven tú aquí —dijo.

—No —contestó Dakota, que también se detuvo; por lo visto, había entablado un pulso con una niña de guardería.

—No —dijo Ginger.

Dakota se apoyó en el edificio y esperó con calma. A diferencia de Lucie, ella no tenía que ir a ninguna parte. Podía pasarse el día jugando a aquel juego con Ginger.

—Podría salir corriendo —comentó Ginger.

—Podría alcanzarte...

Ginger pensó en ello unos momentos y entonces dio unos pasos hacia Dakota.

—Eres graciosa —le dijo.

—Y tú divertida.

Pero Dakota no creía del todo lo que había dicho. Estaba empezando a darse cuenta de que la palabra favorita de Ginger era «no». Y no sólo le gustaba decirla, aunque eso también lo hacía mucho, sino también oírla. Le gustaba que Dakota le hiciera frente.

Si ya resultaba estresante saber qué hacer con su vida entonces, era de figurarse lo difícil que debía de ser tener cinco años y estar en posición de tomar todas las decisiones.

—Vayamos a comprar un helado —dijo, aunque ni siquiera era la hora de comer.

—¿Puedo pedirlo del sabor que quiera?

—No —respondió Dakota—. Puedes pedirlo de chocolate o de vainilla. Y la próxima vez que vayamos podrás elegir entre dos sabores distintos. Pero sólo dos opciones.

Para su sorpresa, Ginger no montó ningún alboroto. Al contrario, se llevó la mano a la barbilla y pensó en la oferta de Dakota.

—¿Puedo pedirlo de dos bolas? —inquirió.

—No. Sólo una bola.

—Está bien. Acepto.

La noche prometía ser toda una aventura: Lucie llamó a Dakota para decirle que podía llevar a Ginger al rodaje. Y Dakota, que nunca había estado en un plató de verdad, apenas pudo dormir, aun cuando había esperado echar una cabezada al lado de Ginger.

Se vistió con cuidado y se puso otra vez el blusón rojo con punto de trenza, pero en esta ocasión encima de unos vaqueros y unas botas. Catherine pasó por allí vestida con unos pantalones negros de estilo informal y una capa de color beige y calzada con unos zapatos de tacón muy alto. Parecía un gigante. Ginger también eligió su ropa: una camiseta de color rosa de manga larga sobre la que se puso otra de Bob Esponja.

—Y vaqueros, como Dakota —explicó a Catherine.

—Estarás muy guapa.

Catherine se lo dijo mientras cepillaba el pelo de la niña, intentando desenredárselo, cautivada por la suavidad de sus ondas infantiles y el olor dulzón de su champú. Pensó que, con su aspecto levemente regordete y sus mofletes, Ginger todavía conservaba ciertos rasgos de bebé, los suficientes para que te entraran ganas de llenarle la barriguita de besos con pedorreta. Los momentos como aquél, cuando Dakota le calzaba los piececillos con los zapatos y le ataba los cordones, mientras Ginger parloteaba sobre si a Dulce le gustaría salir en un vídeo musical o no, le hacían creer que Lucie era, en efecto, una mujer muy inteligente. Ella no había esperado a que llegara un teórico señor Perfecto, sino que fue lo bastante valiente como para decidir tener hijos ella sola.

Claro que cuando Ginger montaba un número, Catherine se decía que Lucie estaba loca. De manera que, en realidad, todo dependía del momento.

Pero Ginger estaba en plena actividad, y el trío tomó un taxi para ir a reunirse con Lucie en el plató.

Catherine esperaba encontrarse a una Lucie agobiada, corriendo de un lado a otro, farfullando para sí. En las reuniones, con frecuencia parecía abrumada, frustrada y con los nervios a flor de piel. Por lo tanto, fue una revelación llegar al rodaje, pasar junto a los guardias de seguridad y entrar en una operación al estilo militar: Lucie tenía el mando absoluto de la situación. Todo el mundo –los cámaras, los electricistas, el estilista y hasta la propia Isabella– seguían todas y cada una de las indicaciones que daba Lucie.

–¡Y corten! –gritó Lucie, tras lo cual se dio la vuelta para tomar en brazos a Ginger, que corría hacia ella.

–Eres muy lista, mamá –dijo Ginger, y por segunda vez en una tarde, Catherine la envidió.

–Oye, Catherine –dijo Lucie, que apisonó el pelo a Ginger para poder verla–, muchísimas gracias. El toque personal ha dado mucho de sí.

–Lo único que hice fue una llamada telefónica –repuso ella, aunque estaba muy satisfecha consigo misma.

–Ya lo sé, pero que hayan venido hasta aquí… –dijo Lucie–. Te quedo eternamente agradecida.

–Que hayan venido hasta aquí, ¿quiénes?

–Esos caballeros –respondió Lucie, y señaló a un hombre de cabello oscuro y a un chico mucho más alto que él, de unos veinte años, que saludaron encantados con la mano y empezaron a acercarse.

–¿Quién es ése? –dijo Dakota–. Porque es guapo.

–Éste es Roberto Toscano –anunció Lucie–. Y su padre, Marco.

Catherine no movió ni un solo músculo. No esperaba que él se presentara personalmente. Y una cosa era tener un agradable enamoramiento telefónico con un hombre y otra muy distinta conocerlo en persona. Tenía un aspecto distinto del que ella había previsto. Para empezar, no era tan alto como insinuaba su voz y, si bien poseía cierto atractivo, tampoco era una estrella de cine como ella se había figurado que debía de ser. En realidad, se trataba de un hombre bastante corriente. Pero entonces abrió la boca y Catherine oyó a ese maravilloso barítono.

—Es estupendo conocerte, Catherine —dijo Marco tendiéndole la mano.

—Estaba segura de que le besarías la mano —terció Dakota—. ¿No es eso lo que hacen todos los italianos cuando conocen a una dama?

Marco inclinó la cabeza, sonrió, y entonces le tomó la mano a Dakota y se la besó.

—Y una joven dama muy guapa —dijo—. ¿Es tu hija? —preguntó a Catherine, quien, por tercera vez aquella noche, volvió a tener la sensación de que se había perdido algo.

—Me gustaría tener esa suerte —repuso—, pero no, Dakota es hija de una querida amiga mía.

—Bueno, pues esta noche tenemos que llevaros a todas a saborear una cena fantástica para celebrar el encuentro con nuevas amistades —anunció Marco.

—¡Por supuesto! —exclamó Dakota.

La joven mantenía los ojos clavados en Roberto, que tenía las formas esculturales de las que su padre carecía. Este chico podría ser modelo, pensó Catherine, que no culpó a Dakota por sus atenciones.

—No podemos aceptarlo —declinó Catherine—. Ya habéis hecho demasiado...

—Insisto —dijo Marco.

—No sé vosotras —terció Lucie—, pero yo me estoy muriendo de hambre. Ha sido un día muy largo. Señor Toscano, ha hecho usted demasiado. Pero, por una vez, tendré la gentileza de aceptar.

—Pues está decidido —declaró Marco—. Esta noche vais a deleitaros con los sabores de Italia.

# Veinticinco

Antes de que se fueran todos a cenar quedaba media hora más de rodaje durante la cual Catherine fingió estar fascinada por el movimiento en el plató. Marco intentó entablar conversación más de una vez: comentó el tiempo. Preguntó sobre su vuelo. Le dijo lo contento que estaba de que en su tienda tuviera los vinos de su familia. Pero nada de eso causó efecto en ella. Estaba absolutamente fría.

Su impulso natural fue el de flirtear y tratar de llamar la atención. Eso había tenido su momento, pero ahora intentaba recuperarse y no iba a permitir que la distrajeran. La presencia de Marco era una prueba. Una prueba encarnada por un hombre de voz profunda que había ido a entregar el vino.

Catherine insistió en sentarse entre Ginger y Dakota en el restaurante y dejó que Lucie ocupara el asiento al lado de Marco en el banco. Por otro lado, Dakota estaba encantada de sentarse junto a Roberto, quien parecía igualmente cautivado. Mientras Marco se esforzaba por entablar conversación con Catherine, Dakota y Roberto charlaban sobre Isabella.

—Volvió a decirme lo mucho que le gusta mi blusón —anunció Dakota a todos los de la mesa—. Me repitió que le gustaría que le hiciera uno para ella.

—¡Ay, no! —dijo Lucie—. Ya estamos otra vez. Marco apenas acaba de traer el vino, y ella ya va a por otra cosa.

—Le dije que podría tenerlo —comentó Dakota, y sorbió una cucharada de sopa de zanahoria fría.

—No tenías que hacerlo —rechazó Catherine—. No tiene por qué conseguir todo lo que quiera.

Lucie y Dakota intercambiaron una mirada que Catherine supo de inmediato que era por ella.

—Todos necesitamos tener la oportunidad de aprender —añadió.

—Y de oír la palabra «no» —añadió Dakota—. Ginger y yo hemos llegado a un acuerdo, ¿verdad, Ginger?

—Ajá —respondió la niña, que bajó la mirada a la mesa con un parpadeo—. Mamá es la gran jefa, Dakota es la siguiente jefa y yo soy la jefa más pequeña de Dulce.

—Me parece que vamos a tener que marcharnos —dijo Lucie cuando Ginger apoyó la cabeza en su hombro—. Tenía tantas ganas de cenar con vosotros que supongo que no se me ocurrió.

—Deja que se estire —sugirió Marco.

Se retiró un par de palmos y le hizo señas a Lucie para que también se desplazara un poco en el banco. Lo hizo, y luego acomodó bien a Ginger, tendida y con la cabeza apoyada en su regazo. Ginger se quedó dormida de inmediato.

—Gracias —dijo—. Me alegro de poder quedarme.

—Yo también me alegro de que estés aquí —repuso Marco—. La niña me recuerda a la mía cuando era pequeña. Allegra.

—Ésa es mi hermana —explicó Roberto amablemente en tanto que Dakota asentía al oír aquella información de lo más esclarecedora—. Tiene diez años.

—Así pues, ¿estás casado? —preguntó Catherine antes de recordarse que no estaba interesada en absoluto.

—Lo estuve, sí —respondió Marco—. Mi esposa era una mujer hermosa. Inteligente. Pero falleció hace unos años en un accidente de tráfico.

—Hablemos de otra cosa, papá —le imploró Roberto.

—Por supuesto, es una noche de alegría —dijo Marco—. Tuvimos un viaje fantástico en coche desde el campo y luego os conocimos a todas vosotras. Sobre todo a la señorita Dakota, que me dejó que le besara la mano —manifestó mientras alzaba la copa y bebía, habiendo seleccionado su propio vino de la carta, por supuesto.

—¿Y dónde está ahora tu hija? —preguntó Lucie—. ¿Está en Roma con vosotros?

—No —contestó Roberto—. Está en el mar, con nuestra abuela.

—Eso debe de ser estupendo. ¿A ti te gusta el mar? —inquirió Dakota mientras las imágenes de Roberto en traje de baño danzaban por su cabeza.

—A mí me gusta todo tipo de cosas. Sobre todo, conocer a gente nueva y practicar el inglés.

—Lo hablas muy bien —comentó Lucie—. Yo sólo conozco unas pocas palabras de italiano, por mi madre.

—¿Tu madre era italiana? —preguntó Marco—. ¡Es fabuloso! Debía de saber cocinar muy bien, supongo.

—Oh, sí —repuso Lucie, y lo obsequió con historias de los *ziti* al horno y el pollo a la parmesana de su madre—. Ya sabes, hacía un montón de platos italoamericanos, ese tipo de cosas. A mis hermanos y a mí nos gustaban.

—Por supuesto —asintió Marco—. Bueno, háblame de tus hermanos.

—Están todos bastante furiosos conmigo —explicó Lucie—. Creen que debería quedarme en casa y cuidar de mi madre. Se está volviendo… desmemoriada.

—Pero tú tienes un trabajo importante que hacer —objetó él.

Por un momento Lucie pensó que tal vez se burlase de ella. Sin embargo, vio que prestaba atención de verdad. No era algo que hubiese anticipado que ocurriera estando presente Catherine Anderson. Sin embargo, ésta estaba casi taciturna, apenas tomaba bocado de la comida que le ponían delante y a duras penas decía palabra. Lucie pensó que resultaba agradable que alguien se interesara por ti. Bebió un gran sorbo de vino.

—Éste es delicioso —le dijo a Marco, cosa que a todas luces lo complació—. Tu familia tiene un gran talento.

—Sí —admitió Marco, aunque no resultó presuntuoso que lo dijera—. Aunque aquí el muchacho quiere ser piloto de líneas aéreas. Sostiene que las uvas no son para él.

Roberto se encogió de hombros y ladeó la cabeza con timidez.

—¿Cómo puede ser que no quieras trabajar en las tierras de tu familia? —le preguntó Lucie—. Ojalá tuviera yo un legado así.

—Porque a lo mejor él quiere hacer lo suyo —intervino Dakota—. No es ninguna obligación hacer lo que hicieron tus padres.

—¿Tú qué opinas, Catherine? —preguntó Marco—. Deberías unirte al debate. Es una discusión abierta y sin trabas.

—No me corresponde a mí opinar —contestó—. De modo que no lo haré. Pero no olvides que tienes a tu hija Allegra. Puede que ella quiera tomar el relevo en Cara Mia si le das la oportunidad de hacerlo.

***

Ya era tarde cuando regresaron todas al V. Sin embargo, un agradable mensaje les esperaba en sus habitaciones: ¡habían llegado Anita y Marty! No habían advertido que pensaban ir a Italia y Dakota estaba eufórica.

—Vamos a verlos ahora mismo —dijo, esperando que Catherine fuera la que mantuviera la calma y se impusiera.

—De acuerdo —accedió.

Catherine tenía muchas ganas de ver a Anita, de dejar atrás la incomodidad de la velada y de hablarle a Anita de todos los zapatos de novia que había localizado. Se había tomado sus funciones de dama de honor mucho más en serio desde lo de Nathan. Ansiaba seguir teniendo la aceptación de Anita.

Como si fueran dos niñas que estuvieran levantadas cuando ya era muy tarde, salieron del ascensor y se dirigieron con sigilo a la habitación de Anita y Marty, diciéndose «¡Chissst!» la una a la otra por el camino. En lugar de llamar a la puerta dando unos golpes rascaron en ella porque no querían despertar a Anita si resultaba que ya estaba durmiendo.

—¡Ya era hora! —exclamó Marty con voz resonante mientras las dejaba pasar—. Anita lleva media hora calentando en el microondas el chocolate que pidió al servicio de habitaciones. Empezaba a pensar que nunca tendría ocasión de bebérmelo.

—Hola, Marty —saludó Dakota, tras lo cual se fue directa a Anita, quien la esperaba con los brazos abiertos para abrazarla. Catherine deseó poder hacer lo mismo, pero ella en cambio besó delicadamente a Anita en la mejilla.

—Bueno, ¿queréis saber todo lo que he estado haciendo? —dijo Dakota—. Para empezar, mi padre ha intentado convertirme en arquitecto. Mucha información sobre dibujo y cosas así. Pero eso está bien, porque además me he hecho amiga del chef de la cocina. Bajo allí siempre que puedo. En segundo lugar, acabamos de tener una cena de lo más increíble, y estaba ese chico que se llama Roberto. Y va a quedarse en la ciudad un tiempo porque su abuela tiene un apartamento y su padre le dijo que podía quedarse a practicar inglés, y yo le dije, vale, porque es muy, muy guapo.

—Deberías tomar aire, querida —le dijo Anita mientras pasaba las tazas de chocolate caliente a los demás, y en ese momento llamaron otra vez a la puerta.

—Esto es fantástico —comentó Marty pasándose los dedos por el cabello grueso y cano—. Es una verdadera fiesta.

—La cuestión es que este chico, Roberto... —empezó a decir Dakota, cuya voz se apagó al ver a su padre en la puerta—. Después. No digáis nada de nada.

James saludó a Marty y a Anita y se sentó en el sofá.

—Dakota, he decidido que mañana podríamos hacer una excursión de estudio —anunció—. Iremos los dos a ver el Coliseo; he organizado una gran visita y puedo enseñarte algunas cosas sobre cómo lo construyeron. ¿Qué te parece?

—Puede ser que tenga que cuidar de Ginger —respondió con un hilo de voz.

Se había hecho ilusiones de pasar el día con Roberto, que le habló del mercado de flores en el Campo dei Fiori y le dijo que le encantaba pasear por él. Y, aunque no se había soltado y no lo había dicho exactamente, sus palabras parecieron indicarle a Dakota que tal vez él disfrutara con su compañía.

—No, he enviado un correo electrónico a Lucie y me ha contestado que por la mañana no te necesita. De modo que estamos libres y sin compromisos. Y tú tenías muchas ganas de ir y has estado trabajando mucho. Pensé que lo indicado sería un poco de vinculación padre e hija —se rio, claramente satisfecho consigo mismo.

—¡Es una idea estupenda! —afirmó Anita.

Dakota supo que estaba perdida. Fingió que le interesaban las vistas nocturnas de Roma, cuyas luces parpadeantes podía pasarse horas mirando en circunstancias normales, para alejarse de todo el mundo que comentaba el maravilloso día que iba a pasar junto a su padre.

Aparte de ser inteligente, divertido, atractivo y de gustarle la misma música que a ella, Dakota se había percatado de que Roberto tenía otra buena cualidad. Hablaba con ella de verdad. Y ahora ella iba a tener que perderse el primer día del resto de su existencia solamente porque su padre se sentía solo. A veces la vida era una mierda.

Esperaba que, al menos, Catherine acudiera a su rescate. Pero no había duda de que estaba absorta poniéndose al día con Anita y escuchando los detalles de sus viajes.

—La travesía por el Atlántico fue estupenda —decía Anita—. Muy agradable.

—El problema empezó cuando llegamos al Reino Unido —comentó Marty—. El investigador no podía ser más amable.

—E hizo muchas averiguaciones —añadió Anita—. Reunió todos los datos que le dimos: el nombre, la información del pasaporte, su profesión de contable… y él juntó las piezas y nos dio una idea bastante exacta del paradero de mi hermana a finales de los años sesenta.

—Encontramos a una antigua compañera de trabajo de ella —siguió Marty—. Actualmente ya está jubilada, por supuesto. Pero se acordaba de Sarah como si la hubiese visto ayer mismo.

—Fue un día muy bueno —dijo Anita—, pero había un montón de pistas que no conducían a ninguna parte.

—Y no olvidemos que el detective tenía las postales —terció Marty—. Y nos da la impresión de que éstas parecen seguir sus movimientos. Empiezan en Inglaterra…

—Y luego pasan a París. Hay un montón de Big Ben y después muchas Torre Eiffel. Sin embargo, luego son del sur de Austria, del sur de Francia, de Yugoslavia y de Grecia. Y finalmente el detective echó un vistazo a todo el montón, empezó a separarlas y levantó la mirada, y nos dice que le resulta extraño que haya tantas que se repitan y que en cambio sólo haya una de Italia: el Coliseo. De hace años.

James le dirigió una mirada elocuente a Dakota al oírlo y ella trató de aparentar un semblante afable.

—No lo entiendo —confesó Catherine.

—¿Qué tienen todos esos otros países en común? —preguntó Anita.

—Que lindan con Italia —contestó Dakota entre dientes, esperando poner fin a todo aquello para poder mandarle un mensaje de texto a Roberto antes de que fuera demasiado tarde.

—Exacto —dijo Marty—. Sólo hay una postal de Roma. Pero todas las demás se enviaron desde lugares a los que se puede llegar en tren desde aquí.

—Justo pasada la frontera italiana —añadió Anita.

—Ella reveló su ubicación —dijo Marty—. Y quizá se puso nerviosa. No estaba preparada. Pero aun así, siguió con las postales. Intentando llegar a su hermana mayor. Esto ya es un mensaje en sí mismo.

–Salvo por este año –comentó Anita con una sonrisa tensa, y Catherine sintió una creciente inquietud en el estómago.

–La buena noticia es que confiamos en esta teoría –afirmó Anita–. Creo que está aquí. En Roma. Mañana empezaré a buscar a Sarah y voy a encontrarla. Por fin. Voy a traer de vuelta a mi hermana pequeña.

# Veintiséis

Estar en el interior del Coliseo escuchando la explicación del guía sobre el sistema de telas de vela que había proporcionado una cubierta a los romanos, mientras éstos veían combatir a los gladiadores contra animales salvajes o entre ellos, resultó más fascinante de lo que Dakota había esperado. Sin embargo, aún encontró más sorprendente –y un tanto desconcertante– ver lo emocionado que estaba su padre de encontrarse en una maravilla arquitectónica. Dakota ya se figuraba que le haría ilusión, pero el hombre estaba absolutamente como loco e hizo entrar al guía en una larga y detallada discusión sobre el hecho de que el estadio pudiera llenarse o vaciarse de gente en cuestión de minutos gracias al sistema de puertas numeradas. Y los arcos. No podía dejar de hablar de las matemáticas en las que se basaban dichos arcos.

Sí, él era de ese tipo de personas que en las visitas guiadas levantan la mano cada treinta segundos para presumir de la guía que han memorizado y dar su opinión, o bien para seguir haciendo preguntas hasta mucho después de que necesites ya un respiro para darte un baño.

No obstante, a Dakota le importaba menos de lo que podría haberle importado porque se había puesto en contacto con Roberto. Y no, el interés del joven no era mero fruto de su imaginación: se autoinvitó cuando le contó que aquella tarde iba a llevar a Ginger a merendar al aire libre. Cada día que pasaba con Ginger, Dakota la embadurnaba de crema con filtro solar, le encasquetaba una gorra de béisbol y las dos se convertían en turistas aventureras.

Lanzaron monedas por encima del hombro en la Fontana de Trevi, descendieron hasta las ruinas de un antiguo templo de Mitra situado bajo la iglesia de San Clemente, deambularon por las Termas de Caracalla –Ginger no tenía ninguna duda de que prefería una bañera para ella sola, declaró– y comieron platos de pasta en cafetines de poca monta siempre que les vino en gana. Hacía una semana se habían pasado veinte minutos contemplando un desfile fascinante que cerró la calle; había banderas, montones de niños que se unían a él y recorrían la calle pisando fuerte y un grupo de policías que marchaba en cabeza. Ellas saludaban a la gente con la mano y la gente les devolvía el saludo.

–¿Cuándo vienen las carrozas, Dakota? –le había preguntado Ginger.

Dakota no sabía muy bien qué contestar y paró a un transeúnte italiano para preguntárselo.

–Eso no es un desfile –le explicó el hombre con un inglés vacilante–. Son los comunistas. Van a un mitin.

–Ah –dijo Dakota, y luego le explicó a Ginger que aquella tarde no habría payasos.

No obstante, hasta el mitin parecía nuevo y diferente… ¡quizá incluso peligroso! y, por consiguiente, emocionante. Los sonidos, los olores, el estilo de vida: Roma era todo un cambio con respecto a Nueva York. Sólo por el hecho de estar allí, Dakota ya se sentía mayor y más sofisticada. Pero también saboreaba la libertad de no saber lo que le reportaría cada día: no tenía que ir a ninguna tienda, no había discusiones con Peri, nada de concentrarse en el punto. Lo curioso era que en aquellos momentos estaba tejiendo más de lo que lo había hecho en siglos. Incluso localizó una tienda diminuta no muy lejos del hotel y allí adquirió todo lo que necesitaba: si no tenía su propia cocina para hacer pasteles, iba a hacerse una magdalena de punto. Y un *muffin*. Y quizá hasta un pedazo de tarta. ¿Qué haría luego con todas esas cosas? No lo sabía. Tal vez dárselas a Ginger para que jugara con ellas. Pero, desde que vio a aquella mujer romana haciendo punto a comienzos del verano, sentía una renovada sensación de placer cada vez que se sentaba a tejer. Porque no tenía que hacerlo. Quería hacerlo. En Roma todo era mejor.

Y ahora estaba Roberto.

—¿Dakota? —James la estaba mirando y la muchacha se dio cuenta de que se había quedado allí de pie sola y que el guía y el resto del grupo correteaban ya mucho más adelante—. ¿Te encuentras bien?

—Sólo estaba imaginándome los simulacros de batallas navales en el anfiteatro, papá —mintió sintiéndose avergonzada.

Lo último que quería era decirle a su padre que iba a verse con Roberto. Sin duda se inventaría un motivo por el que tuviera que llevar a Ginger al despacho y hacerla dibujar mientras Dakota realizaba algún tipo de investigación en el ordenador. Y estando Ginger por ahí le resultaría imposible escabullirse a la cocina y visitar a Andreas, el maestro repostero que con frecuencia le dejaba probar alguna nueva creación.

James nunca parecía darse cuenta de que se había ausentado un rato.

Pero ni siquiera la idea de un pastel recién hecho —¡prácticamente podía oler la masa!— resultaba tan atrayente como pasar una tarde paseando por el parque con Roberto. Y con Ginger, por supuesto. Tendría que cuidarse mucho de no distraerse y perderla, y por un momento llegó a pensar en pedirle a Lucié que comprara uno de esos arneses para niños.

James rodeó a su hija con el brazo y bajó la mirada hacia ella, aunque ya no era tan baja como antes, y comentó:

—Qué mañana tan estupenda hemos pasado juntos, ¿verdad?

Recordaba muy bien los primeros días en que conoció a Dakota, cuando ella acababa de entrar en la adolescencia y era un manojo de energía. Era una niña muy, muy feliz, pensó entonces, una niña que con el paso de los años se había vuelto cada vez más tranquila y reservada. Todo el mundo echaba de menos a Georgia. Pero James pensó en sí mismo cuando estaba en la universidad, ansioso por descubrir quién era y quién quería ser, lejos de la opinión y las costumbres de sus padres. También había chicas. Chicas que le gustaban, chicas a las que les gustaba, chicas a quienes hubiera querido gustar más. Fue una época emocionante, en la que todas las novedades se extendían ante él. Así pues, lo más probable era que se tratase del principio, que hubiera empezado el largo período en que no conocería de verdad a Dakota hasta que, así lo esperaba, volviera a él cuando fuese mayor. La joven ya empezaba a tener secretos. Al menos daba esa impresión. Pero James suponía que se trataba simplemente de una parte de su vida que no le concernía. No parecía justo, la verdad; él quería saber todo cuanto había que saber sobre Dakota, ahora y siempre. Formaba parte de él. El hecho de no poder conectar con ella le hacía sentir como si hubiese perdido parte de su alma. Le sorprendió encontrarse con que su hija no quería lo que él deseaba para ella. ¿Acaso no se daba cuenta de que quería que sus errores sirvieran para algo y que la única manera de hacerlo era protegerla de cometer los suyos? Las decisiones absurdas cambian el curso de las vidas.

—Vamos a comer algo —dijo James, y condujo a su hija al otro lado de la calle, a un pequeño café situado en la acera frente al Coliseo—. Podemos ponernos al día.

Entonces Dakota supo que su padre quería «tener una charla».

Se sentaron, pidieron coca-cola y vieron pasar el tráfico.

—Bueno, papá. ¿Qué te preocupa?

—Pensaba preguntarte cómo te sentías respecto al trabajo que has estado haciendo este verano. ¿Te gusta?

—Está bien —respondió Dakota—. Pero no es lo que querría hacer el resto de mi vida, la verdad.

—Bueno, nadie espera de ti que te pases el resto de tu vida tomando notas en las reuniones...

En la mesa de al lado, dos mujeres mayores discutían mirando un mapa. Dakota no entendía lo que decían –¿quizá fuera alemán?–, pero se percató de la batalla. Una de ellas quería ir en una dirección y la otra pretendía hacer otra cosa. ¡Qué fácil resultaría decirle a su padre que había abierto los ojos y quería ser arquitecta! O abogada. O que estaba encantada de tener la tienda de punto. Su aprobación estaba allí mismo, las sonrisas, los abrazos y la alegre paternidad que suponía todo ello; lo único que debía hacer era dar las respuestas correctas a las preguntas que él no formulaba. ¿Quién vas a ser? ¿Qué vas a hacer?

Ninguna de las dos turistas iba a renunciar a su plan, era evidente. Entonces, pensó, ¿por qué una de ellas no se marchaba sin más? ¿Por qué no hacía lo que ella quería? ¿Qué norma dictaba que tuviera que quedarse allí sentada discutiendo con la otra?

–Es la oficina en general, papá –repuso Dakota al fin, y James pareció dolido–. No es lo que quiero.

–Tienes dieciocho años. No sabes lo que quieres.

–Pues dime, ¿cuándo empieza todo entonces? –preguntó–. ¿En qué momento se me permitirá tomar mis propias decisiones? ¿Con veintiuno? ¿Con veinticinco? ¿Cuando me case? ¿Y si no me caso?

–¿De qué estás hablando? –preguntó James, que se reclinó en su asiento para que la camarera le sirviera un plato de *bruschettas* que había pedido.

–Estoy esperando. Aguardando hasta que llegue el momento en que revele mis sueños. Pero ya no soy tan cría.

–Todavía eres muy joven –afirmó James–. No sabes todo lo que crees saber.

–No; y de eso se trata precisamente. Estoy empezando a darme cuenta de lo mucho que no sé. Cada día que paso aquí en Roma es como un regalo que espera que lo abran. Gente nueva, ideas nuevas. Sabores nuevos.

–¿Sabores?

Dakota sopesó la idea de callar, no contarlo todo. Pero ¿de qué iba a servir?

—Me escabullo a la cocina cuando se supone que tengo que estar archivando —confesó—. No siempre. Pero sí lo bastante a menudo como para que Andreas se alegre de verme. Incluso bajo cuando Lucie está en casa y no tengo que cuidar de Ginger.

—¿Qué estás diciendo? —murmuró James realmente perplejo.

—Estoy diciendo que me gusta la repostería. Me gusta pensar en ella, me gusta improvisar, me gusta crear. Estoy diciendo que el único momento en el que me siento verdaderamente centrada es cuando hago pasteles. Incluso ver cómo los hace otra persona, alguien que supere lo que puedo hacer yo, es como escuchar el más increíble de los conciertos. Todo fluye sin más. ¡Es tan bonito!

Las visitas inicialmente secretas a Andreas se habían ampliado y Dakota pasó de sólo mirar a trabajar.

—Si vas a estar aquí tan a menudo —le dijo él—, ya podrías rallar. O fregar los platos.

La batidora industrial, toda de acero inoxidable reluciente. Eso fue un honor para Dakota. Una vez, un cliente que había llegado tarde a comer se quedó retrasado y Andreas, sintiéndose generoso, enseñó a Dakota a rociar con salsa un pastel de queso *ricotta* que habían pedido de postre. Los restantes miembros de la cocina la miraron con recelo, pero así debía ser, pensó Dakota. Al fin y al cabo, ella formaba parte de la próxima oleada. Iba a quitarles el trabajo. Algún día dirigiría su propia cocina.

El reto consistía en conseguir que su padre lo entendiera… y de momento la cosa no funcionaba.

—Ya hemos hablado de esto otras veces. La repostería no es profesión para ti —rechazó James.

—Lo siento mucho, papá, pero he de tener bastante fe en mí misma como para perseguir mi propio sueño. No el tuyo.

Las turistas se habían sumido en un silencio malhumorado, tenían las bebidas en la mano y ni siquiera se miraban a los ojos. Los mapas contendientes estaban sobre la mesa pero ninguna de las dos se había movido. Dakota miró a su padre sintiendo que un nudo de temor le oprimía el pecho.

—Ya lo sé —dijo entonces la joven—. Sé que tú y el fideicomiso del patrimonio de mamá me habéis pagado la universidad hasta ahora. Sé que puedes apretarme las clavijas con el dinero y se acabó. Pero ¿sabes qué te digo? Si tengo este sueño, me debo a mí misma el procurar que se realice. Creo que tendré que considerar otras fuentes de ingresos... Préstamos o algo así.

—No tienes que elegir entre la Universidad de Nueva York y quedarte sin casa, Dakota. No hace falta que te pongas tan dramática.

—Es que tengo que ponerme dramática —replicó ella alzando la voz—. ¿No te das cuenta, papá? Todo el mundo me dice adónde tengo que ir y quién debo ser. La hija de Georgia, la niña de James... La cuestión es que yo no soy ninguno de vosotros dos. Yo soy yo. Y no quiero la tienda.

—¿Y entonces qué?

—Vendérsela a Peri, tal vez. ¡No lo sé! —Tomó un buen trago de coca-cola y masticó los cubitos de hielo—. No lo sé —repitió, más calmada—. Pero quiero ir a la escuela de pastelería. Quiero tener esa oportunidad.

—Estás malgastando el tiempo —afirmó James—. No es la carrera que necesitas. Todo el día de pie, en una cocina calurosa. ¿Qué clase de vida es ésa?

—Una vida deliciosa —respondió Dakota—. La vida que quiero. Aunque tú no lo entiendas ni lo apruebes. No puede ser ése el motivo por el que tome mis decisiones. Porque si vivo por ti, nunca estaré satisfecha. Y si mantengo la tienda porque mamá lo hizo, lo que haré será desperdiciar mi vida por ella.

—Ya te lo he dicho otras veces... Lo de la tienda lo puedes hacer como un extra.

—Tampoco es eso lo que quiero. Walker e Hija se merece tener a alguien que la quiera todo el tiempo. Con la persona adecuada sería un filón –dijo Dakota–, pero para mí vendría a ser como un lastre.

–No sabía que tus sentimientos llegaran a ese extremo –comentó James con frialdad–. Tu madre estaba tan orgullosa de ese sitio que puso tu nombre en el letrero.

–¿Y eso es motivo suficiente para que me quede? Era pequeña. No lo pedí.

–Supongo que es algo que tendrás que decidir –admitió James–. Ahora ya eres muy mayor, por lo tanto puedes resolver las cosas por ti misma.

–No he visto a ningún adulto capaz de saberlo todo siempre y continuamente –repuso Dakota–. Papá, he pasado casi todas las noches de los viernes en compañía de un grupo de mujeres mayores. Y la mayor parte del tiempo no parece que lo tengan todo supercalculado precisamente. Todo es cuestión de ensayo y error. Y eso es lo único que estoy diciendo. Ya es hora de que salga ahí fuera y cometa algunos grandes errores.

–El mundo… –empezó a decir James–. El hecho de abrirse camino en la vida parece tener mucho más encanto en la teoría que en la práctica, Dakota. ¿Acaso crees que todos los días estarán llenos de alegría sólo porque estés haciendo galletas… literalmente? Pues no será así.

–Eso ya lo sé, papá –dijo Dakota, y acto seguido alzó la mano–. No, espera. Deja que pruebe otra vez. No tengo ni idea, papá. Pero será mejor que empiece a aprender.

¡Y eso que tenía que ser una agradable salida con mi hija!, pensó James. Recordó la época en que lo único que Dakota quería era una bicicleta nueva. Y ahora se empeñaba en enfrentarse al mundo.

Los días de más que Roberto iba a quedarse en Roma se convirtieron en semanas, con la aprobación de su padre.

–Sospecho que quiere tener un motivo para seguir viniendo a la ciudad de vez en cuando –le contó Roberto a

Dakota mientras paseaban por los jardines de Villa Borghese, con sus amplias extensiones de césped como en Central Park—. Habla de tu amiga Catherine con frecuencia.

—¿Se ven a menudo? —preguntó Dakota, y Roberto se encogió de hombros.

La joven se había percatado, vagamente, de que hacía tiempo que Catherine trataba de pasar inadvertida, pero ella ya tenía bastantes preocupaciones con todo lo que pasaba en su propia vida. Su padre había intentado en varias ocasiones discutir, una vez más, su postura sobre la carrera universitaria. Mientras tanto, ella había realizado sus investigaciones con diligencia, y encontró escuelas, planes financieros y oportunidades en general.

El viento arreció algo, agitó los altos árboles y ofreció un poco más de resistencia a Ginger, quien correteaba cerca de allí por la hierba haciendo carreras con Dulce, que iba rebotando alternativamente de la mano de Ginger o en su hombro.

—¡He vuelto a ganar! —gritó triunfal tras conseguir otra victoria más contra el peluche que llevaba consigo a todas partes.

—Esa criatura tiene suerte de que la estés cuidando tú —dijo Roberto.

Dakota sonrió satisfecha. Además de las magdalenas que estaba confeccionando, también había tejido una chaqueta de punto diminuta para Dulce y un gorro con agujeros para las orejas. Lo hizo por Ginger, por supuesto, pero se alegró al ver que Roberto se había fijado. Una parte de ella también quería hacer algo para Roberto, pero eso parecía más propio de los años cincuenta. Se limitaría a tejer ropa para el muñeco.

Pasaron una tarde estupenda los tres, alquilaron unas bicicletas para recorrer el parque y después se relajaron sobre la hierba con unas botellas de refresco.

—¡Oye, oye! —exclamó Ginger mientras corría hacia ellos—. ¿Puedo saltar desde un árbol, Dakota?

–No.

Había llegado el momento de su juego. Ginger pensaba la sugerencia más descabellada que se le ocurriera y esperaba que Dakota le dijera que no podía hacerlo.

–¿Puedo volar en las alas de un pájaro?

–No.

–¿Puedo mirar cómo besas a Roberto?

Dakota se ruborizó, miró a Roberto y apartó la mirada a toda prisa. Lo cierto era que no se habían besado. A veces se habían tomado de la mano, pero en general se limitaron a andar por ahí con Ginger como carabina y a flirtear vía mensaje de texto después.

–No –le dijo en un tono muy significativo.

–¿Roberto es tu novio? –preguntó Ginger.

–No.

–Sí –contradijo Roberto.

Dakota sonrió, pero sólo en su fuero interno.

–Vale.

Lo dijo como si tal cosa. Era un verano magnífico, sin duda.

Marco realizó varios viajes entre el viñedo y la ciudad y siempre animaba a Catherine para que se uniera a él en uno de sus recorridos en coche hacia el campo.

Ella casi siempre ponía reparos. Sólo una vez, a modo de experimento, cedió y se ató un pañuelo azul en torno a su cabellera rubia para evitar que el viento la despeinara. No tenía planeado pasárselo bien, se dijo que sólo lo hacía para que Marco dejara de darle la lata, pero, de hecho, no tardó en entablar una cómoda conversación con él. Con lo cual, por supuesto, le dio aún más rabia haber aceptado.

–A Allegra le encanta ir en coche –comentó Marco sobre su hija pequeña mientras tomaba la curva muy, muy deprisa–. Se sienta atrás y me dice por dónde girar.

–Yo ayudé a Dakota a aprender a conducir –le contó Catherine, que se estaba empapando del verdor de los árboles y de las casas con tejas–. James la trajo a Cold Spring y practicamos el estacionamiento en batería en algunas calles tranquilas. Resulta bastante difícil conducir en Nueva York. Los taxis cambian de más de un carril a la vez.

–Gracias a Dios, Allegra no conducirá hasta dentro de unos años –repuso Marco–. Ya es bastante duro ver cómo crece. ¡Y Roberto! Bueno, él ya es prácticamente un hombre. Abulta más que yo, y también es más inteligente.

Lo cierto era que resultaba reconfortante pasar el rato con un hombre que parecía no poder dejar de hablar de sus hijos. Catherine procuró ir acumulando anécdotas sobre Roberto –que le gustaba citar de memoria su película norteamericana preferida cuando iba al instituto, o la tarde en que se cayó de un árbol en el viñedo siendo chico y se fracturó el brazo– que después pudiera compartir con Dakota. Porque disfrutaba charlando con su joven amiga y porque sabía que Dakota no tenía muchas más cosas en la cabeza aparte de Roberto y la repostería. Siempre era eso. Pero Catherine aún tenía menos que añadir a una discusión en ese sentido, de modo que habría detalles sobre Roberto y ya está.

Marco, con deferencia, siempre se preocupaba de llamar a Catherine cada vez que regresaba a Roma para ver a Roberto y fue varias veces a cenar con Lucie, Ginger, Dakota y su hijo. Aunque la invitaron en todas las ocasiones, Catherine sólo fue una vez en la que también los acompañó James. Dedicaron gran parte de la velada a comer ensaladas, probar vinos y divagar sobre los beneficios de trabajar para uno mismo o para otra persona. James se mostró circunspecto, pero parecía muy intrigado por lo que el viticultor tenía que decir.

–Ese tal Marco es un tipo legal –le comentó más tarde cuando estaban sentados en el bar del hotel V tomando una copa antes de acostarse–. No se parece en nada a esos tarados a los que sueles frecuentar.

–Apenas lo conozco –respondió Catherine–. Sólo vendo su vino en El Fénix.

—A propósito, ¿cómo va el negocio?

A James le parecía gracioso que para Catherine fuera algo perfectamente natural dejar la tienda en manos de otra persona mientras ella se iba de excursión a Europa. Peri, al menos, poseía una parte de Walker e Hija y había contribuido mucho al éxito del establecimiento.

—Me han dicho que no va del todo mal —contestó, a sabiendas de que él pensaba que llevaba un negocio de vanidad, cuando ella prefería pensar en El Fénix como en una ocupación propia de un estilo de vida.

—Dakota quiere vender la tienda —le contó, y tomó unos sorbos de su whisky escocés—. Me parte el corazón.

—Georgia no está en la tienda, ¿sabes?

Catherine también bebía whisky, pero sólo uno. Hacía mucho tiempo que no tomaba un G.W. con James, ni tampoco habían sentido la necesidad de escabullirse a un restaurante y fingir que cenaban con Georgia. Dakota no dejaba de decirle que Roma iba a renovar su alma. Quizá la joven sí sabía lo que decía.

—Cierto —dijo James enarcando una ceja—. Está en el vestido que da nombre a tu establecimiento.

—Ahora estaba pensando en términos generales. Ya sabes, está en nuestros corazones y todo eso.

—Sí —asintió James, compungido—, pero ¿acaso la tienda no hace que dé menos la sensación de que se ha ido?

—Tal vez sea eso —repuso Catherine en voz baja, pues se le acababa de ocurrir una idea—. Quizá la tienda en sí sea como un escollo para Dakota. Emocionalmente, quiero decir.

—No lo sé. No consigo que sea franca conmigo. Cree que soy el enemigo que hace añicos las galletas de sus sueños.

—No —replicó Catherine—. Ella cree que no la entiendes. Pero no te odia.

—Me siento como si fuera un ogro. Lo que sucede es que yo sé lo que es mejor.

Catherine se rio con ganas.

—Vamos, James Foster —dijo—. Es lo más divertido que he oído nunca. No, no lo sabes. Tú sólo quieres que haga lo más seguro, no lo mejor. No es lo mismo.

James tuvo que admitirlo: ahí le había pillado.

—Muy bien, entonces hablemos de ir a lo seguro. Empezaré con una sola palabra.

—Suéltala —lo instó Catherine.

James apuró su vaso de whisky, se secó los labios con una servilleta y se levantó del taburete de la barra. Le dio un beso en la cabeza a Catherine, luego se inclinó hacia ella y le susurró su única palabra:

—¿Marco?

# Veintisiete

La granita de frambuesa y lima se derretía más deprisa de lo que Catherine podía comerla a cucharadas y se convirtió en un delicioso licuado de fruta mientras ella pasaba la tarde holgazaneando en la terraza del hotel. Se estaba escondiendo, otra vez, a plena luz del día. Todo el mundo daba por descontado que estaba corriendo aventuras magníficas y que por eso los evitaba. En realidad se limitaba a subir unos cuantos pisos en ascensor y observar una ciudad que iba a lo suyo; admiraba las maravillas arquitectónicas que había en todas direcciones, la forma de la basílica de San Pedro en la distancia. Bueno, algunos días sí vagaba por Roma —con tanto arte como había en todas partes, incluso una media hora rápida en una iglesia podía saciar su deseo de ver la obra de los maestros—, pero ahora que Marco no dejaba de aparecer inesperadamente, se quedaba más a menudo en el hotel.

En las pocas ocasiones en que habían estado sin la pandilla —como cuando Marco insistió para que Catherine lo ayudara a elegir una nueva etiqueta para los vinos Cara Mia de exportación—, ella se había mostrado implacable en su interrogatorio.

¿Por qué no se había vuelto a casar? Él le contó que estuvo a punto de hacerlo, pero que terminó con la relación cuando se dio cuenta de que sólo intentaba llenar su soledad y no era el hombre adecuado para aquella chica. Él nunca le hubiese dado lo que se merecía de verdad.

Catherine detestó su respuesta: era un caballero, por más que destrozara los sueños de otra persona.

¿Era duro ser el único progenitor siendo varón? Le dijo que sí, pero que no importaba. Sus hijos necesitaban amor constante, no un carrusel de mujeres jugando a hacer de madres.

Ella abominó también de esta respuesta.

¿Alguna vez había tenido algún cliente de Cara Mia que no pudiera pagarle? Respondió que sí, pero que al final siempre arreglaban las cuentas. De modo que los acompañaba en sus malos momentos. La lealtad, le dijo, es una recompensa en sí misma.

Marco era, sin duda alguna, un problema. Y el problema era que a Catherine le gustaba. Tampoco agradeció que James se lo hiciera notar.

«Bueno, ya sabemos cómo acaba esto siempre», se dijo a sí misma con la nariz prácticamente pegada a su copa helada para extraer hasta la última gota de aquella delicia.

Era un capricho que se ganó por levantarse temprano. Aquel día había hecho una excursión fuera del hotel y se levantó casi al amanecer para ir a presentar sus respetos a su nuevo mejor amigo imaginario: el bueno de Julio César, que descansaba en el Foro Romano. Le llevó flores, tal como había oído que hacían muchas personas, y pasó unos momentos reflexionando, no sobre César, sino sobre ella misma. Acerca de lo que le gustaría que la gente pensara de ella cuando se hubiera ido. El legado de su humanidad, tal como era. Y se concentró en la nueva resolución que había tomado.

La cuestión era la siguiente: todavía no había conseguido tener una relación y tener una vida. Las citas esporádicas no habían supuesto nada más que una distracción agradable. Pero las serias, los hombres que le importaban, siempre significaban problemas. Ella siempre intentaba esconderse y salir con la identidad de otra persona en lugar de mantener la suya. No se trataba tanto de enamorarse como de deshacerse de sí misma. Lo hizo con su ex marido, aun cuando era un mujeriego y un cabrón cruel, y también con Nathan, éste en el lapso de una semana aproximadamente.

–Julio –dijo–. Prometo dejar de hacer las cosas de este modo y voy a cumplirlo.

Por consiguiente, no podía haber ningún Marco ni ningún otro hombre hasta que averiguara cómo no caer en la trampa. Aunque ya era demasiado tarde para cabildear por un papel de virgen vestal.

Resultaba extraño que, después de pasarse siglos preguntándose si había alguien que tuviera tiempo para ella, ahora, cuando todos querían estar juntos, Catherine desapareciera del mapa. Se comunicaba por correo electrónico con K.C. sólo para compartir noticias, algo que no habían hecho nunca. Ella le habló de Marco, de que no iba a ser nada serio. «Si tú lo dices...», había escrito K.C. como respuesta. Dakota pasaba de vez en cuando, muriéndose de ganas por contarle alguna novedad sobre Roberto, o de exponer alguna queja sobre James, y en ocasiones Catherine recibía tanto a Roberto como a Dakota cuando éstos regresaban al hotel después de una cita y no querían pasar más tiempo con Ginger. Catherine escuchaba a Roberto hablar sobre sus sueños de convertirse en piloto de aerolínea y a Dakota el de ser maestra repostera. Aquellas veladas eran las que más le gustaban a Catherine, cuando los chicos iban a verla, bebían café expreso aunque fuera tarde y hablaban de todo, de cualquier cosa: de la loca que acechaba a grupos de turistas en el monte Palatino, de los pros y los contras del programa *American Idol* frente a *European Idol*, de que los dos se sentían tristes a menudo porque sus madres habían muerto. Catherine asentía a todo: podía identificarse con muchas cosas de las que tenían que decir –ya fuera recordando a Georgia o a su propia madre– o al menos, evocar momentos en que había experimentado muchas de las emociones por las que ellos estaban pasando. Tal vez, se dijo, era mejor que no fuera madre. De este modo siempre podría ser la amiga que se preocupaba.

Y aunque Dakota no viniera, siempre estaba Anita. Aun cuando la mujer estaba atribulada con su búsqueda de Sarah, ella y Marty pasaban a ver a Catherine a diario. No podía dejar a su dama de honor allí deprimida, decía la anciana.

Pero Catherine no andaba deprimida. Se estaba escondiendo, sí. No era lo mismo. Se hallaba más calmada de lo que recordaba haber estado nunca. En ocasiones se decidía a escribir su libro, con lo que disfrutaba cada vez más.

–Hace mucho tiempo –le contó a Dakota–, yo era la mejor columnista de la *Gaceta* del instituto de Harrisburg y Georgia era mi editora.

Otras veces leía obras clásicas que se llevaba prestadas del rincón de lectura que había en la cafetería del hotel. Estaba volviendo a conectar con la persona que era: eso era lo que hacía. Creaba un modelo mejor de cómo sentirse cómoda en su propia piel. Con su vida tal como era.

Su teléfono móvil, en la mesa, emitió un zumbido. Era Lucie. Llevaba todo el día llamándola. Otra emergencia de Isabella, sin duda. Se habían sucedido varias más a lo largo del verano. Bueno, ya le devolvería la llamada. Más tarde. Después de disfrutar de otra granita.

⊏━━━━━⊐

Trabajar con Isabella era un quebradero de cabeza: nuevas exigencias noche y día, sugerencias constantes a Lucie sobre cómo debía componer una toma y un séquito siempre cambiante. Sin embargo, la última de esas búsquedas compulsiva iba a llevarla al límite.

El teléfono de Lucie sonó, y lo sacó rápidamente de sus vaqueros.

–¿Catherine? –preguntó–. Tengo que pedirte otro gran favor.

–Mamá se ha perdido –dijo una voz. Ni un hola. Ni un cómo estás. Sólo los hechos. Y un tono crispado–. Pensé que tal vez quisieras saberlo.

–Hola, Mitch –respondió sin alterarse. Si Rosie estuviera de verdad en peligro, su hermano hubiera empezado por ahí, se dijo. Sería mejor tomárselo con calma–. ¿Dónde está ahora?

–Está en casa y yo estoy aquí con ella –contestó Mitch–. Y no gracias a ti.

–¡Cinco minutos de descanso todo el mundo! –gritó Lucie. Luego, bajó la voz–. ¿Está bien?

–De momento. Pero quién sabe con qué nos encontraremos mañana, o pasado mañana.

–¿Habéis regresado antes de las vacaciones?

–Hubiéramos tenido que hacerlo –respondió Mitch con aspereza–. De no ser porque volvimos el fin de semana.

–Mitch, estoy en pleno rodaje y el tiempo es dinero, dinero que tampoco es mío. ¿Puedes darme la versión resumida?

Por lo visto, Rosie había decidido que necesitaba algunos comestibles y no podía esperar a que su hijo mediano, Brian, fuera a buscarla después del trabajo para acompañarla a la tienda. De modo que se fue andando. Y cuando llegó Brian a las seis no la encontró por ninguna parte. Ni en la tienda, ni en la calle, ni en casa de los vecinos.

–Hace un cuarto de hora que ha entrado tan campante por la puerta –explicó Mitch–. Acabo de llamar a Brian para que vuelva de la comisaría, donde había ido a rellenar un formulario para denunciar la desaparición.

–¿Cuánto tiempo estuvo fuera?

–El suficiente, Lucie, para que Brian haya estado aquí sentado hasta las nueve de la noche sin que hubiera señales de mamá –le espetó Mitch–. Estaba oscureciendo y ella seguía por ahí.

Lucie oyó el sonido de un auricular al descolgarse y unos resoplidos de respiración.

–Hola, mamá –dijo.

–¡No veas el alboroto que tenemos aquí, caramba! –exclamó Rosie–. Voy a dar un paseo por mi ciudad, y los chicos avisan a la policía. No me arreglan el coche y ahora van a mandarme a la cárcel por querer comprar una hogaza de pan. No tardaréis en dejarme morir de hambre. ¡Me robaréis la comida!

–Nadie va a robarte la comida, mamá –la calmó Lucie–. Tal vez podrías haber dejado una nota.

–¿Para quién? ¿Para mí misma? «Adiós, Rosie, nos veremos cuando llegue a casa. Con cariño, Rosie.» –Chasqueó la lengua–. Yo ya era responsable de mí misma mucho antes de que llegarais vosotros cuatro y aún lo voy a seguir siendo por mucho tiempo.

–Lo que pasa es que estábamos preocupados, mamá –terció Mitch.

–Mis propios hijos me tratan como a un prisionero de guerra –continuó diciendo Rosie–. ¿Sabéis quién es buena conmigo? Darwin. Ella y su marido trajeron a sus hijos para que los conociera.

–No sé de qué está hablando –dijo Mitch dirigiéndose a Lucie–. Mamá, la amiga de Lucie no ha venido aquí. Y ahora, ¿puedes colgar el teléfono mientras hablo con Lucie, por favor?

–No está bien que llames a Lucie a Italia para chivarte –se quejó Rosie–. No he hecho nada malo aparte de vivir mi vida, como he hecho siempre. Pero adelante, demandadme, yo sólo quería un sándwich de carne.

–El helado estaba completamente derretido –señaló Mitch–. Debes de haberlo comprado hace cinco horas. ¿Dónde has estado desde entonces?

–Ya te lo dije –respondió Rosie, con el mismo tono que utilizaba hacía mucho tiempo, cuando Brian y Mitch luchaban demasiado cerca de su colección de figuras Hummel en el salón–. Estaba dando un paseo.

–Mamá, ¿me dejas unos minutos con Lucie, por favor?

–Bien –repuso Rosie, que alargó la palabra hasta que pareció tener por lo menos tres sílabas–. Y que conste que Darwin y Dan estuvieron aquí el viernes, antes de que tú vinieras. No es cosa de mi imaginación. Puedes llamarlos por teléfono si no me crees. Un hijo que no cree a su madre...

Lucie oyó que Rosie hacía todo el ruido del mundo. Conocía el viejo truco: su madre fingía colgar el teléfono para poder seguir escuchando. Quizá estuviera perdiendo la memoria, sí, pero continuaba siendo una pilla, esa Rosie.

—La situación se nos va de las manos —afirmó su hermano, suponiendo que estaba solo con Lucie en la línea—. Creo que tienes que venir a casa.

—Mitch, quieres que haga que esto se resuelva y no puedo —contestó, tratando de no levantar la voz para no llamar la atención del personal de Isabella—. Mamá se está haciendo mayor. Tiene algunos días malos y...

—¡O quizá lo que pasa es que todo el mundo se ha vuelto demasiado entrometido para su propio bien! —intervino Rosie, antes de darse cuenta de que acababa de revelar a su hijo que estaba escuchando a escondidas.

—¡Mamá, por favor! —gritó Mitch, y Rosie carraspeó exageradamente y colgó el teléfono de golpe—. Me va a dar un maldito infarto, Lucie, en serio. —Se le quebró la voz—. Esto nos está afectando de verdad. Tú no entiendes lo que digo porque no estás aquí lo suficiente.

No había duda de que Mitch era un pesado. Discutidor. Desdeñoso. Autoritario. Pero también era su hermano mayor. Y aunque Lucie odiara admitirlo, podría ser que hubiera una pizca de verdad en lo que le estaba diciendo. Y eso era lo que más coraje le daba.

━━━━━◁

Horas más tarde, Lucie regresó cansada al hotel. Ginger estaba profundamente dormida en su cama y Dakota dormitaba en el sofá mientras por televisión daban otro más de esos incomprensibles dramas italianos. La verdad es que deberían ofrecer un subtitulado electrónico, pensó. Se llevó el teléfono al dormitorio de Dakota para no molestar a su hija y marcó el número de Darwin.

—*Ciao* —dijo Darwin—. He reconocido el número.

—Sálvame —gimió Lucie por teléfono—. Acaban de hacerme tragar a la fuerza una ración de culpabilidad entera.

—Rosie —dijo Darwin de inmediato.

—¡Oh, Dios mío! —exclamó Lucie—. Si ya lo sabías… ¿fuiste a ver a mi madre el fin de semana pasado?

—Ya te dije que iría —repuso Darwin—. La última vez que hablamos.

—Lo sé, lo sé… Es que al oír a Mitch decir tu nombre me pareció fuera de contexto.

—Él no estaba —explicó Darwin—. Brian acababa de marcharse cuando llegamos; limpió los sumideros.

—No tenías que pegarte la paliza de ir hasta Jersey, Dar —comentó Lucie frotándose los ojos, agotada.

—¡Pues claro que sí! Tu madre nos tejió todo un ajuar para cada uno de los bebés. Era precioso, lo digo en serio.

—Porque tú de tejer sabes mucho, ¿verdad? —comentó Lucie, y se echó a reír. Aunque Darwin estaba con el tema de los calcetines, tenía bastante mala fama en el grupo porque nunca enmendaba sus fallos ni comprobaba las medidas. Resumiendo, era una tejedora descuidada.

—Tú espera a que vuelvas a casa —replicó Darwin—. Ya he dejado atrás los calcetines, amiga mía. Los niños no tienen tantos pies. Ahora estoy dándole a las mantas Georgia como una loca. Este año voy a ser la mejor.

—¿Y qué me dices de Anita? —comentó Lucie—. Siempre es la que hace más.

—Bueno, el rumor que circula por ahí, de Catherine a Peri vía K.C., es que está confeccionando un abrigo de novia.

—¿La veo continuamente y no sé nada de esto?

—Supongo que eso se debe a que siempre andas por ahí con ese tipo del vino. Y ahora, dime, ¿algún detalle que valga la pena compartir?

Lucie se quitó los vaqueros y se metió bajo las sábanas de la cama de Dakota, esperando que a ella no le molestara.

—No —admitió—. Es muy simpático. Es amigo de todo el mundo. Hace que me pregunte si acaso me he perdido demasiadas cosas. Aunque siempre estamos rodeados de gente a montones. Es como esas citas en grupo para ir al cine en la época del colegio. ¿Sabes lo que quiero decir?

—No del todo —contestó Darwin—. Yo nunca tuve novio antes de Dan en la universidad. Pero vi algo parecido en *Salvados por la campana*.

—Bueno, él parece estar muy interesado en Catherine, principalmente —dijo Lucie—. Y en cierto modo eso me irrita porque ella siempre consigue lo que quiere, ¿sabes? Primero viene a Italia, luego un poco de afecto...

—Entonces, ¿Catherine está saliendo con él?

—Es todo un poco raro, la verdad —contestó Lucie—. Ella se pone melancólica y él mira.

—¡Qué dramático! —comentó Darwin con entusiasmo.

—Irritante —la corrigió Lucie—. No es que me guste Marco Toscano. Estoy demasiado ocupada para esas cosas. Pero me gusta la idea de que vayan detrás de mí.

—Bueno —repuso Darwin—, no es el único hombre que hay en Italia. ¿O sí?

—No, claro —contestó Lucie—. Lo que ocurre es que no he conocido a otro.

—¿Tú no fuiste a Italia porque iba a ser fantástico para tu carrera?

—Sí, profesora.

—Entonces, ¿qué es eso de desviarte del tema, ese rollo de «Quizá debería tener un romance»? —dijo Darwin—. Entiendo que todos tenemos que cenar, pero no lo tergiverses.

—Podría ser que también quisiera tener pareja, ¿sabes? —observó Lucie. No estaba de humor para soportar más de un sermón en una noche.

—Pensaba que me habías dicho que era un viudo con hijos.

—Así es —dijo Lucie—. La verdad es que parece un padre muy afectuoso.

—Entonces lo que buscas es un padre para Ginger —afirmó Darwin—. ¿Esto es por Will?

—No. Me gusta. Estoy interesada en él.

—¿Interesada en ser una madre para sus hijos?

Hubo un profundo silencio en la línea.

—¿Te has dormido?

—No —respondió Lucie, aunque en realidad tenía los ojos cerrados—. Ya sabes que no ando buscando más críos. Me basta con Ginger. Pero nunca se sabe... Podríamos intentarlo poco a poco. O quizá tener una aventura aquí en Roma y nada más.

—¡Vamos, no me vengas con ese rollo de «Siempre queda el internado» en plan *Sonrisas y lágrimas*! —dijo Darwin—. Si recuerdas bien, ese tipo acaba casándose con la monja de pelo mal cortado. La que quiere a sus hijos. No con la rubia ambiciosa que acecha haciéndole ojitos.

—Yo no soy rubia —dijo Lucie, tras lo cual rompió a reír de manera incontrolada debido al nerviosismo y al cansancio—. Ésa es Catherine.

—Lucie, en cualquier momento Stanton va a empezar a chillar sin motivo aparente —explicó Darwin—. ¿Te gusta Marco, el del vino, o no?

Lucie soltó un gruñido y se dio la vuelta en la cama.

—No —admitió—. Sólo me gusta la idea.

—¿Se trata de Will? —volvió a preguntar Darwin.

—Sí —gimió—. ¿Qué pasa, que ahora eres psicóloga? —Lucie se tapó la cabeza con las mantas—. Estaba viendo a Marco, que era un encanto con Ginger —añadió— y me pregunté si no debería llamar a Will y ponerlo al corriente. Hacer un favor a todo el mundo.

—Si eso es lo que quieres, te apoyaré —dijo Darwin—. Pero ¿has considerado que podría ser que exigiera un régimen de visitas? ¿Estás dispuesta a compartir a Ginger según las condiciones de otra persona?

Lucie abrió los ojos de repente.

—La verdad es que eso no lo había considerado —admitió—. Tal vez esté saturada. ¡Tengo demasiadas cosas encima!

—Lo sé —dijo Darwin—. Tu madre.

—Darwin, dímelo con franqueza: ¿cuál es la situación con Rosie?

—Es una buena mujer: llena de vida, simpática, mimó a los bebés… —explicó Darwin—. Pero cometió algunos errores. Se dejó el horno encendido un rato después de haber sacado ya las galletas, por ejemplo. Cosas que nos podrían pasar a ti y a mí sin que ello supusiera un gran problema. Sin embargo, en ocasiones parece un poco confusa. Dan sugirió que tú o tus hermanos deberíais visitar a su médico y tal vez llevarla a un neurólogo.

—Así pues, ¿podría ser que Mitch tuviera razón?

—No lo sé. Yo sólo soy la médico de verdad que hay por aquí. Dan no es más que el licenciado en medicina. Pero puede llamarte cuando vuelva del hospital.

—Esta noche no. Estoy frita. Isabella ha decidido que necesita llevar una prenda de alta costura tejida a mano en el vídeo, y en el desplegable del *Vogue* Italia que lo acompañará.

—¿Y el minivestido que le estaba haciendo Dakota?

—Es fabuloso —respondió Lucie—. Isabella lo lleva continuamente, ahora que las prendas tejidas a mano son su sabor de la semana. O del mes. Resulta difícil saber cuánto tiempo van a durar sus miniobsesiones. Pero es muy insistente. Quiere que le busque un vestido de punto.

—Espero que no lo hagas —dijo Darwin—. Sólo porque estés frustrada con Catherine por esta historia del tal Marco que quizá ni siquiera sea una aventura… Ella te ha ayudado más de una vez. Como con el vino, por ejemplo, y consiguiendo que Dakota pudiera ir, ¿no?

—¿Qué puedo hacer? —repuso Lucie con apenas un hilo de voz por la falta de sueño—. Isabella es la persona más conflictiva y difícil con la que he trabajado nunca. Sin embargo, este trabajo es lucrativo y podría tener un gran impacto en el tipo de cosas que puedan venir después.

—Así pues, le dijiste…

—Que sé de un vestido precioso en Nueva York, tan asombroso que hasta tiene nombre propio —dijo Lucie—. Prometí conseguirle el Fénix.

# Veintiocho

Anita eligió la ropa con esmero y no dejó de ponerse los pendientes que habían sido de su madre. Algo que Sarah reconociera. Algo que hubiera visto con frecuencia. Y para ello sólo había una opción: un par de discos de madreperla engarzados en plata de ley que su madre lucía en todas las ocasiones en que debía ir elegante. La familia Schwartz estaba en buena posición, pero no eran ricos, ni mucho menos. Los lujos eran sencillamente eso, lujos. Además, casi toda la esplendidez de la que habían disfrutado más tarde en la vida provino de Anita y Stan; casi todas las joyas que quedaban de su madre se las había regalado Anita.

—Hoy es el día —le recordó a Marty, sentada en el borde de la cama, ya vestida, y sacudiéndolo con suavidad para despertarlo—. Deberíamos procurar estar preparados con tiempo suficiente.

Eran las cinco de la madrugada.

Aquella noche, Anita no había podido dormir y no hizo más que dar vueltas en la cama imaginando el aspecto que tendría su hermana.

Cabello plateado, como el suyo, ¿o se lo teñiría? ¿Y si no se alegraba de verles? Y si, y si, y si... Anita había pensado en todo.

Tras semanas de indagaciones todo se había reducido a pagar a un detective privado y a un joven estudiante que investigara documentos gubernamentales —incluidos certificados matrimoniales— para encontrar a todas las Sarah Schwartz que había en la ciudad. Y luego ampliaron la búsqueda a todo el país. Buscaron a mujeres con ese nombre, así como con el apellido Schwartzman, Schwartzmann y todas las variantes que se les ocurrieron, que aparecieran en los registros entre 1968 y la actualidad. Estaban en Italia, y no había muchas. No era lo mismo que si buscaran a un tal John Smith en la ciudad de Nueva York.

Así pues, esto era una ventaja. Habían ido a la sinagoga, por supuesto, un edificio majestuoso situado en la zona que fue la judería desde tiempos ancestrales y donde muchos de los comercios continuaban siendo especializados, aun cuando el nombre del barrio perteneciera a otra época y otro lugar.

Anita se unió al personal contratado ante el ordenador y con frecuencia examinaba en pantalla archivos que se habían subido a la red a lo largo de los años. También se calzó unos guantes de látex para proteger sus muy cuidadas manos y rebuscó entre los archivos en papel que languidecían en el interior de unas cajas.

Buscaron a las Sarah que se apellidaran Schwartz (y todas sus variaciones) en el presente y a las Sarah que hubiesen tenido dicho apellido en el pasado, antes de sus enlaces o cambios de apellido, por ejemplo. Luego, siguieron la lista sistemáticamente y viajaron fuera de Roma varias veces durante el verano en compañía de su detective privado para reunirse con Sarah. Sólo que, en cada una de esas ocasiones, cuando llamaban a una puerta y Anita contenía el aliento aguardando el instante en que por fin viera a la mujer que un día fuera su niña de las flores con un vestido de color verde menta, dicha mujer no era Sarah. Bueno, sí era Sarah, por supuesto, pero no la Sarah que estaban buscando.

Pero ahora sólo quedaba un nombre. Y, por un proceso de eliminación, estaba claro que tenía que ser esa persona.

Más avanzada la mañana subieron al automóvil Smart que utilizaban en sus investigaciones para emprender el corto recorrido hasta el barrio periférico de Saxa Rubra, no muy lejos de la ciudad. Anita, aunque nerviosa –estuvo apretando un pañuelo hasta que los nudillos se le pusieron blancos—, reía y bromeaba como no había hecho antes durante toda la búsqueda.

—Lo sé —le dijo a Marty—. Tengo el presentimiento de que volveré a ver a Sarah.

En un café acogedor, el grupo repuso fuerzas con unas tazas de expreso antes de subir las escaleras de una pulcra vivienda suburbana de Saxa Rubra que tenía una hilera de flores blancas bajo las ventanas.

—Las ventanas están muy limpias —comentó Anita señalándoselas a Marty—. Sarah siempre fue obsesiva con la limpieza.

Llamaron a la puerta y esperaron. Volvieron a llamar.

—*Buongiorno* —saludó la mujer, que parecía rondar los sesenta años y que los miraba con curiosidad—. ¿Puedo ayudarles? —preguntó en un inglés con acento, y algo en su ropa o en sus gestos les dijo que no era italiana—. ¿Se han perdido?

Anita no pudo evitarlo: las lágrimas brotaron de sus ojos, rodaron por sus mejillas y notó la humedad en el rostro antes de ser consciente siquiera de que estaba sollozando.

La mujer frunció el ceño y adoptó un semblante de preocupada amabilidad.

—¿Necesitan que llame a un médico? —le preguntó a Marty—. ¿Se encuentra bien? —Se volvió hacia el ayudante en la investigación—. Hay un hospital a unos diez minutos de distancia —le explicó—. Puede que su abuela necesite ayuda.

Anita, que mantuvo la compostura cuando falleció Stan, cuando perdió a Georgia, cuando Nathan le gritaba, cuando Dakota se enfurruñaba… finalmente la había perdido. Toda la amargura, el miedo, el arrepentimiento y la ira que se había tragado parecieron aflorar a la superficie a la vez, rebosando, y fue incapaz de seguir conteniéndolos más tiempo.

Anita sabía cómo iba a sentirse, pero luego resultó que no.

—Es tu hermana —terció Marty con voz resonante—. ¡Ha venido de Nueva York!

La mujer lo negó con la cabeza y cerró la puerta unos centímetros, como si pensara que debía ser cautelosa con aquel trío de desconocidos que estaban en el umbral de su casa. ¿Quién sabe lo que podía ocurrir en los tiempos que corrían? Incluso unos turistas norteamericanos de aspecto bobalicón podían ser timadores... o algo peor.

—Yo no tengo ninguna hermana.

La mujer lo afirmó mientras intentaba cerrar la puerta. A Marty, que alzó una mano como si quisiera sostener la puerta y evitar que la otra cerrara su última posibilidad, se le rompió el corazón cuando adivinó lo que Anita iba a decir.

—¡No es ella!

Fue lo único que Anita pudo articular antes de perder la compostura del todo y sentarse en los peldaños. Marty se sentó a su lado y la rodeó con el brazo mientras ella lloraba y la pobre y confusa Sarah Schwartz —se llamaba igual, pero provenía de una familia totalmente distinta— observaba a aquellos extraños norteamericanos desde la seguridad de la ventana del salón de su casa.

No hay ninguna necesidad de llegar tarde, se dijo Anita. Había llorado en el coche, en la bañera, en la cama, había llorado durante la cena y otra vez durante el desayuno. Observó que Marty estaba alarmado. Bueno, había decepción, le dijo ella. Y también un enorme desánimo.

Anita no se había dado cuenta de hasta qué punto su confianza la engañó para que pensara que bastaría con dar los pasos adecuados —como si resolviera un problema de matemáticas— y que, una vez realizado el trabajo duro, lo que recibiría a continuación sería el regalo de encontrar a Sarah.

No obstante, Catherine iba a pasar por allí para echar un vistazo a los progresos que había hecho con el abrigo de novia que estaba tejiendo (Anita tenía que admitir que no había adelantado mucho) y luego se irían las dos de compras por Via Veneto. Se aplicó unas capas adicionales de polvos de tocador y de colorete para intentar cubrir la hinchazón del rostro, pero lo único que consiguió fue parecer… vieja, en una palabra.

Mientras todos los demás estaban teniendo el verano de su vida, ella se sentía como si se estuviera desmoronando.

—Mira quién ha venido —dijo Marty asomándose al dormitorio. Tenía muchas ganas de volver a ver a Anita animada—. Es Catherine.

Tenían planeado ir a tantas tiendas de ropa como fuera necesario, una tras otra, en busca del vestido de dos piezas de color crema que Anita imaginaba bajo su abrigo de novia de punto. La prenda, que mostró a Catherine, se hallaba todavía en su fase inicial, y ésta no sabía lo suficiente sobre patrones como para comprender qué era lo que estaba mirando. De todos modos, la pieza frontal que Anita había hecho tenía un aspecto complejo, con un diseño que casi parecía una cuerda en relieve sobre el fondo liso. Los puntos eran tan pequeños y uniformes que aquel fragmento parecía hecho a máquina.

—Eres increíble —comentó Catherine, tras lo cual tomó a Anita de la mano y la hizo salir del hotel a la luz del sol.

Estuvieron un rato paseando en un silencio cómodo antes de que Catherine intentara sacar el tema de los últimos días; Marty ya la había puesto al corriente de los detalles.

—Pareces agotada —le dijo—. ¿Por qué no paramos a tomar un café?

—No necesito que me mimen, te lo aseguro —respondió Anita—. He sufrido un revés. Un revés enorme. Estas cosas ocurren, incluso a mí.

—Lo siento —se excusó Catherine, que la tomó del brazo—. No tenemos por qué hablar de ello.

—Bueno, si no lo hablo contigo, ¿con quién voy a hacerlo? —repuso Anita—. Marty ya me ha escuchado bastante.

No pudo evitar sentirse un poquito orgullosa de que

Anita la considerara una confidente, como si la hubieran elegido la primera en la clase de gimnasia. Le gustaba ser la chica con la que alguien contara.

—Mi hermana era una ladrona —declaró Anita—. Ya está dicho. Yo la sorprendí, mi padre sufrió un ataque cardíaco cuando lo supo y ella huyó. Ésta es la historia. La cual dio pie a que estemos caminando por la calle cuarenta años después y que lo único que haya sabido de ella sea por una postal en blanco que llega sobre la fecha en que se marchó.

—¿Tu hermana era una ratera?

—No, era una ladrona. Robaba, no irrumpía en las casas de la gente. No era una delincuente, exactamente. Lo que pasa es que no era honesta.

Catherine no sabía qué decir. ¿Qué debía preguntar ahora? ¿Se había terminado la conversación? ¿O es que Anita quería que insistiera?

—¿Qué robó?

En realidad, ella había estado esperando el día en que pudiera someter sus propios asuntos al «Anitamómetro» y obtener una lectura de lo que debía hacer. Ser la confidente —y la consejera en potencia— de una mujer a la que siempre había admirado le producía una sensación bastante rara.

Vio que a Anita se le llenaban los ojos de lágrimas.

—Dignidad —respondió Anita—. Amor propio. Honor. Confianza. Robó mucha confianza.

—Entonces, ¿se acostó con Stan? —concluyó Catherine, asintiendo en señal de comprensión.

—¿Por qué contigo todo se reduce a los hombres? —dijo Anita mirándola con desaprobación—. Sarah era como una hermana pequeña para Stanley. Él no tenía la más mínima intención de engañarme y llevársela a la cama. ¡Por Dios, qué obsesa eres! El sexo no es lo único que causa problemas en la vida.

—Puede causar una barbaridad de problemas —replicó Catherine, que dejó de andar y se volvió a mirar a Anita a los ojos—. La única otra cosa por la que la gente se pelea de este modo es el dinero.

Anita suspiró.

—Sí, eso es cierto.

—¿Tu hermana Sarah robó dinero? ¿A quién? ¿A ti?

—A mis padres —contestó Anita—. Y no estoy hablando simplemente de sisar unas cuantas monedas de veinte centavos del monedero de mi madre. Era contable en el negocio de mi padre y falseó las cuentas.

Catherine se quedó anonadada. En sus tiempos ella también se había servido de muchos trucos, pero ¿desfalcar a sus padres?

—Sarah debía de ser una persona horrible —dijo—. ¿Por qué quieres encontrarla?

—No era una delincuente profesional —la rectificó Anita—. Era una joven que se sentía desesperada. ¿No lo ves? Yo era su hermana mayor y debí haberla ayudado.

En esta ocasión Catherine supo morderse la lengua y dejar que Anita se explicara.

—Sarah tenía poco más de veinte años. Era mucho más joven que yo. A finales de los años sesenta yo tenía tres niños en edad de crecimiento y estaba muy atareada llevando una casa. Tenía un cajón lleno de guantes de cabritilla. La era de los alfileres circulares tardó en morir conmigo.

Catherine sonrió; podía imaginarse perfectamente a esa mujer elegante con guantes blancos y sombrero casquete.

—Pero mi hermana quería hacerlo y probarlo todo —continuó diciendo Anita—. En aquellos tiempos, hasta las cosas más anodinas nos parecían escandalosas.

Aguardaron a que el semáforo cambiara de color y Anita señaló a una adolescente de cabello rizado y oscuro que paseaba por la calle con sus amigos.

—Sarah tenía ese mismo aspecto —dijo—. Siempre sonriente.

—Hasta… —le apuntó Catherine.

—Hasta que llevó a casa a un chico que no gustó a mis padres. Ahí empezó todo.

—Entonces tenía yo razón, al fin y al cabo —comentó Catherine—. La cosa se reduce a los hombres.

—Todas las cosas acaban teniendo que ver con las relaciones —convino Anita—. Nos empuja el ansia de poder, o de atención, o de consuelo. Sarah salió con un montón de chicos, y algunos de ellos ni siquiera eran judíos, cosa que mis padres no podían tolerar. Y entonces, por lo visto, se decidió por un tipo que se llamaba Patrick, Paul o algo así, y empezaron a salir en serio. Yo no lo conocí, porque ella no tenía intención de presentarlo. Pero un día me lo contó: habían estado juntos.

—Tu hermana tuvo relaciones sexuales. Vale, muy bien. ¿Acaso no era adulta?

—Tenía veintidós años —repuso Anita—. Ya no era tan joven, pero tampoco tenía mucha experiencia. Siempre estuvo muy protegida.

—¿Y tú te escandalizaste?

—No, no me escandalicé. Pero sí me preocupé. No lo aprobaba. ¿Cuánto tiempo hacía que lo conocía, por ejemplo?

—Y le dijiste que tenía que romper con ese chico y ella no quiso.

—No exactamente. No habían utilizado protección, ella estaba preocupada, etcétera, etcétera. Para colmo, a él lo llamaron a filas.

—Vietnam —dijo Catherine.

—Fue un desperdicio terrible, una época confusa —murmuró Anita—. Pero si te llamaban, servías. Eso es lo que pensaba mi padre. Y también Stan.

—Y Sarah…

—Me contó que su plan era huir juntos —dijo Anita—. No presentarse a filas. Largarse a Canadá, supongo.

—Y ahora viene cuando tú le das dinero a escondidas, ¿verdad, Anita? —insistió Catherine.

—Esto es lo que siempre te digo de aprender de las malas decisiones —repuso la anciana—. Te hacen sufrir, pero siempre hay una lección en alguna parte. Porque no fue eso lo que hice. La reprendí por defraudar a todo el mundo. Le dije que me había decepcionado. Yo lo sabía todo, con mi matrimonio feliz y mis hijos perfectos, y no escuché con suficiente atención. No hice las preguntas adecuadas.

—Y entonces fue cuando se llevó el dinero —supuso Catherine—. Para poder escapar los dos.

—A lo largo de las semanas siguientes, sí —confirmó Anita—. Rellenó cheques para hacerlos efectivos y falsificó la firma de mi padre. Fue Stan quien lo descubrió. Mi padre ya estaba viejo por aquel entonces, e intentó cuadrar la chequera, pero no le salían los números. Stan acudió en su ayuda y sospechó…

—¿Y la denunciaste a la policía?

—¿A mi propia hermana? Jamás. En cambio, no perdí ni un minuto en irle con el soplo a mi padre. ¡Lo que ahora me horroriza es lo virtuosa que me sentí al hacerlo! Pero la sorpresa me la llevé yo: a mi padre le subió tanto la tensión que acabó en el hospital con dolores en el pecho.

—¿Y luego sufrió un infarto?

Se encontraban cerca de un café y Catherine enarcó una ceja mientras le preguntaba a Anita si necesitaba una dosis de cafeína. Anita asintió con la cabeza, agradecida, y la siguió al interior del establecimiento, donde se sentó a una mesa pequeña y redonda y esperó a que Catherine trajera dos cafés expresos.

—Sarah vino a casa en mitad de la noche, maleta en mano, y allí estaba yo, levantada mientras mi madre dormía en el piso de arriba —reanudó Anita—. Le habían dado Valium y no sé qué más para que pudiera descansar.

—¿Y te encaraste con ella?

—¿Si me encaré con ella? Le arrojé una tonelada de ladrillos —repuso Anita, quien al ver la expresión alarmada de Catherine aclaró—: Con palabras, querida. Le dije muy claramente que era un desecho de persona. Le dije que había matado a nuestro padre, que estaba agonizando en una cama de hospital.

—Bueno, en todo eso más bien tenías razón.

—Le dije a mi propia hermana menor que debería subir a un autobús, largarse de allí y no volver nunca más. «Para mí estás muerta —le dije—. A partir de este momento, nunca he tenido una hermana.» Y lo único que hizo fue echarse a llorar. Verás, le había dado el dinero al chico y él lo trincó. Y se marchó sin ella. Sarah quería volver a casa.

—¡Oh, Dios mío! —exclamó Catherine—. Ese tipo la utilizó.

—Visto desde la perspectiva actual, no creo ni que lo llamaran a filas. Era un artista del timo, y ella, una chica ingenua. Pero hace cuarenta años yo no lo sabía. En muchos sentidos, yo también seguía siendo una niña.

»Pero lo que sí sabía, me dije, era que Sarah era una ladrona que estaba destruyendo a mi familia —continuó Anita—. Bueno, desde entonces he tenido mucho tiempo para analizar lo sucedido y no fui precisamente un dechado de honorabilidad.

Anita guardó silencio y estuvo mirándose las manos largo rato antes de levantar la mirada.

—Estuve un rato gritando y luego le di dinero —explicó—. Vacié el contenido de mi monedero y se lo tiré. «¿Es esto lo que quieres, ladronzuela?», le pregunté. Le dije que nuestra madre había dicho que no quería volver a verla nunca más en casa. Pero no era cierto. Le mentí. Yo creía estar haciendo lo correcto, ¿sabes? Estaba protegiendo a mis padres.

—Siempre te había tenido por un ser perfecto, Anita —comentó Catherine mientras se terminaba el café—. Pensaba que tú no cometías el mismo tipo de errores graves que el resto de nosotros.

—¡Ojalá no los hubiese cometido! No me correspondía a mí decirle que se fuera. Me arrogué más poder del que tenía derecho a ostentar, y eso me convirtió también en una ladrona. —Anita se desabrochó el botón superior de la blusa; tenía calor y le ardían las mejillas al recordar todo aquello—. Seguí a mi hermana al piso de arriba, metí alguna ropa suya en una bolsa y le dije que preferiría no volver a saber nada más de ella: «No olvides nunca que aquí no eres bienvenida», le dije. Ésas fueron mis últimas palabras.

—Entonces, ¿estaba embarazada? —preguntó Catherine—. Porque da la impresión de que se pasó por alto un gran problema.

Anita rompió a llorar.

—No lo sé —admitió.

—¿Y las postales?

—Son de Sarah —afirmó Anita—. Lo sé. Siempre lo he intuido. ¡Quién sabe lo que estará diciendo con eso! Durante años me dije que sólo quería que supiera que estaba bien. Que me había perdonado. En los momentos más sombríos me he preguntado si se está burlando de mí a sabiendas de que no podría encontrarla aunque quisiera.

—Anita, eres humana —le dijo Catherine en tono pensativo y un tanto sorprendido—. Siempre pensé que tenías todas las respuestas.

—Ah, sí, ahora sé muchas cosas, querida, no te engañes —repuso Anita mientras se enjugaba las lágrimas con un pañuelo de papel—. Ahora soy mucho más lista que entonces.

—Viste a Georgia en el parque —comentó Catherine, que entonces lo entendió todo—. Viste a Georgia en el banco del parque y fue tu oportunidad para redimirte.

—Sí —reconoció Anita, aliviada de decirlo en voz alta—. Y con ella lo hice bien. La quería como si fuera de la familia, y la escuchaba. Fuera lo que fuese lo que tuviera que decir, primero la escuchaba y dejaba de lado mis opiniones.

—Anita, tengo que decirte una cosa —confesó Catherine—. Llegó otra postal. La traspapelé. Y luego me propuse no contártelo. Pero me sentí fatal, y no quería enfrentarme a tu desaprobación.

—¿La tienes aquí?

—En la habitación, sí.

—Bueno, pues ya le echaremos un vistazo más tarde. No creo que hayamos dejado piedra sin mover. No creo que sirva de mucho.

—En ésta hay flores delante —señaló Catherine—. Camelias.

—No parece particularmente útil, creo.

—Acabo de caer en la cuenta de que si vendes el San Remo, entonces Sarah no sabrá cómo encontrarte —comentó Catherine de pronto.

—Lo sé, querida —repuso Anita—. Durante todo el verano no pienso en otra cosa. Aparte de en la boda, claro. Pero a veces llega un momento en que, sencillamente, hemos de aceptar las cosas y pasar página. No es lo ideal, pero en ocasiones es necesario. Y yo he decidido que ya es hora de que deje la obsesión de Sarah. No voy a seguir buscándola.

⚓

Unas horas más tarde, Anita sentía una honda sensación de alivio. Aparte de Stan y Marty, nunca había compartido con nadie su culpabilidad por lo de Sarah. Pero Catherine, quien tantos malos pasos había dado, lo comprendía. De hecho, a Anita le parecía que Catherine estaba más relajada que nunca en su compañía. No parecía tan nerviosa, ni que buscara su aprobación tanto como antes. Y le gustaba el cambio.

—Y, por si acaso te lo preguntas, no estoy saliendo con nadie —anunció Catherine. Anita se había probado doce vestidos en siete tiendas distintas; Catherine no se limitó a quedarse allí esperando, sino que también se miró una veintena de conjuntos—. Ni siquiera con Marco.

—Buena idea, querida —comentó Anita al tiempo que alisaba una arruga que había en la seda.

—¿Por qué dices eso?

—Porque quizá estés un poco centrada en los hombres. Bueno, un poco demasiado. Nathan me contó lo de Nueva York.

—¿Ah, sí?

—Sí. Y no pasa nada, querida.

—¿No?

317

—Es un hombre atractivo —reconoció Anita—. Me contó que parecías estar chiflada por él, que con frecuencia ibas al apartamento cuando él estaba allí.

—Entiendo —repuso Catherine, que empezó a enfurecerse.

¿Qué pasaba ahora con la determinación de no decir nada al respecto? Su reacción natural fue delatarlo (no pudo sino admirar su estrategia solapada para comprobar qué sabría, o no sabría, su madre), pero ¿de qué iba a servirle eso a nadie? Pensó en Anita y en su historia sobre Sarah. El hecho de darle la versión verdadera sobre Nathan no iba a hacer que Catherine se sintiera mejor, y para Anita sólo supondría otro problema más que no necesitaba.

—Tal vez me hice ilusiones —le dijo en cambio a Anita—. Durante aquellos días estaba viendo a alguien en la ciudad, ¿sabes?, pero no salió bien. Por eso creo que Nathan tal vez confundió un poco las cosas.

Anita pareció alegrarse.

—Oh, estupendo, querida. No me gustaba nada imaginar que fueras a cifrar tus esperanzas en algo que no puedes tener.

A Catherine se le ocurrieron un millón de frases: «tu hijo es un tramposo», «tu hijo es un embustero», «tu hijo está tan enojado contigo que durmió conmigo en tu cama». Pero se limitó a inspirar profundamente y dejarlo pasar. Se felicitó diciéndose que aquel día estaba siendo una lince.

—Resulta que Lucie le dijo a la joven aspirante a estrella del rock preferida de todo el mundo, Isabella, que podría llevar mi vestido Fénix —comentó Catherine con la esperanza de cambiar de tema y a la vez conseguir que Anita pusiera su sello de aprobación a no prestar el vestido.

—Un tanto presuntuoso, ¿no?

—Sí, ésa es la palabra. Pagué mucho dinero por ese vestido.

—Lo recuerdo —repuso con una sonrisa en los labios, y aunque tenía aún los ojos hinchados, se estaba recuperando estupendamente.

—Bueno, pues no puedo dejar que se lo ponga —declaró Catherine—. ¿Y si lo estropea?

—Podrías considerarlo como esos diamantes que prestan para la ceremonia de los Oscar —sugirió Anita, que se puso de pie por un momento sobre unos zapatos blancos de tacón de aguja de diez centímetros—. Envía a Dakota y a su nuevo amigo Roberto como guardaespaldas.

—No quiero hacerlo —manifestó Catherine.

—Y yo tengo demasiada confianza en mí misma como para querer torturar mis pies de esta manera —dijo Anita, y se quitó los zapatos—. Quizá deberíamos casarnos descalzos en una playa de Hawai.

—¿Y tu abrigo de novia?

—Es lo bastante liviano para cualquier estación —respondió Anita con total naturalidad—. Me gusta estar preparada. El único problema es que me está costando una eternidad terminarlo.

—Entonces, ¿no crees que soy una estúpida por querer decir que no a Lucie y a Isabella? —preguntó Catherine.

—Si eso es lo que quieres hacer… Quiero decir que lo tienes expuesto en tu tienda, o sea, que no lo escondes. ¿Por qué ibas a querer compartir el talento de Georgia con el mundo? Deberías guardártelo para ti sola.

Catherine echó la cabeza hacia atrás y se echó a reír.

—De acuerdo, Anita. Lo consideraré.

—A Georgia le hubiese encantado que su diseño saliera en *Vogue*. —Anita la estaba incitando, pero a Catherine no le importó—. ¿Y qué me dices del otro vestido que te hizo Georgia?

—¿El rosa? También es precioso, con el cuello mandarín y el corte hasta el muslo, pero siempre me opuse a que Georgia lo llamara Borla.

Entonces le tocó a Anita el turno de echarse a reír.

—Pues cámbiale el nombre —sugirió, y le acarició la mejilla a Catherine—. Cámbialo por algo que refleje mejor la Catherine de hoy. Creo que deberías llamarlo Flor.

# Veintinueve

Un llanto era para pedir comida, otro por los pañales mojados, un tercero por aburrimiento, un cuarto por tener frío o demasiado calor. Los bebés poseían lo que parecía un millón de sonidos, todos bien diferenciados, y aun así se comunicaban en un idioma que nadie manejaba con más fluidez que Darwin. Ni siquiera su madre. Ni su suegra, quien había acudido en su segunda ronda para ayudarla a cuidar de los gemelos y para hacer constar su desaprobación sobre todas las decisiones que Darwin estaba tomando. Un golpe uno-dos.

Darwin pensó que, no obstante, ella disponía de la victoria privada de conocer a sus hijos mejor que nadie. Desde un punto de vista estrictamente académico resultaba fascinante: el instinto y el condicionamiento primario conquistándolo todo. Desde un ángulo emocional, resultaba muy satisfactorio.

Darwin amamantaba a sus hijos cuando lo reclamaban —y desde luego, Cady y Stanton eran exigentes—, pero eso no impresionó a la señora Leung. La madre de Dan, una mujer que imponía a pesar de su apariencia menuda, le dio a Darwin cuando se casó la opción de llamarla madre o señora Leung. Su nuera optó por la segunda alternativa.

—Necesitas tener un horario, Darwin Leung —declaró la señora Leung, que sabía perfectamente bien que Darwin no se había cambiado el apellido al casarse con Dan—. Los niños deben saber desde el principio quién manda. ¿Que tienen hambre? Bueno, pueden esperar hasta que sea la hora de comer.

—Es una teoría —repuso Darwin, cuyos pechos rezumaban al menor movimiento. Ella no tenía ningún reparo en vaciarlos—. Pero no es eso lo que estamos haciendo nosotros.

—Te vas a encontrar con que muchas de esas teorías tuyas no son de gran utilidad con los niños de verdad —insistió la señora Leung—. Esto es lo que consigues leyendo todos esos libros sobre criar a los hijos: un montón de imaginación. Los métodos probados son los que funcionan mejor. En la crianza de los hijos no se trata de innovar.

—Es posible —admitió Darwin—. Pero eso es lo bueno de tener hijos propios. Experimentas con su psique tanto como hicieron tus padres contigo.

Sin embargo, la llegada de su suegra resultó más útil de lo previsto: la señora Leung molestaba a Darwin con tanta frecuencia que ésta a menudo abrigaba a los gemelos —necesitaban llevar capa sobre capa de ropa incluso en verano, para ponérsela y quitársela según su termostato interno— y se los llevaba a recorrer las calles de la ciudad. «Gracias, señora Leung —decía Darwin mentalmente—. Mi salud mejora y veo Nueva York con nuevos ojos.»

La lista de preocupaciones seguía metida en su bolsillo, pero la consultaba con mucha menos frecuencia a medida que el verano se acercaba a su fin.

—Ya no soy tan novata —le dijo a Dan—. Me estoy convirtiendo en una mamá que sabe lo que hace. Bueno, más o menos. Estoy elaborando mi propio patrón para la clase de madre, y de profesora, que quiero ser.

No era la única mujer con la sensación de que su estilo de cuidados maternales tenía sentido. La madre de Dan provenía de la escuela de pensamiento «a mi manera o nada» y se ponía a rehacer absolutamente todo lo que la madre de Darwin había tocado. Por consiguiente, una vez más, la cocina se fregaba, la mesa de café de segunda mano se limpiaba, y los armarios se volvían a ordenar. «En serio, deberías doblar las toallas en tres», decía la señora Leung. Durante los años que llevaba casada, Darwin había evitado enérgicamente llegar a conocer a su suegra. En ocasiones acompañaba a Dan cuando él iba a visitarla, sí, pero la mayoría de las veces ella se quedaba en casa o se iba a Seattle a ver a su hermana. Y se sorprendió al darse cuenta de que ahora también visitaba a su madre con mucho gusto.

La madre de Darwin, Betty, estuvo de lo más animada y alegre durante el mes que había pasado durmiendo en el sofá-cama, quejándose, por supuesto, pero sin dejar ni por un segundo que nadie la alojase en un hotel y la alejara de sus nietos. Lo hizo absolutamente todo, incluso había llegado al extremo de comprar un arcón congelador pequeñito que enchufó en el rincón del salón y luego cocinó una cantidad interminable de opciones para la cena. Darwin la había sorprendido ya tarde, por la noche, leyendo las páginas manuscritas del nuevo libro que estaba escribiendo. No iba a terminarlo con tanta rapidez como su colega con permiso de paternidad, pero tampoco estaba dispuesta a quedarse atrás.

Darwin estaba fascinada por el retorno de la familia extensa y del impacto potencial de la avejentada generación del *baby boom* sobre las mujeres y sus oportunidades profesionales. La idea se la dieron los cambios en su propia vida, por supuesto, el hecho de convertirse en madre y tener que subsistir haciendo malabarismos. Sin embargo, había mucha gente que volvía a vivir con familiares mayores, ya fuera por elección propia o por necesidad. ¿Se trataba de un signo de un cambio mayor que se alejaba de la familia nuclear? ¿Iba a dificultar todos los progresos que habían hecho las mujeres durante los últimos cuarenta años? ¿Cómo vamos a reunir todas nuestras experiencias y construir un paradigma que funcione? –pensó Darwin–. ¿Y de qué modo coarta o da valor a las personas el lugar que éstas ocupan dentro de una familia?

Pensó en el club: ellas también eran una familia. Una familia por decisión propia. Y, por una vez, echaba de menos sus reuniones habituales de los viernes por la noche, en las que se había abierto un paréntesis durante el verano. Pareció demasiado esfuerzo reunirse sólo para que estuvieran K.C., Peri y ella. Sin embargo, ahora se daba cuenta de que ésa había sido una mala actitud. El club no era el club sólo cuando estaban todas reunidas en una habitación. Lo más probable es que no siempre fueran a estar en la misma ciudad, consideró Darwin, sobre todo ahora que la carrera de Lucie parecía estar floreciendo. No era inconcebible, ni mucho menos, que alguna de ellas se mudara en algún momento, podría ser que incluso ella y Dan se trasladaran a una pequeña ciudad universitaria donde acudirían al trabajo en bicicleta. Y entonces se dio cuenta de que el club no consistía en la tienda. Nunca fue así. La tienda sólo supuso el punto de partida.

Por este motivo, Darwin decidió que era el momento adecuado para convocar una reunión del club de punto de los viernes por su cuenta. Dan accedió a llevarse a su madre de casa —se trató de una negociación prolongada, pues la mujer insistía en que no había ido a Nueva York a divertirse— y así dispondría del apartamento para ella y sus amigas, suponiendo que los niños permanecieran dormidos.

Antes de aquella noche nunca había dado una cena en su casa. Nunca. Ni una sola vez. Estaba entusiasmada.

*Risotto* de setas, *penne* primavera y ensalada *caprese*; Darwin encargó una deliciosa cena de tres platos en el restaurante italiano que había a dos manzanas de su apartamento. El hecho de que la otra mitad del club hubiera tenido la suerte de ir al encuentro de lo auténtico no tenía por qué implicar que las demás socias tuvieran que quedarse sin probar un poco de Italia, ¿no?

—¡Señoras! —exclamó K.C. al llegar al apartamento de Darwin. Peri ya estaba allí, picando del plato de olivas, el queso y el pan que Darwin había sacado como aperitivo—. ¡He traído el vino! —anunció triunfal—. Para ti no, ya lo sé, por lo de dar el pecho y todo eso.

—Pero yo sí tomaré —anunció Peri—. Lo bueno de vivir en la ciudad es que el metro me lleva a casa —concluyó, mientras se metía una aceituna sin hueso en la boca y levantaba la mano derecha, como si le pidiera al profesor que la llamase a ella.

—¿Sí, señorita Gayle? —dijo K.C.—. ¿Tiene alguna noticia de la que informar?

—Sí —contestó Peri, que masticó y tragó deprisa—. No os vais a creer lo que ha pasado esta semana. Catherine me llamó y, sinceramente, lo que me dijo me dejó boquiabierta.

—¿Va a ingresar en un convento? —preguntó K.C.—. Me preocupa que haya llevado las cosas un pelín demasiado lejos. Siempre lo hace.

—No, hablo en serio —contestó Peri—. Me pidió que fuera a su tienda a buscar los dos vestidos que Georgia tejió para ella y que los mandara por medio de la compañía FedEx al hotel V en Roma.

—De acuerdo, es raro —comentó Darwin—. Prácticamente ha levantado un santuario para ese vestido en la tienda... ¿Y ahora no puede pasar un verano sin él?

—Quizá sólo los quiera para ponérselos, supongo —apuntó K.C.—. A veces la gente se crea dependencias, ¿sabéis?

—Lo sabemos —repuso Darwin—. No te olvides de que en esta casa no se fuma.

—No, no, chicas, no es eso —aclaró Peri—. Va a prestarle los vestidos a esa estrella del pop con la que Lucie está trabajando.

—¿Estás segura de que no lo has soñado? —preguntó K.C.—. Una vez le pregunté si podía probarme el vestido dorado, con un sujetador que levantara el busto, claro, no soy una ilusa, y se negó. «Fénix no sale de su casa, K.C.», me contestó.

—Bueno, pues ahora mismo Fénix está volando, chicas —remató Peri—. De camino a Roma.

—¿Por qué te pidió que lo prepararas tú? En la tienda tiene a un encargado —comentó Darwin—. Se espera mucho de ti, Peri, y en ocasiones me pregunto si es que no te haces valer lo suficiente. Es crucial para las mujeres aprender a decir que no.

Darwin la dejó con esta idea y se metió en la cocina en busca de la ensalada, la aliñó con un chorrito de aceite de oliva e invitó a todo el mundo a sentarse a la mesa.

—A veces sí me he sentido así —admitió Peri—. Preocupada por si se me infravaloraba. Pero comprendí que Catherine no tenía la sensación de poder confiar en alguien ajeno al club para manejar ese vestido. Y, francamente, yo también quería a Georgia: me dio un trabajo, la oportunidad de dedicarme a mi negocio de bolsos y una parte de su propia tienda. Cuando Catherine dijo que los vestidos tenían que viajar, tampoco estaba dispuesta a que los tocara cualquiera. Son alta costura de verdad.

—De manera que una estrella del pop italiana va a lucir el vestido de Georgia —dijo K.C.—. Eso está bien. Creo que a Georgia le hubiese parecido muy gracioso.

—¿Bromeas? —replicó Peri—. Se hubiera ido riendo todo el trayecto hasta el banco. Esa mujer no tenía miedo de exigir lo que valía su trabajo.

—Sí —remachó Darwin—. No era una persona tímida y modesta.

—La verdad es que Isabella con ese vestido es una exhibición magnífica —sostuvo Peri—. Es justo lo que necesita un diseñador. Y se me ocurrió lo siguiente: un recado para una amiga, aunque sea una amiga molesta, podría ser la semilla de una oportunidad.

—¿Para hacer qué? ¿Más vestidos como los de Georgia? —preguntó Darwin.

—Es posible —contestó Peri—. Pero me dije que por qué no cantar mis propias alabanzas.

—Las mujeres rara vez lo hacen lo suficiente —coincidió Darwin—. ¿Y cómo, dime?

—Envié toda mi colección a Isabella junto con mis saludos y con los gastos de envío a cargo de Catherine. Le he mandado uno de cada: la mochila, la funda para el portátil, el bolso Hobo, el bolso de noche, la bolsa grande...

Peri recitó de un tirón toda la lista de estilos y colores.

—Eso es una fortuna en género —comentó K.C.—. ¿Estás segura de que puedes permitirte regalar todas esas existencias? ¿Por qué no me llamaste?

—Porque a veces una mujer de negocios tiene que depender de sus mejores amigas para que la aconsejen —respondió Peri—, y en otras ocasiones necesita solucionar las cosas por sí misma.

—Eso es cierto —coincidió Darwin—. A veces tu instinto lo sabe sin más.

Estaba encantada con aquella reunión: acababan de empezar con la pasta y, a su parecer, la discusión ya era una de las mejores que habían tenido nunca en el club.

—Durante mucho tiempo me he sentido como si me hubiese quedado atascada en Walker e Hija —confesó Peri, que aceptó una segunda copa de vino—. Pero cuando estaba empaquetando mis bolsos los miraba y me di cuenta de que son mucho mejores y más atrevidos que cuando empecé.

—Tus bolsos siempre han sido preciosos —afirmó Darwin—. A mí me encanta mi bolsa para pañales. En cada una de las cinco ocasiones en que he salido de casa desde que nacieron los niños he recibido alabanzas de desconocidas. Siempre les hablo de ti.

—Eso exactamente es lo que quiero decir —mantuvo Peri—. Hace unos años no se me habría ocurrido diversificarme y hacer bolsas para pañales. Pero ahora sí, y en parte es porque soy mayor. Tengo más experiencia.

K.C. asintió con aire meditabundo mientras se llenaba el plato de *risotto*.

—Se hace más fácil pensar a largo plazo —coincidió—. Por eso estoy dejando de fumar.

—¿Te fue bien el parche que te dio Dan? —preguntó Darwin.

–¡Oye! –exclamó K.C.–. ¿Qué pasa con el secreto médico? Iba a fingir que podía hacerlo sola.

–Lo siento –se disculpó Darwin.

–De no ser así, no me lo hubiera creído –se rio Peri.

–Bueno, pues sé otra cosa que no os vais a creer –anunció K.C.–. Así que vamos a buscar a los pequeños monstruos. Les he hecho un regalo.

–Querrás decir que les has comprado un regalo –corrigió Peri.

–¡Qué va! –negó K.C. al tiempo que sacaba un móvil del que colgaban unos triángulos, círculos y cuadrados hechos de punto, algunos rayados y otros lisos.

–¡Es monísimo! –exclamó Darwin.

–¿Quién te lo ha hecho? –preguntó Peri.

–Ya te lo he dicho, lo hice yo solita –refunfuñó K.C.–. Mira, te voy a enseñar dónde me equivoqué. –Y señaló varios agujeros, hasta que Peri se dio por satisfecha.

–Pero ¿de dónde sacaste la lana? –preguntó Peri, y K.C. se ruborizó–. No me extraña que haya pocas ventas –comentó Peri dirigiéndose a Darwin–. Mis propias amigas compran en otra tienda.

–Bueno, si contabas con que K.C. y yo mantuviéramos el negocio a flote ya podías esperar sentada –replicó Darwin–. Nos ha costado años llegar a hacer algo que esté medio bien.

–Algo fabuloso, querrás decir –objetó K.C.–. Estoy francamente asombrada conmigo misma.

–Yo también –admitió Peri–. Pero si veo a alguna de vosotras con lana de otro sitio, se va a armar la gorda.

–Hablando de armar la gorda –dijo K.C.–, me da cierta rabia que toda la pandilla se fuera a una especie de aventura en grupo. La próxima vez deberíamos hacer un viaje todas juntas.

–Podríamos ir a algún lugar exótico –sugirió Peri.

–Como Staten Island –brindó K.C., «manhattanita» a machamartillo.

—O a Seneca Falls, donde Cady y Stanton podrían ver el lugar en el que su homónima[2] firmó la Declaración de Sentimientos —propuso Darwin.

—O tal vez a un lugar con playa —terció Peri—. Eso podría resultar atractivo para todas.

—Propongámoslo —dijo K.C.—. Este verano, parte del problema es que Lucie consiguió un maldito trabajo y de pronto todas las autónomas la siguieron. Lo que quiero decir es que sí, yo me fui a Europa después de Barnard, pero ahora vivo en el mundo real. Y el resto de nosotras, que trabajamos como idiotas, tenemos que solicitar las vacaciones con mucha antelación.

—Sí, hablémoslo cuando tomemos nuestro refrigerio en la tienda después del paseo —intervino Darwin. A ella le encantaba la idea de que las mujeres se reunieran para salvar a sus hermanas. Esto también podía ser un gran trabajo de investigación. Avanzar para salvarse unas a otras. Tan simple y, aun así, tan efectivo, tanto a la hora de recaudar fondos como de sentirse útil—. Este año voy a entregar la mayor cantidad de mantas Georgia y ganaré las Agujas de Oro de Walker e Hija —continuó diciendo—. Anita tiene los días contados como campeona de beneficencia.

—Llamémosla y digámosle eso también —sugirió K.C.—. A mí me parece perfecto llamarla ahora.

—¿Quieres decir ahora mismo? —inquirió Peri—. Aún no ha amanecido.

—Oye, ni siquiera he tomado una copa esta noche, no estoy dispuesta a hacer una llamada de borracho —rechazó Darwin.

—Vosotras dos sois demasiado serias —declaró K.C.—. Llamaremos y celebraremos una reunión del club improvisada, fingiremos que con la diferencia horaria no podemos llamar en otro momento. —Antes de que pudieran

---

[2] Elizabeth Cady Stanton (1815-1902), líder antiesclavista y pionera en la lucha por los derechos de las mujeres. (N. de la T.)

detenerla ya estaba marcando los números–. Tienes esa cosa del teléfono por Internet, ¿verdad, Darwin?

–Sí, pero aunque la llamada sea prácticamente gratuita, es tarde.

–Cierto –admitió K.C., impertérrita–. Llamaré a Catherine y luego haré entrar a Lucie en conferencia. Bien, está sonando. Vosotras, poneos al otro teléfono, o conectad el altavoz.

–Nada de altavoces –prohibió Darwin–. Piensa en los bebés. ¡Están durmiendo!

–¿Diga? –respondió Catherine, que parecía adormilada.

–¡Soy K.C.! –exclamó la cabecilla.

–¿Sabes qué hora es? Acabo de meterme en la cama después de pasar la noche en la ópera con Marco y… –empezó a decir Catherine antes de que la interrumpieran a media frase.

–No cuelgues, por favor –le pidió K.C. con su mejor tono de operadora, y a continuación marcó el número de Lucie, que Darwin le facilitó a regañadientes.

–¡Estamos en mitad de la noche, Isabella! –gimió la voz que respondió–. ¿No puede esperar a mañana lo que sea que necesites?

–¡Sorpresa! –gritó K.C.

Peri y Darwin intercambiaron una mirada culpable, pues las dos se sentían fatal por estar despertando a todo el mundo. Seguro que Ginger no tardaba en protestar.

–Esto…, ¿quién es? –preguntó Lucie antes de responder ella misma a su pregunta–. ¡K.C.! ¿Eres tú?

–¡Ya lo creo que sí! Y te llamo porque se me ha ocurrido un plan.

–A propósito, te has olvidado de volver a conectar a Catherine –susurró Peri, de pie en el salón de Darwin.

–Ah, sí –dijo K.C., que pulsó un botón para ponerlas a todas en comunicación–. Bueno, ¿qué os parece si el año que viene nos vamos de vacaciones en grupo?

–¿Contigo? –quiso saber Lucie–. ¿O para alejarnos de ti? Estoy agotada.

–Lo siento, Lucie –dijo Darwin–. K.C. es una fuerza de la naturaleza, y...

–¿Cómo? ¿Tú también estás ahí?

–¡Sorpresa! Es una reunión del club que os hace llegar la tecnología –explicó K.C.–. Veamos, ¿quién sabe el número de la habitación de Anita?

–¡No! –exclamaron Peri, Lucie, Catherine y Darwin al unísono.

A diferencia del resto, sólo Catherine sabía que, si bien Anita se hacía la valiente, todavía estaba aceptando el hecho de que por fin iba a abandonar lo de Sarah. Catherine pensó que, aunque lo más probable era que el insomnio la mantuviera despierta y estuviese trabajando en su abrigo de novia, lo último que necesitaba Anita era que la molestaran.

–Bueno, ¿y Dakota, entonces? –insistió K.C.

–Tampoco vas a despertarla –replicó Lucie–. Aunque por lo que oigo, me temo que ya es demasiado tarde. Está dando traspiés en el salón.

Quejándose entre dientes, Lucie se puso una bata y abrió la puerta del dormitorio para que Dakota supiera que había descolgado el teléfono de la habitación. Con la esperanza de poder forzar la suerte y no molestar a Ginger, no encendió la luz.

–¡Oh, Dios mío! –gritó al teléfono.

–¿Qué pasa? –exclamaron cuatro voces como respuesta–. ¿Estás bien? ¿Qué ocurre?

–¡Hay un hombre en mi salón! –chilló.

–¡Mierda! ¿Y ahora qué?

Lucie reconoció la voz al instante. Llevaba oyéndola con frecuencia durante el verano.

Era Roberto.

# Treinta

¿Estaba o no estaba…? Ésta era la pregunta que se hacía todo el mundo. La llamada telefónica finalizó a toda prisa, para disgusto de K.C., que tenía muchas, muchas ganas de permanecer a la escucha.

Sin embargo, no parecía haber respuesta, y Catherine no podía sino admirar a Dakota por ello. Salió de su habitación en camisón y con el par de zapatos de tacón que se puso para ir a la ópera, pues ni siquiera había tenido tiempo de buscar una bata. Salió corriendo sin saber si iba a reprender a Dakota o a protegerla. Lo único de lo que estaba segura era de que Georgia esperaría que se hiciera cargo de la situación.

Cuando llegó a la *suite* de Lucie al cabo de unos minutos, Dakota estaba sentada en el sofá con Roberto, y Lucie caminaba de un lado a otro de la habitación. Se notaba que estaba afectada.

—¿Qué pensaría tu padre? —masculló Lucie—. Está en este mismo pasillo. Y fue todo un reto conseguir que accediera a que vinieses.

—Eso es problema mío —repuso Dakota con total naturalidad—. Tú no eres responsable de lo que haga durante mi tiempo libre. Si saliera y atracase un banco, nadie te arrestaría. Porque sería cosa mía. Y esto también lo es.

Dakota se disculpó por haber asustado a Lucie. Dijo que comprendía que no era apropiado haber traído a Roberto sin permiso porque, técnicamente, ella trabajaba para Lucie y la habitación no era suya.

—Pero, por lo que respecta a otros detalles —prosiguió—, voy a hablaros con franqueza a las dos: no es asunto vuestro y no voy a entrar en ello.

La conversación se alargó hasta el amanecer pero no condujo a ninguna parte, y Dakota se mantuvo firme en su negativa de soltar prenda.

—Os estáis pasando de la raya —advirtió la adolescente a Lucie y Catherine después de horas de darle vueltas al asunto. Su tono de voz no era brusco ni sarcástico, sino desapasionado y seguro—. La verdad es que no soy la mascota del club. Mi vida no es un proyecto de grupo. Y el tema está zanjado.

Catherine se había preguntado cuándo sabría que Dakota se estaba convirtiendo en una persona adulta de verdad. No se trataba de si había tenido relaciones sexuales o no, por supuesto. Hay muchos chicos inmaduros y no preparados que experimentan cada día. Fue cuando cambió el concepto de cómo se veía a sí misma. Aquello no eran las quejas de una adolescente diciendo que tenía su propia vida y no quería que nadie se inmiscuyera, sino la segura y tranquila convicción de que parte de su vida era pública y la mayor parte privada, que sólo compartiría según su criterio.

Sin duda, tenía que aprender más de la vida en general. Sin embargo, Catherine no podía criticarla por eso, cuando ella misma, con cuarenta y pocos años, acababa de entender qué era lo que la hacía sentir mejor. Y era cuando se sentía completamente dueña de sí misma.

Había pasado una velada estupenda con Marco; asistieron a una representación de *Las bodas de Fígaro* y terminaron tomando unas copas en la terraza.

—Bueno, ahora ya sabes dónde me escondo —le dijo ella, riendo—. Llevo casi todo el verano evitándote.

—¿Por qué? No soy peligroso, ni mucho menos.

—No lo sé —contestó, tras lo cual lo miró a los ojos—. Bueno, sí que lo sé. No he tenido muy buena suerte con los idilios. No últimamente. Ni nunca.

—Apenas hemos tenido tiempo de conocernos —repuso Marco—. No sabemos cómo sería tener un idilio. Y no es porque no me haya pasado el verano conduciendo hasta Roma tratando de encontrarte.

—¿Qué piensas del hecho de que esté divorciada? —le preguntó de pronto.

—Que tu esposo debía de ser estúpido. O cruel.

Catherine bajó la mirada.

—Ahora ya sabemos cuál de las dos cosas era —afirmó Marco en voz baja.

—Tu esposa... Debes de echarla de menos.

—Todos los días. Me dijo que si alguna vez le ocurría algo, lo mejor sería que me hiciera monje. —Se echó a reír con ganas y vio la expresión consternada de Catherine—. No te preocupes —añadió—. Paso mucho tiempo hablando con ella mentalmente. No lo decía en serio.

—¿A qué te refieres? —preguntó Catherine.

—Finjo hablar con ella en mi cabeza —contestó Marco—. Trato de imaginar cómo resolvería ella los problemas, o qué diría. Lo siento, esto no debe de resultarte muy interesante.

—No —repuso Catherine—. No, ésta es la conversación más sincera que he tenido desde hace mucho, mucho tiempo.

Catherine le habló de Georgia, de las cenas con James, de que sus padres murieron en un accidente de tráfico años atrás y de cómo le había costado mucho tiempo aceptar su vida tal como era.

—Ahora no puedo estropear las cosas, ¿entiendes? —le dijo.

Él asintió con la cabeza, y a continuación se ofreció cortésmente a celebrar una fiesta de fin de rodaje en el viñedo Cara Mia para los miembros del reparto y del equipo. Claro, había que desplazarse hasta el campo, pero prometió que sería algo realmente especial, y añadió que iba a llamar a Lucie para hacer extensiva la invitación. Todo el mundo que conociera a Isabella estaría muy interesado, y además también haría quedar muy bien a Lucie.

—Eres un hombre muy bueno —le dijo Catherine, y Marco se rio.

—Conozco ese dicho norteamericano —repuso—. Los hombres buenos son los primeros en morir.

—Algo parecido —admitió Catherine—. No me refiero a eso exactamente. Lo que quiero decir es que no eres la clase de hombre que suelo tratar.

—Las personas no pertenecen a ninguna clase —replicó Marco—. Las personas son personas. Únicas. Tú y yo, Catherine, somos personas que comprendemos lo que es una pérdida. Pero podemos perdernos en esa comprensión. Quizá ya sea hora de que nos centremos más en el beneficio que podemos obtener.

Isabella se presentó en cuanto la avisaron de la llegada de los vestidos y llevó consigo al fotógrafo y al editor de modas del *Vogue* Italia. Por regla general se les hubieran enviado los vestidos, por supuesto. Pero Catherine se negó rotundamente a separarse de ellos y dejó claro que si Isabella quería ponérselos, tendría que acudir al rodaje. Así como James, Dakota y Anita. Era un gran momento para todos ellos y para Georgia. Parecía adecuado que compartieran su triunfo todos juntos.

—Nuestra amiga Peri Gayle te ha enviado un regalo —anunció Catherine a Isabella, colmándola de bolsos de punto para gran deleite de la cantante.

Catherine había contratado a dos modelos para mostrarle los vestidos a Isabella. La primera de ellas tenía una figura andrógina y muy poco pecho, así que Catherine le asignó a Fénix, que había sido confeccionado para resaltar tanto sus curvas como su generoso busto.

—Ay, no, no es eso lo que busco —rechazó Isabella, y Catherine se sintió como si no estuviera siendo justa con Georgia, aunque sabía lo que ocurriría a continuación.

—Bueno, el otro es mi preferido —explicó a Isabella—. Casi estoy por no enseñártelo.

—He venido hasta aquí —exigió Isabella, que había tomado un taxi para atravesar la ciudad.

Catherine exhaló un profundo suspiro fingido.

—De acuerdo —dijo—. Se llama Flor, y es el último vestido que hizo la diseñadora.

—No creo que debas mostrárselo, querida —terció Anita, quien, por instinto, se dio cuenta de lo que pretendía su amiga.

—Una promesa es una promesa —respondió Catherine con gran solemnidad—. Se lo debemos a Isabella.

Avisó a Lucie para que hiciera salir a la modelo —quien era idéntica a Isabella, naturalmente— con el vestido prendido con alfileres en ciertos puntos para que se adaptara perfectamente a su cuerpo. El contraste entre el tono rosado del vestido y la piel olivácea de la modelo resultaba asombroso; la abertura de la falda emparejada con el cuello mandarín proporcionaba un aspecto agradable y vagamente exótico.

—Éste, quiero éste —declaró Isabella, y se puso de pie—. ¡Sí, está decidido! —Y con estas palabras comenzó a hurgar en la caja gigantesca de bolsos de punto y fieltrados de Peri, dejando escapar grititos de deleite de vez en cuando.

—Dime —se dirigió a Catherine sin desviar la mirada de la caja—, ¿en Estados Unidos la gente tiene tejedores personales? Ya sabes, como un asistente personal. Una persona que te confeccione toda la alta costura en punto.

—Si no los tienen —repuso Catherine en tono susurrante—, estoy segura de que ahora los tendrán.

Isabella sacó una mochila descomunal con unas tiras anchas y esbozó una sonrisa perversa.

—¿Estáis pensando lo mismo que yo? —preguntó a todos los presentes.

—Por supuesto —contestó Lucie, ya acostumbrada a seguirle la corriente a Isabella, y pensando que no había necesidad de cambiar ahora que ya estaban a punto de terminar.

—Yo también —dijo Isabella—. Este vestido y esta bolsa van a cambiar mi imagen. Con el vestido soy la inocente que despierta. Con la bolsa seré la colegiala traviesa.

—¿Qué? —inquirió Dakota.

—Mira estas tiras —explicó Isabella al tiempo que se colocaba la mochila sobre la camiseta—. Cubren perfectamente. Como un bikini de tiras. Voy a posar en *topless* llevando sólo la mochila.

—¡Fabuloso! —gritó el fotógrafo—. Me encanta.

—No creo que fuera eso lo que Peri tenía pensado —comentó James.

—Por supuesto, una buena mujer de negocios sabe que toda publicidad es buena —intervino Dakota. ¿Cuánto le debía a Peri por cuidar de la tienda aquel verano? ¿O durante los últimos cinco años? Era tanto que difícilmente podría corresponderle. Sin embargo, dar un empujoncito para estimular la ingeniosa iniciativa de Peri era lo mínimo que podía hacer—. *Vogue* Italia consigue todo lo que quiere. Bien, el nombre de la diseñadora es Peri; se deletrea: P, E, R, I…

Estaba decidido. Isabella iba a adornar la portada ataviada con el vestido rosado de Georgia, y el desplegable del interior incluiría varias fotografías provocativas de Isabella ocultando su cuerpo tras los bolsos de Peri, algunos de los cuales eran realmente diminutos.

Había llegado el momento de Georgia. Había llegado el momento de Peri.

Y el vestido Fénix sería de Catherine para siempre jamás.

———

Lucie había visto a Isabella con mucha frecuencia a lo largo de las semanas de rodaje del vídeo de rock más ridículamente complicado del mundo, y durante la sesión de fotos para *Vogue*, a la cual acompañó a Catherine, la vio aún más. Y mientras le parecía perfectamente apropiado para Isabella, supo que no querría que Ginger viera esas fotos. Y a Ginger le encantaban todas aquellas cantantes de pop con aspecto de niñas que andaban brincando por ahí con esas camisetas que dejaban la barriga al aire.

Llamó a Darwin.

—Hola, profesora —dijo Lucie.

—Hola, señora Directora Famosa o algo así —respondió Darwin—. He oído que convenciste a Isabella para que posara en *topless*.

—¡No es verdad! —protestó Lucie—. Aunque, hablando en serio, tengo una crisis de contenido. No dejo de pensar que no quiero que Ginger vea lo que hago.

—No estás haciendo vídeos de los Wiggles, Lucie —contestó Darwin—. Tú haces vídeos musicales y esas cosas..., donde todo va de sexo, pero fingiendo que se trata de amor.

—Eso ya lo sé —repuso Lucie—. ¿Crees que no lo sé? Pero me estoy diciendo que tendría que haber un canal de televisión para chicas, ¿sabes? Algo con ciencia divertida, series inteligentes de detectives y alguna que otra cosa apropiada sobre moda. Algo que fuese más…, bueno, no tan escandaloso.

—Es una idea perfecta —convino Darwin—. Y tienes aptitudes.

—Y tú tienes conocimientos —afirmó Lucie—. Podrías ser mi junta asesora.

Se rieron las dos e intercambiaron una y otra vez la frase «¿Y si lo hiciéramos de verdad?» hasta que guardaron silencio, imaginando las posibilidades.

—Necesitaríamos un montón de dinero —comentó Lucie.

—Y de tiempo —añadió Darwin.

—Y lo más probable es que fracasáramos.

—Es una locura —reconoció Darwin—. Pero mira, estoy tejiendo mantas Georgia como si me ardieran los dedos y hubo una época en que no lo hubiese hecho. Creo que deberíamos pensar en ello.

Hicieron un trato: cada una de ellas elaboraría una lista con los pros y los contras —y, por parte de Darwin, también de las preocupaciones— y después decidirían hasta qué punto estaban dispuestas a intentar algo descabellado.

—Hablando de cosas descabelladas —comentó Lucie—, no puedo creer que esté a punto de terminar el verano y no haya hecho ni la mitad de cosas que tenía planeadas.

—Como ponerte en contacto con el padre de Ginger —señaló Darwin.

—Sí, lo sé —repuso Lucie—. Para serte sincera, desde la noche en que descubrí a Roberto ya no he pensado tanto en él. Durante un tiempo creí que lo necesitaba. Luego me pregunté si serviría cualquier otro hombre.

—Marco.

—Sí —admitió Lucie—. Sin embargo, aunque es muy simpático, y dado que se le ve muy atento con Catherine, finalmente he pensado en otra cosa.

—¿Que es…?

—Que ya tengo a suficientes personas bajo mi responsabilidad. No me importaría contar con la compañía madura de un amigo de vez en cuando, no sé si me entiendes, y la circunstancia de tener cerca a Dakota ha hecho que me diera cuenta del valor de un asistente personal. Pero ¿un novio o un marido? Ahora mismo, no. Tal vez nunca.

—Así pues, ¿Will no va a saber lo de Ginger?

—De momento, no —respondió Lucie—. Afectaría a mucha gente: a Ginger, a Will, a sus hijos, a su esposa… Y podría acarrear muchos problemas. Voy a cerrar de nuevo esa puerta, al menos por ahora.

—Ya sabes que yo te apoyo en lo que sea. Incluso cuando me abandonas para irte a Roma.

—¡Ja! Daría lo mismo que hubiera estado en un estudio en Brooklyn —repuso Lucie—. No he visto nada en todo el verano. Ni siquiera la Capilla Sixtina. Rosie va a matarme.

—¿Qué tal está?

—Bueno…, resulta difícil decirlo. Mitch me cuenta historias interminables sobre que necesita que la vigilen, y luego mi madre me explica otra cosa. La verdad está en algún punto intermedio. De todos modos, dentro de una semana ya estaré de vuelta, y estoy ansiosa por ver cómo sigue la situación.

—Pues Dan y yo por fin estamos libres de suegras —suspiró Darwin—. Voy a llevar a los niños al pediatra para que los pese, pero podría pedirle a Dan que fuese a buscarla el sábado y la trajera para pasar aquí la tarde. Francamente, me vendría bien un poco de ayuda para terminar mis mantas Georgia.

—Eso es hacer trampas —reprobó Lucie—. No puedes utilizar a mi madre para terminar tu labor para beneficencia.

—Bueno..., sí puedo —replicó Darwin—. Mientras estés en Italia, no hay objeciones que valgan.

—Yo no he terminado ninguna desde abril —reconoció Lucie.

—Lo cual te convierte en otra de las personas a las que supero —comentó Darwin alegremente—. A mí Georgia me caía muy bien, ya lo sabes. Teníamos nuestras diferencias, pero también nos parecíamos en muchos aspectos. Así pues, creo que este año ella está pensando en mí y no voy a defraudarla.

———

—Voy a recordar este verano como el de no poder dormir —farfulló Catherine para sus adentros mientras arrastraba su cuerpo fuera de la cama para contestar al teléfono que sonaba, otra vez.

—Catherine, lo siento mucho —oyó decir a Marco—. Lamento haberte despertado.

—¿Va todo bien?

—Estupendo. Mejor que estupendo. Tengo bastantes amigos, ¿sabes?, y moví algunos hilos.

Catherine se quitó el antifaz, preguntándose de qué diablos estaba hablando. Y entonces se acordó: Marco le había prometido que podría hacerla entrar en los Museos Vaticanos antes de que abrieran al público. Antes de todo el gentío. Al menos una hora, dijo Marco, una hora para emparse de los tapices, de la Capilla Sixtina y también de los artefactos egipcios. De todo tipo de cosas magníficas.

—¡Oh, Marco! Eso sería maravilloso, ¿sabes? —exclamó Catherine.

—Lo sé, lo sé. Trae a todas tus amigas. Intentar pasar tiempo contigo es como tratar de pasarlo con una joven virgen hace cincuenta años. Todo el pueblo sale a pasear con nosotros.

—¿Te importa? —preguntó Catherine con vacilación.

—No, no. Al menos, así puedo ver a mi hijo. Resulta difícil encontrarlo desde que conoció a tu Dakota. Es su primera novia de verdad.

—Sí.

Catherine no había dicho nada sobre el descubrimiento de Roberto y Dakota y aconsejó a Lucie que hiciera lo mismo. No se lo habían contado a nadie, ni siquiera a James, pues decidieron que no era necesario que los padres supieran ciertas cosas. Además, Dakota no les había dado una respuesta directa en ningún momento, ¿no? De modo que ni siquiera sabían qué le dirían a James si se lo revelaran todo.

—Lo de Roberto —prosiguió luego Catherine— es una de las poquísimas cosas que me ha contado nunca Dakota. Por lo tanto, debe de tratarse de amor.

—Ya, ya. Sólo el primer amor puede ser así de limpio y sencillo. El resto de nosotros hemos aprendido, ¿verdad? Puede resultar más complicado a medida que avanzamos. Pero, Catherine, no hay tiempo de debatir como siempre hacemos. Tendrías que estar abajo dentro de media hora si quieres que el taxi te traiga a tiempo.

—Iré con el grupo. Me gustaría que por fin conocieras a Anita. Ha estado muy preocupada buscando a su hermana y tú nos oyes hablar de ella continuamente… —concluyó con voz apagada—. Tú y yo hablamos mucho, ¿verdad, Marco?

—Pues claro que sí. Somos amigos.

—No; somos amigos de verdad —afirmó Catherine, cada vez más emocionada—. Sabes lo de Georgia, lo de Adam, lo de la tienda, lo de Anita y su hermana, lo de mis padres y lo de todas esas relaciones que nunca funcionaron…

Marco la cortó en cuanto ella hizo una pausa para respirar.

—Llegaremos tarde, Catherine, y si no nos apresuramos habrá una horda de turistas en la Capilla Sixtina —apremió—. Levántate, ponte algo de ropa y nos vemos enseguida.

Colgó el teléfono con más energía de la que había sentido en meses. Se había divertido mucho con sus amigos de Nueva York durante el verano. Y también ella sola: llevándole flores a Julio César; leyendo; escribiendo; comiendo; paseando; durmiendo (cuando no la despertaba nadie). Se había molestado en ayudar a Lucie. Y se contuvo con Marco. No se había lanzado alocadamente a otro romance rápido lleno de chispas y poco sostenible. No; tan sólo se había permitido hablar, hablar, hablar. Y si a él no le parecía bien, o no le gustaba ella, podía seguir su camino.

El hecho de que Marco pareciera disfrutar de verdad con lo que ella tenía que decir resultó toda una revelación. Que quisiera compartir sus propias ideas y opiniones. Que creyese que su tienda era una gran idea, y no sólo el aspecto vinícola del negocio. Prestó mucha atención cuando le contó que estaba trabajando en un libro y asintió encantado cuando Catherine le dijo que en la novela un asesino en serie mataba a todos los hombres malos.

—No esperaría menos de ti, por supuesto —comentó.

En resumen, Marco se había convertido en un gran amigo. Un amigo de quien ella quería más y había dejado muy claro que tenía más que ofrecer. Sin embargo, de momento, daba la sensación de que las cosas estaban bien como estaban.

Se puso un jersey ligero y unos pantalones de estilo informal, unas botas altas de tacón y se dio una pasada rápida de lápiz de labios, saltándose toda la rutina restante de maquillaje. Consideró que si Marco escuchaba sus historias, también podría ver sus ojos sin rímel.

Catherine ya no necesitaba máscaras de ningún tipo.

# Treinta y uno

Dakota no podía creer lo que veían sus ojos cuando los abrió y miró por la ventana de su dormitorio hacia las ondulantes colinas de Cara Mia, en las afueras de Velletri, con sus interminables hileras de viñedos de los que se produciría el vino.

Todos los neoyorquinos habían llegado la noche anterior en una caravana de automóviles descapotables Smart que cubrió el trayecto hasta la finca. El verano se terminaba y, tal como había prometido, Marco ofrecía la fiesta de fin de rodaje para la *Isabellastravaganza*, con cuyo fin se habían instalado dos carpas de lona cerca de la villa. Aquella noche prometía ser digna de recordar.

Lo mismo que todo el viaje. Habían ocurrido muchas cosas: dentro de unos días sería su decimonoveno cumpleaños y había encontrado un chef en el que inspirarse, le dijo a su padre que quería vender la tienda y asimiló toda la belleza —el arte, la arquitectura, los olores de las panaderías de barrios cercanos y distantes— que una persona podía absorber en unas semanas. Había realizado muchos progresos.

Por no mencionar que se había enamorado. O quizá algo superparecido a eso. Resultaba difícil saberlo con certeza, pues no tenía nada con lo que compararlo. Sin embargo, una cosa estaba clara: tenía novio, un novio guapísimo que además daba unos besos excelentes. A ella le gustaba pensar a menudo en todos los momentos que habían pasado juntos; envió un mensaje de texto a su amiga Olivia después de su primer beso con Roberto, emocionada y también agradecida por no sentirse como la única estu-

342

diante universitaria estadounidense que se había quedado atrás.

Roberto tenía un aire relajado, y su risa fácil contrastaba muy bien con la seriedad innata de Dakota. En su opinión, formaban una buena pareja, y muy pronto descubrió que el inglés de Roberto ya era casi perfecto. Lo cual sólo sirvió para que el chico le gustara aún más, y su forma de pensar que debía encontrar motivos para hacer que quisiera estar con él. Era estupendo que fuesen detrás de ti. Que te desearan. Que te encontraran hermosa. Tener valiosas bromas privadas con otra persona que podía comprenderla al fin de un modo completamente nuevo. Distinto de todos los demás. Pero no estaba dispuesta a contarle a nadie todo lo ocurrido en la *suite* de Lucie aquella noche; eso sólo era asunto suyo y de Roberto.

—Sé lo que quiero y lo que no.

Lo dijo en voz alta, aunque estaba sola, mientras se desperezaba para combatir los restos de somnolencia. Así pues, eso era lo que también le había reportado el verano: una comprensión más profunda. De casi todo.

No obstante, aún quedaba mucho más: ver los terrenos y la villa de Cara Mia y pasar una tarde en la cocina. James había organizado las cosas para traer a Andreas, el chef del V, y desde luego éste estaba ansioso por cocinar para la famosa Isabella, y más que cómodo teniendo a Dakota como su chica para todo.

—Gracias, papá —dijo Dakota cuando lo supo.

—Siempre lo intento, Dakota —repuso James—. Puede que no seas consciente de ello, pero lo hago, créeme.

⊂———————⊃

A media tarde, los invitados llegaron en tropel: actores, miembros del equipo de rodaje y toda clase de amigos famosos de Isabella, tanto norteamericanos como europeos. Pero Dakota estaba mucho más interesada en conocer a la familia de Roberto. Le gustó especialmente que dijera que era su novia delante de su abuelo.

—Ésta es Allegra.

Así presentó Marco a Anita y Dakota a su tímida hija de cabellos castaños y en edad de asistir a la escuela primaria. La pequeña se escondió tras una anciana que estaba de pie a su lado.

—Y ésta es mi abuela —dijo a su vez Roberto.

Una vez más hubo un aluvión de apretones de manos y saludos con la cabeza mientras Anita empezaba una ronda de presentaciones de todo el grupo de Nueva York. La madre de Marco, la abuela de Roberto, era una mujer menuda con una piel de un intenso color aceituna y unos ojos oscuros y separados. «Ajá, ahora ya sé de dónde ha sacado esos ojos tan preciosos», pensó Dakota.

—Bienvenidos —saludó Paola Toscano. Ella, al igual que Marco, parecía estar encantada de que una horda de invitados invadiera su pintoresco rincón del mundo—. Cara Mia lleva generaciones siendo propiedad de mi familia y me llena de alegría compartirlo con vosotros.

—Gracias —contestó Anita—. Eres muy amable al abrirnos tu casa.

La noche anterior, Anita había descansado estupendamente en una cama cómoda y lujosa, tras estar varios días llorando en su *suite* con Marty, sintiéndose confundida: aquel verano todo el mundo parecía haber encontrado lo que buscaba en Italia..., excepto ella.

«La resignación parece mucho más digna de lo que es en realidad», pensó Anita. Aquélla era su propia batalla, el reto de abandonar, de reconocer que el hecho de aferrarse a un sueño se había convertido en su propia maldición.

Así pues, ¿cómo decir adiós a una carga de cuarenta años? Anita tomó las postales que amaba y odiaba a la vez, las que guardaba en el cajón de los trastos y en su corazón, se las entregó a Marty y le pidió que las quemara. Él le prometió que lo haría, y Anita pudo dormir por fin.

Catherine le estaba dando vueltas a la idea. Ponérselo o no. La sesión de fotos ya se había realizado y las pruebas estaban de camino al director creativo. Sin embargo, en cuanto Isabella echara un vistazo a Catherine vestida con el Fénix sabría que la había engañado. No obstante, al final quiso que Marco lo supiera. «Mira lo que mi amiga Georgia hizo para mí —le diría—. Ella me mostró la manera de volver a la vida. Confeccionó este vestido con sus propias manos y lo cosió con poder suficiente para darme impulso en mi viaje.»

—Estás etérea —comentó Marco al verla acceder al jardín con el vestido dorado sobre su cuerpo y el cabello rubio que, sujeto en lo alto, caía en forma de zarcillos sueltos—. Eres como una reina.

—Gracias. Siempre he sido propensa a la adulación.

—La adulación es falsa —objetó Marco—. Lo que yo te digo son hechos.

Y de eso hablaban, paseando por los viñedos mientras el resto del grupo probaba la comida, el excelente vino e incluso intentaba bailar con los estilos de música del DJ de Isabella.

—Vine a Italia para huir de algunos errores —expuso Catherine—. Sin embargo, precipitarme ahora a una relación bien podría ser sólo uno más.

—Entonces, no deberíamos hacerlo.

—Es algo que tengo por costumbre —explicó Catherine—. Me entierro en mis relaciones. Tiendo a perder de vista quién soy en realidad y no estoy segura de saber cómo evitarlo. Pero estoy aprendiendo.

—Puedo esperar —afirmó Marco—. Soy vitivinicultor, por el amor de Dios. Sé muy bien que es preciso dejar que la posibilidad madure a su tiempo.

⌦

A medianoche, Anita se había cansado de la fiesta y de la estridente música de Isabella. Por supuesto, probó todas las pastas en cuya elaboración participó Dakota y vigiló a Ginger porque Dakota estaba muy ocupada cautivando a la familia de Roberto. Pero no tardaron en llevarse a Ginger a la cama, y Anita ya se había hartado de todo aquel barullo.

Justo cuando se escabullía de la celebración oyó la voz resonante de Marco que decía:

—*Buonasera*. Ven a conocer a mis maravillosos amigos de Estados Unidos.

—Me voy a la cama antes de que tenga que conocer a más gente —le comunicó Anita a Dakota con un susurro—. Dile a todo el mundo que, a mis setenta años, necesito mi sueño reparador.

—Pero si tienes setenta y ocho...

—Nunca corrijas a Anita cuando miente sobre su edad, Dakota —terció Catherine, que se acercó a ellas con un aspecto más relajado del que Dakota le había visto nunca—. Pensaba que este verano ya lo habías entendido todo.

—Buenas noches, chicas —se despidió Anita, pero Catherine alargó la mano y la tomó del brazo.

—Tómate una última copa con nosotras, Anita. Brindemos por el verano.

—Sí —la apoyó Dakota—. Que vengan también Lucie y papá. ¿Dónde demonios están? —preguntó mientras recorría la zona exterior con la mirada.

—Están en la pista de baile —informó Roberto—. Están los dos con ese baile robótico pasado de moda.

—¡Ah, qué horror! —exclamó Dakota, aunque no lo decía en serio ni mucho menos—. ¿Por qué no vamos y nos marcamos un baile estilo Isabella con ellos?

—Y después brindaremos —propuso Catherine—. ¿De acuerdo, Anita?

En aquel preciso momento Marco alcanzó al grupo; acompañaba del brazo a una atractiva mujer mayor.

—¡Nona! —exclamó Roberto con entusiasmo—. Mi novia y yo vamos a bailar.

Dakota se dio la vuelta esperando ver de nuevo a Paola. Pero vio a una mujer delgada de cabello cano que le resultaba vagamente familiar. ¿La había visto en la fiesta antes? Catherine lo comprendió todo en el acto, y de inmediato rodeó a Anita con los dos brazos en tanto que la anciana empezaba a temblar y lamentarse.

Allí, del brazo de Marco Toscano, estaba la mujer que otrora fuera una neoyorquina llamada Sarah Schwartz.

Anita había encontrado por fin a su hermana.

⊂━━━━━━⊃

—No puedo creerlo —decía Marco momentos después, pasando la mirada de una mujer a otra. Se parecían, pero claro, también eran mujeres de edad madura. Y los hombres no siempre prestaban la suficiente atención, más allá de cierto punto—. Todo este tiempo buscando a tu hermana, y resulta que es la madre de mi esposa. Es increíble. ¡Ahora sí que de verdad eres parte de nuestra familia!

—Es igual que en ese juego —comentó Dakota—. Que si conoces a alguien que conoce a alguien que conoce a alguien, y al final os conocéis todos.

—Los seis grados de separación —añadió Catherine—. Porque puede ser que lo que buscamos esté cerca de todos nosotros desde el principio.

—Quizá tendría que haber preguntado más cosas —dijo Anita, que parecía dirigirse al grupo, pero cuyas palabras eran en realidad para Sarah.

—Por fin estás aquí —murmuró Sarah, una mujer menuda y hermosa de cabello plateado que seguía aferrada al brazo de Marco.

—¡Gracias a Dios que Anita sólo es como una abuela para mí! —le susurró Dakota a Roberto mientras veían abrazarse a las dos mujeres, que se murmuraron cosas: cuarenta años de conversación saliendo de repente—. De lo contrario, tú y yo tendríamos serios problemas...

⊂━━━━━━⊃

En Nueva York, Darwin y Rosie habían pasado un día magnífico jugando con Cady y Stanton. Echaron un vistazo a las mantas Georgia y Rosie tejió varias pasadas. Dejaron a los niños con Dan y comieron en Sarabeth's, donde se abastecieron de mermelada para llevarse a casa, y luego pasaron por Walker e Hija para seleccionar aún más lana para Darwin. El permiso de maternidad tocaba a su fin, ella estaba sumamente cansada y, con todo, había tomado unas notas estupendas para su nuevo trabajo de investigación. Y luego estaba su misión con las prendas de punto para beneficencia, tema que iba realmente bien. En general fue un verano fabuloso, aunque no hubiese viajado a otro país y tenido que soportar la prolongada visita de la señora Leung.

Rosie, en cambio, sí parecía cansada, pensó Darwin. Fue en busca de unos cafés para ellas dos y otro para Peri y subió las escaleras hacia la tienda, donde esta última finalizaba una de las clases que daba los fines de semana. Las saludó con la mano al verlas entrar.

—¿Más lana? —preguntó Peri, aunque ya tenía separado un montón de madejas que Darwin le había pedido por teléfono.

—Sí —respondió Darwin—. Creo que quizá podría retirarme después de ganar este año.

—Los grandes nunca se retiran —señaló Peri, y se despidió de algunas de sus alumnas—. Viven en su esplendor para siempre.

—Chicas, ¿dónde está el baño? —preguntó Rosie.

—Lo quité —respondió Peri—. Toda la trastienda desapareció con las reformas.

—En realidad, las tiendas de punto no forman parte de esos sitios en que se utilizan los servicios —comentó Darwin—. Esto no es un Starbucks.

—Bueno, sí, todo eso está muy bien —aceptó Rosie—, pero me iría bien refrescarme un poco. Echarme un poco de agua en la cara, y eso...

Peri le tendió la llave del apartamento.

–A la madre de Lucie no puedo negárselo –rezongó–. El baño es la segunda puerta a la derecha. No mires el fregadero de la cocina, porque los platos del desayuno aún están ahí.

–¿Los platos del desayuno? –dijo Darwin–. En estos momentos, en el fregadero de mi cocina están los del desayuno de hoy y los de la comida y la cena de ayer.

–Se han terminado las madres, ¿eh?

–Sólo hay una –respondió Darwin–, que soy yo. Nadie paga de más por un servicio rápido, de manera que hago lo que puedo y cuando puedo.

Al cabo de diez minutos, Rosie le devolvió la llave a Peri y Darwin recogió sus compras de la semana. El teléfono de la tienda sonó cuando estaban a punto de marcharse.

Peri tapó el auricular con la mano con una mezcla de excitación y sorpresa en su rostro.

–*Vogue* Italia –les explicó articulando los labios–. Entrevista.

Darwin llevó rápidamente una silla al rincón y animó a Peri a que tomara asiento. A continuación asumió el mando e intentó hacer funcionar la caja registradora, una tarea que no había realizado nunca, para atender a las últimas clientas del día. Rosie la ayudó, ordenando los cajones y separando los colores.

–¡Yupiiii! –chilló Peri cuando colgó el teléfono media hora más tarde–. Están escribiendo un artículo sobre mí en la revista. Mis bolsos saldrán en sus páginas y también una minirreseña sobre mí.

–Vamos a celebrarlo –sugirió Darwin–. Tengo que volver a casa, pero podemos comprar una botella de vino para ti e ir a mi apartamento.

–Yo prepararé un poco de salsa –se ofreció Rosie–. Podemos hacer tallarines.

Era una cita. Se fueron en cuanto el establecimiento quedó vacío. No había necesidad de llevarse chaqueta en una noche húmeda de agosto en Manhattan, por lo que

Peri no subió a su apartamento situado encima de la tienda. Fue una mala decisión. Porque Rosie había abierto el grifo y luego se olvidó de ello, o de cómo cerrarlo. El agua llenaba el lavabo del baño de Peri con más rapidez de la que éste podía desaguar: Walker e Hija estaba a punto de inundarse.

Sólo era cuestión de tiempo.

# Treinta y dos

 —¡Que deseara vender la tienda no significa que quisiera que desapareciese! —gritó Dakota mientras hacían el equipaje.

Ya en el avión, no se molestó en ocultar sus lágrimas. El fin de semana de asueto y celebraciones finalizó para Catherine, James, Dakota y Marty al recibir la llamada de Peri: un mar de agua procedente de su apartamento se había filtrado por las paredes y el techo de la tienda y mojó la lana y los bolsos.

—El suelo está cubierto por una capa de agua —explicó Peri—. Creo que el grifo estuvo abierto durante unas seis horas, posiblemente más.

No parecía justo, ni mucho menos: dedicaba gran parte de su tiempo a cuidar de la tienda, y cuando al fin disfrutaba de una noche libre…

El grupo apenas tuvo tiempo para dar las gracias a Roberto y a Marco antes de salir a toda prisa hacia el aeropuerto.

—No ha desaparecido exactamente —terció Catherine—. Sólo está un poco mojada. Muy mojada —precisó, aun cuando no sabía lo que iban a encontrarse al regresar a su querida tienda de punto de la calle Setenta y siete con Broadway.

—No entiendo cómo puede ser que la madre de Lucie se dejara el grifo abierto —comentó Dakota—. No tiene sentido.

—Lo sé —repuso Catherine, que rodeó a la joven con el brazo—. Parece ser que el desastre no se limita a unas paredes y unas cañerías.

No dijo más; sabía que los hermanos de Lucie iban a llevar a Rosie al médico a Nueva York el lunes. Lucie se quedó anonadada al enterarse del incidente y se vio obligada a afrontar algunas verdades difíciles respecto a su madre.

No se entretuvieron yendo a sus respectivas casas, sino que tomaron dos taxis –no pudieron meter todo el equipaje de Catherine en uno solo– y se dirigieron directamente a la tienda. Visto desde fuera, todo parecía estar bien: el letrero estaba en la alta ventana, el horario se veía con claridad. Era lunes, el día que normalmente la tienda cerraba. Y cerrada estaba. Cuando llegaron, Peri calzaba botas y llevaba guantes de goma y se desplazaba por una capa de agua estancada que parecía sucia, en tanto que una bomba de sumidero funcionaba en un rincón. K.C. trataba de disponer la lana en hileras de madejas para que se secara, o hacía un inventario de lo que se había estropeado anotándolo en una tablilla con sujetapapeles, calzada también con botas. Darwin estaba atareada llamando por teléfono a los de mantenimiento al tiempo que intentaba secar documentos comerciales con un secador de pelo. En todas las paredes de la tienda había manchas oscuras de agua, que dejaban en ellas unos ruedos parduzcos. La pared en que se exponían los bolsos estaba más afectada que las demás; en muchos sitios, los estantes de acrílico transparente se habían soltado, mientras que otros flotaban en capas de agua poco profundas. La mayor parte de los bolsos –sobre todo las fundas de ordenador más nuevas que había hecho Peri– parecían estar mojados, manchados o hinchados. Aparecían amontonados en lo alto de la mesa central, envueltos con capas de toallas rayadas, esperando.

James, Catherine, Marty y Dakota subieron las escaleras de dos en dos y se quedaron en la puerta vacilando, boquiabiertos. Todo el duro trabajo de Peri, sus reformas, sus bolsos, sus años de cuidar de la tienda de Georgia, estaban chorreando. Bañados en agua del grifo por cortesía de la madre de Lucie, Rosie.

—¿Qué vamos a hacer? —gimió Peri al verlos.

Pero nadie tenía la respuesta.

—¡Oh, Dakota! —susurró luego Peri, en cuyos ojos hinchados resultaban claramente visibles el agotamiento y el disgusto—. ¿Qué le ha pasado a nuestra tienda?

Al oírla, Catherine y James, que habían quedado igual de mudos que Dakota, quien había sido incapaz de mantener la compostura durante el vuelo desde Roma, se metieron en el agua entonces fría y abrazaron a una llorosa Peri.

⌐━━━━

Anita llamaba a Marty cada pocas horas para saber cómo iban las cosas en la querida tienda de Georgia. Ella no pudo tomar el vuelo, debido a su fobia. Y, por otra parte, era el momento de sentarse con su hermana y escuchar todos los detalles que se había perdido durante cuarenta años. De decirle cuánto sentía que hubiera perdido a una hija igual que ella perdió a Georgia y llorar la muerte de una sobrina a la que nunca pudo conocer, la madre de Roberto y Allegra. Y de volver a conocerse con Roberto, ya no sólo como el simpático novio de Dakota sino como su propio sobrino-nieto. Cuando sólo había estado buscando a Sarah, se encontró con una familia entera que la esperaba. Personas relacionadas con ella, aguardándola. Gracias al club de punto de los viernes por la noche. Fue una casualidad, por supuesto. Pero también podía ser que no lo fuera, pensó Anita. Quizá hubiese habido un poco de orientación por parte de Georgia. Al fin y al cabo, empezando por el trabajo de Lucie, pasando por la conexión de Catherine con el vino y hasta la tarea de James en el hotel… todo había encajado en su sitio. Y los llevó hasta allí. A Italia, la una hacia la otra.

—Al principio fui a Inglaterra —explicó Sarah—. Envié la postal y me figuré que irías a buscarme. Pero no lo hiciste.

Anita bajó la mirada y se ruborizó. Ya tendría ocasión de explicar sus acciones y pedir comprensión, pero entonces era la oportunidad de Sarah.

–Me cambié el apellido hace mucho tiempo. Pensé que si me habían dejado de lado, por qué no iba a hacerlo yo.

–No encontramos constancia de ello –señaló Anita–. Buscamos por toda Europa...

Sarah miró a su hermana con aire pensativo.

–Anita –le dijo–, me cambié el apellido en Nueva York.

Anita se quedó asombrada. Nunca se le había ocurrido buscar registros de su hermana en su propia ciudad.

–Tras el cambio, me marché a Inglaterra –continuó explicando Sarah–. Estuve en países distintos a lo largo de los años, hasta que conocí a un guapo italiano cuando estaba trabajando de camarera. Era un hombre muy apuesto, dulce, y me dio un hogar y una familia.

–Todo –murmuró Anita–. Todo lo que yo te quité.

–Nuestra única hija se casó con Marco hace más de veinte años y fue una época maravillosa. He pasado muchas temporadas aquí, en la villa, desde entonces. Incluso después de que nuestra hija falleciera y tuviéramos que seguir adelante sin ella.

–¿Y tu marido? –preguntó Anita.

–De hecho, está en casa –respondió Sarah–. Probablemente dormido en su silla. Roberto no logró convencerlo de lo interesante de conocer a la cantante Isabella.

–Estoy atónita. Pero no entiendo por qué siempre mandabas esas postales en blanco.

–¡Vaya! ¿No es evidente, Anita? Sencillamente, me sentía mejor creyendo que todavía tenía relación contigo –le aclaró Sarah–. Pero estamos ya muy mayores. La última la envié desde el pueblo; prácticamente era un indicador de ruta. Una fotografía de la famosa Fiesta de las Camelias.

Anita recordó vagamente que Catherine había mencionado algo sobre unas flores en la postal. La pista había estado allí desde el principio.

–De todos modos, al no saber nada de ti, pensé que eso ya era una respuesta de por sí. O algo peor.

Anita se inclinó hacia delante y se rio tontamente.

—Lo sé. Yo también pensé que habrías muerto —confesó con una sonrisa de alivio en su rostro que duró unos momentos. A continuación se puso seria—. No parece justo que la gente no esté aquí para siempre, ¿sabes? Sí, porque cuando las cosas van bien es estupendo.

—Y cuando van mal… —Sarah dejó que se le fuera apagando la voz—. Perdí la oportunidad de estar con papá y mamá, por supuesto.

—Lo sé —repuso Anita, que deseaba no haber tenido que hablar de aquel delicado tema. De las personas que ya no estaban—. Mi decisión precipitada te despojó de todo ello.

—Y los chicos… —comentó Sarah—. Mi hija no conoció a sus primos. ¡Nathan fue siempre tan severo!

—Continúa siendo obstinado —murmuró Anita—. En ese sentido es como yo. Parece creer que lleva el peso del universo en sus hombros. Que tiene que hacer de árbitro con todo el mundo.

—¿Sigues haciendo punto?

—Sí —contestó Anita con una sonrisa—. Quizá podrías ayudarme a terminar mi abrigo de novia. Así, Marty no tendrá que esperar eternamente la ceremonia.

—Por supuesto. Y yo estaré presente en ella. Pero tenemos que ponernos al día de muchas cosas, Anita. Ya no soy una jovencita. No vamos a asumir los viejos papeles, ¿sabes? No puedes aparecer en Italia después de cuarenta años y empezar a decirme lo que tengo que hacer.

—Lo sé.

Ésa fue su respuesta, pero en el fondo no lo sabía, la verdad. Había pasado meses mirando las fotografías de su primera boda y aquella niña de las flores tan mona, y no era tan tonta como para no darse cuenta de que no estaba del todo preparada para descubrir que Sarah tenía el cabello cano. Que había envejecido también, que el tiempo no la había congelado en el espacio esperando a que ella estuviera dispuesta a pedir perdón.

A veces, obtener lo que buscas sólo te reporta más preguntas aún. Pero ahora, al fin, estaban listas para buscar las respuestas. Las dos juntas.

————

Hacían escapadas para ir a buscar café. Para traer fregonas. A comprar toallas de papel, de tela y bolsas de basura. Y en busca de pañuelos para enjugarse las lágrimas.

La tienda era el legado de su madre. El lugar en el que más había parecido ser totalmente ella misma. La fotografía de Georgia y Dakota —la toma de la película de Lucie— seguía colgada de la pared y a su alrededor la pintura seca se había desconchado, detrás del lugar donde antes estaba la caja registradora.

Al principio, Dakota se enojó con Rosie. Con Peri.

—¿Cómo pudo dejarle utilizar el baño de esa manera? —Fue una de las preguntas furiosas que Dakota espetó a Catherine en el avión.

Tenía toda clase de improperios que quería dirigir a Lucie, exigencias y acusaciones. Luego pensó en Ginger, en la pequeña Ginger, nacida el día en que Georgia murió. La nieta de Rosie. Y pensó en lo triste que iba a ser para todas ellas ver cómo Rosie envejecía. Adaptarse. No saber qué hacer para mejorar las cosas.

—No lo hizo a propósito.

Eso era lo que Darwin había comprendido y expuso al poco de su llegada, anticipándose a la pregunta, cuando habían ido a toda prisa a comprarse también unos guantes de goma para ponerse a limpiar. Resultaba más fácil echarle la culpa a alguien, por supuesto, pero eso no iba a devolverles la tienda. La tienda había desaparecido: algunos pedazos del techo se desprendieron, cayeron al suelo y se mezclaron con las existencias, echándolo todo a perder.

Lo que Dakota quería era ordenar a todo el mundo que se fuera de allí. «¡Marchaos, marchaos!», quería gritar, para poder sentarse en el mostrador junto a la caja y pasar un tiempo —todo el día, o semanas enteras, ¿quién sabe?— asimilando lo sucedido. Cerrar los ojos y recorrer la tienda mentalmente, viéndola tal como había sido cuando ella era pequeña y con el aspecto que tuvo después de las reformas de Peri. Quería hacerla volver. Quería hacerlo volver todo. Deshacer todas las cosas malas. Habría renunciado a todo lo bueno para que así fuera: a Roberto, al verano en Italia, incluso al viaje de dos semanas cuando conoció a la bisabuela por primera vez. Habían ocurrido demasiadas cosas. Había mucho que asimilar.

Negociaría. ¿Con quién? ¿Con Dios?

«Sólo quiero...» Así empezaba todas las frases. «Sólo quiero que la tienda vuelva a ser tal y como la dejé. Sólo quiero que la tienda sea tal como era cuando yo era niña. Sólo quiero que mi madre siga viva y que todo sea tal como era antes.»

—¿Por qué? —gritaba Dakota de vez en cuando mientras limpiaba, y el resto de la pandilla, sumidos todos en sus propios pensamientos, la dejaban con sus arrebatos.

Todo parecía muy injusto. Ellas afrontaban toda esa pérdida, y Anita estaba volviendo a conectar con Sarah en Cara Mia. Dakota sabía que debería alegrarse por Anita, por supuesto. Ella adoraba a Anita, que respondía a todas sus llamadas y a sus mensajes de texto, escuchaba sus preocupaciones, la ayudaba a resolver problemas. ¡Pero no era justo! ¿Por qué Anita tuvo que encontrar a Sarah? ¿Por qué tenía tanta suerte? ¿Quién no querría que un ser querido regresara de entre los muertos, por así decirlo?

Dakota también quería más oportunidades. Más tiempo para estar con su madre. Volver atrás y disculparse por todos los momentos en que se había pasado de lista, y quizá incluso darle las gracias por trabajar en la tienda, porque Dakota se había dado cuenta de que nunca lo apreció lo suficiente. ¿Qué iba a hacer con los trozos de techo que se caían y los tablones del suelo que cedían? ¿Qué iba a hacer con los bolsos de Peri amontonados sobre la mesa, con K.C., que no paraba de subir y bajar por las escaleras intentando salvar lo que pudiera, con Catherine que limpiaba y limpiaba sin que al parecer sirviese de nada —Dakota estaba convencida de que no sabía utilizar el mocho pero que no quería privarse de la sensación de que estaba haciendo algo, cualquier cosa, para contener aquel desastre— y con el hecho de que por lo visto James no pudiera parar de caminar junto a las paredes de la tienda, alargando la mano para tocar la pintura desconchada mientras intentaba aferrarse a Georgia?

Todos los errores de Dakota volvieron a ella entonces. Escaparse a Baltimore con la bicicleta. Todas las cosas malas que le había dicho a su madre. Decirle a James que vendiera la tienda. Gritar a Peri. Eso también estaba allí, mezclado con todo lo demás.

¿Qué iba a hacer con todas las cosas que podía enmendar porque al fin era lo bastante mayor como para hacerlo?

—Es fácil mirar atrás y pensar en cómo podríamos hacer que sólo nos ocurrieran las cosas buenas —le aconsejó Catherine, que seguía moviendo el mocho de un lado a otro y esparcía el agua sucia en lugar de absorberla—, pero así no nos convertimos en nosotros mismos. Eres quien eres tanto por las cosas malas y las minucias como por los grandes triunfos y las decisiones importantes.

En tanto que Dakota veía su niñez reflejada en los charcos, Catherine se veía a sí misma, mentalmente, llegando a Walker e Hija para intentar castigar a Georgia, para hacerle ver lo exitosa y feliz que era en su vida como esposa de Adam. Sólo que no lo era. Y Georgia no la había reconocido. «¿Quién soy?» Esto se preguntaba aquel día. Era una pregunta que seguía haciéndose, pero que empezaba a entender cada vez más. A comprenderlo por sí sola. A aceptar que la respuesta cambiara, lo mismo que ella.

Porque Georgia Walker nunca rechazó a nadie, en absoluto. Eso decía Lucie con la voz en off en el documental sobre la tienda y el club, el que había sido presentado en los festivales. ¡Qué cierto es!, pensó Catherine. Georgia no hizo más que dar, y ellos lo estropeaban todo. Una y otra vez.

Fregaba, pero no entendía por qué el agua parecía estar siempre ahí, y tenía las manos doloridas y con ampollas. «Sólo por ti, Georgia», pensó Catherine mirándose los dedos. Cuántas cosas había hecho su cuerpo en cinco... no, ya casi seis años desde aquel funesto día de octubre. Allí mismo en la tienda. Allí donde estaba Catherine entonces. «Nos sentábamos a tejer y nos reíamos.» Eso era lo que había sido Walker e Hija: un lugar de risas. Un lugar de amistad. Un lugar de renovación y de reinvención.

La tarde del día en que Georgia falleció había sido normal. Cosa que a Catherine siempre le pareció sorprendente. Por la mañana no había aparecido ninguna etiqueta de advertencia para comunicarles que iba a suceder algo trascendental. No se despertó en el San Remo sabiendo que aquella noche regresaría deshecha y con el corazón destrozado. Que siempre habría un antes y un después y que ellos se quedarían allí teniendo que arreglárselas sin Georgia.

Pero lo que siempre, invariablemente, habían tenido desde entonces era la tienda. Todo el amor de Georgia concentrado en un lugar, y todavía era más perfecto cuando Dakota acudía a una reunión del club. ¿Dónde iban a reunirse ahora? No lo había pensado hasta entonces. Observó a K.C., que, una tras otra, se llevaba las cajas de lana abajo, a la charcutería, que también había cerrado para acelerar la operación de limpieza. A Darwin, revisando los papeles, a Peri con los guantes, fregando. ¿Adónde irían si no tenían la tienda? ¿Qué le ocurre a un club si el lugar de reunión queda arrasado? No tenía ni idea, y se preocupó.

Pensó que ojalá la gente hiciera algo más aparte de llorar. Era obvio que todo estaba hecho un desastre. Pero así estaba todo el mundo, con lágrimas en los ojos. Aún no se habían ni secado cuando alguien empezaba otra vez, o los gruñidos de Dakota y los paseos sin rumbo de James por el pequeño establecimiento provocaban que alguien rompiera a llorar de nuevo.

Catherine pensaba que ya había terminado con el llanto. Creía que las sesiones de terapia a las que James y ella habían asistido eran los últimos pasos de un largo proceso que llegaba a su término. Entonces, mientras contemplaba la destrucción de la querida tienda de Georgia, fue plenamente consciente de lo delgada que era la línea entre su vida y el dolor que fluía bajo la superficie. Sabía que no se trataba tan sólo de Georgia. Sus propios pesares se mezclaban con todo aquello y, aunque ella avanzara, la tristeza persistía. La informaba. Le recordaba lo lejos que había viajado.

Tras un día de limpieza, llanto y más limpieza, Marty y James mostraron la tienda a un experto para que evaluara los daños. Al edificio no le pasaba nada, les dijeron, lo cual fue un alivio. Pero luego volvieron a echar un vistazo a la tienda y se sintieron derrotados de nuevo.

—Peri —dijo Dakota mientras fregaba el suelo cuyo acabado se había renovado unos meses antes—, tú hiciste mucho sin obtener suficiente de mí a cambio. Gracias.

—De nada, Dakota. Eres como la hermana menor que me saca de quicio. A veces te odio, pero casi siempre te quiero.

—Lo mismo digo.

—Tal vez a Georgia no le gustaron las reformas que hice —comentó Peri.

—¿Hasta el punto de inundar su propia tienda? —terció K.C.—. Te hubiese remitido una carta certificada desde el Otro Lado o algo así. No, esto es un desastre absolutamente de este mundo.

—Quizá sea una señal para advertirnos de que tenemos que prestar más atención —manifestó Catherine—. A las cosas. Unos a otros.

—Puede ser —asintió Dakota—. Quizá no sea más que una de esas cosas que pasan.

Algo sí le estaba quedando rápidamente claro mientras Darwin, K.C., Peri y Catherine arrimaban el hombro y el local seguía estando hecho un desastre: Walker e Hija ya nunca volvería a ser la misma.

—Papá, ¿puedo hablar contigo y con Marty en privado? —preguntó.

Bajaron los tres a la charcutería.

—Ojalá tuviera whisky escocés —dijo Marty—. Desde luego, te ofrecería uno, pequeña. Han sido unos días muy duros —resumió mientras alargaba el brazo para darle unas palmaditas en el hombro a Dakota.

—Sólo tengo diecinueve años —le recordó la joven.

—Bueno, pero has visto ya lo suficiente para toda una vida —repuso Marty, cuya ropa estaba cubierta de cascarillas de la pared—. Recuerdo cuando tu madre trabajó aquí a tiempo parcial para sacarse un dinero extra. Aún eras un bebé, y ella no sería entonces mucho mayor de lo que tú eres ahora.

Terminada apenas la frase, se inclinó hacia delante, se tapó la cara con las manos y comenzó a sollozar. James y Dakota sólo vieron su cabello blanco y su cuerpo que se agitaba. Dakota cayó en la cuenta de que, en todo aquel tiempo, nunca había visto a Marty llorar por su madre, y el hecho de saber que él también estaba deshecho, y que, al igual que Anita, Peri, Catherine y James, él tenía asimismo sus propias historias con Georgia aparte de las de Dakota, la conmovió y le inspiró. Lo supo. Al fin lo supo.

La tienda no era solamente una cuestión de Georgia. No se trataba sólo de ella. Ni de Peri. Era cosa de todas, como grupo, de estar a disposición unas de otras.

Cuando regresaron, Peri, subida a una escalera, retiraba los paneles manchados del techo, Darwin dormía profundamente apoyada contra la pared y K.C. arrastraba bolsas de basura.

—Bueno, chicas, tenemos un plan —anunció Dakota—. Vamos a reconstruir. Aquí mismo, en la tienda que mi madre empezó. Porque siempre habrá una Walker e Hija.

Pensaba que no era esto lo que quería, pero esta situación me ha ayudado a darme cuenta de que en realidad sí lo quiero.

—Y yo también.

La respuesta era de Peri, que seguía subida a la escalera. Alargó la mano para ajustar otro panel y añadir los manchados a la pila que ya había reunido, mientras trataba de calcular mentalmente cuánto costaría volver a poner el techo. Además de las paredes, el suelo y, por supuesto, la lana. Hasta la caja registradora, que no se abría tan bien como debiera y de la que ni siquiera sonaba el cajón. El coste sería astronómico.

Sin embargo, todo era reparable, se dijo. Todo se podía arreglar. Se arreglaría.

—Vamos a buscar unos cafés y a descansar las manos —propuso Catherine con una sonrisa—. Has tomado una buena decisión, Dakota.

—Diría que sí —comentó Peri, que, con las manos llenas de paneles del techo, se balanceaba peligrosamente en la escalera—. Sólo uno más y habré terminado este rincón…

Perdió el equilibrio, agitó los brazos hacia el techo como si quisiera agarrarse y lanzó un grito. Un aluvión blanco invadió el local y Peri cayó de la escalera con un golpe sordo. Al cabo de milésimas de segundo, siguieron la propia escalera, que se volcó, y una carpeta roja desprendida del techo que cayó justo al lado de ella y golpeó contra la madera combada del suelo a pocos centímetros de su cabeza.

—¿Te encuentras bien? —gritó Marty, que se abalanzó para sujetar a Peri, magullada y temblorosa, pero ilesa.

—¿Qué demonios ha sido? —dijo James, que pasó por encima de la escalera para ayudar a Peri a levantarse.

Darwin despertó con un sobresalto, totalmente confusa y exhausta, para ver a Dakota que blandía el puño en el aire como solía hacer cuando era pequeña.

—¡Ja! —gritó Dakota—. ¡Llevo años registrando el apartamento en busca de esto!

—¿Qué es esto? —preguntó K.C., que acababa de regresar tras bajar una bolsa de basura a la calle, al ver a Peri, la escalera caída y a Dakota bailando—. ¿Qué pasa aquí?

—Esto es la carpeta secreta de mi madre con los patrones originales —contestó Dakota al tiempo que se agachaba a recoger aquel cartapacio abultado.

—¡Oh, Dakota! Se habrá estropeado... —lamentó Catherine.

—No —repuso la joven, que de pronto se sentía calmada. Sonrió con serenidad—. Piensa como Georgia Walker. Estate preparada.

Abrió la carpeta y allí, entre capas de plástico, página tras página, estaban las prendas de punto originales de Georgia. Suponían el lanzamiento de una carrera que no había tenido la oportunidad de emprender. Hasta entonces.

# Experta

Ahora ya sabes lo suficiente como para no tener que limitarte a seguir el patrón de otra persona. O a repetir siempre el tuyo. Puedes romper el patrón. Mejorarlo. Perfeccionarlo. Cambiar el plan. Adaptar e improvisar. Hacer lo que a ti te resulte mejor. Ahora tus habilidades te llevarán dondequiera que desees ir.

# Treinta y tres

 El día de la marcha benéfica empezó, como cada mes de septiembre, con una llamada desde Escocia.

−¿Te has calzado las zapatillas de deporte? −preguntó la abuela.

−Estoy lista para caminar hasta el fin del mundo −respondió Dakota−. ¿Cómo estás, abuela?

−Tan bien como cabría esperar, diría yo −repuso entre risas la anciana−. Y ahora sal ahí fuera y recauda un millón de dólares, jovencita.

−Aún no he llegado a tanto, abuela −contestó Dakota−. Pero estoy en ello.

Los planes se pusieron en marcha: la tienda se estaba restaurando de forma muy sencilla para así poder volver a abrir lo antes posible. Mientras tanto, Peri había programado un viaje para investigar la producción en serie: desde Europa le llegaban por la red más pedidos de los que podía servir. Incluso sus bolsos ligeramente dañados habían interesado a compradores, gracias a *Vogue* Italia y al poder de Isabella. Ya había cerrado su primera contratación: una abogada llamada K.C. Silverman.

E hizo algo más: decidió registrarse en una página de citas *online*, salir a la calle y encontrar un chico, puesto que eso era lo que quería.

−No tiene sentido quedarse sentada esperando algo que tú misma puedes hacer que suceda −le explicó a Dakota.

Por su parte, la joven trabajaba en separar los patrones de Georgia en dos apartados: sus obras maestras y sus conceptos más accesibles. Tenía intención de hacer que los diseños de alta costura en punto de su madre estuvieran disponibles sólo para una minoría selecta que pudiera permitírselos, confeccionados por un equipo que iba a contratar personalmente. Con el resto de los diseños, Peri, Anita y ella estaban creando un libro de patrones para ponerlo a la venta, en el que separaban las prendas según el nivel de dificultad para que hubiese algo para todo el mundo y luego redactaban las introducciones a cada sección, de la misma manera en que Georgia explicó una vez cómo tejía los jerséis para Dakota. Y los beneficios se destinarían a beneficencia.

—A tu madre le gustaría la idea de que su trabajo vaya a ayudar a salvar a alguien del cáncer de ovarios que la mató —elogió Anita—. Es una idea magnífica, Dakota. Estaría orgullosa de ti.

No obstante, Dakota no había renunciado a sus sueños por los de su madre. Muy al contrario. Contando con la confianza de su padre, seguiría un año más en la Universidad de Nueva York y después iba a empezar un curso de repostería y administración en el Instituto Culinario de América, en Hyde Park.

El plan convenía a todo el mundo: dentro de unos pocos años, cuando Dakota terminara sus estudios, Marty estaría a punto de jubilarse —no tenía intención de ir a ninguna parte antes de cumplir los setenta y cinco— y la planta baja que entonces ocupaba la charcutería se convertiría en una cafetería para tejer, conocida como La Panadería de Dakota en Walker e Hija. Allí, los clientes podrían comer todos los *muffins*, bollos y galletas que quisieran mientras hacían punto con viejos y nuevos amigos. Sería lo mejor de las reuniones del club. Reinventadas como negocio.

Y el primer piso entero sería para Peri Pocketbook. Bolsos (y bolsas para pañales, y fundas de ordenador) de alta costura en punto para las estrellas. Y para cualquier otra persona que pudiera permitírselos.

La reestructuración del edificio era el proyecto inicial de una nueva empresa, Arquitectura James Foster, que venía muy bien recomendada, por supuesto.

Dakota y Roberto mantuvieron correspondencia vía mensaje de texto y se llamaban por teléfono de vez en cuando. Él había decidido pasar el año trabajando en Cara Mia junto a su padre, sólo para descubrir si su falta de interés estaba motivada más bien por un deseo de independencia que por otra cosa. Le contó que aún tenía intención de ser piloto, pero había tiempo suficiente y podía esperar.

Y ella vio también a Andrew Doyle a finales de verano, cuando iba con su amiga Olivia a un concierto en Jones Beach. Él las saludó con la mano al verlas y Dakota le devolvió el saludo. Seguía siendo guapo, pensó. Pero sólo era un chico. Tenía muchas metas que alcanzar antes de ir en serio con nadie.

Darwin y Lucie estaban trabajando mucho en una propuesta comercial para un concepto televisivo que llamaban *Chicklet*. Consistía en lo que ellas querían que todas las pequeñas Ginger y Cady aprendieran sobre ser listas, tener confianza y creer en su propia belleza individual. Al mismo tiempo, el álbum de Isabella –y la película musical que lo acompañaba– estaba subiendo en las listas de éxitos, lo cual consolidaba la reputación profesional de Lucie.

Rosie se estaba sometiendo a una serie de pruebas y, mientras Lucie se enfrentaba a encontrar la mejor manera de ayudarla, Dan y Darwin se dieron cuenta de que su pequeño apartamento no podría albergar a Cady y Stanton durante mucho más tiempo. ¿Cuál fue la solución que satisfizo a todos y contentó a los hermanos de Lucie? Comprar un dúplex en Jersey y coordinar los distintos tipos de atención –niños y mayores– que la precisaban. Darwin y Dan ocuparían una parte, y Lucie y Ginger la otra. Y Rosie tenía una habitación propia. Iba y venía a su antojo en función de quién estuviera en casa. Era una investigación perfecta para su trabajo académico sobre las mujeres de la generación intermedia, pensó Darwin. Y no sólo eso, sino que había presentado un primer borrador a una publicación trimestral y parecía haber muchas esperanzas de que lo publicaran.

Los planes para la boda de Anita y Marty se reemprendieron con mucho brío, y Anita ya iba camino de terminar un precioso abrigo de novia de punto para el acontecimiento, que habían programado para la próxima primavera. La ceremonia tendría lugar al aire libre, seguida de una recepción en el hotel The Pierre. Nathan, mucho más feliz desde que había vuelto a conectar con Rhea, aceptó acompañarla al *huppah*[3]. Y Anita, quien afirmó una vez que nunca se mudaría de la ciudad, ahora quería pasar largas temporadas al año en Italia para estar cerca de Sarah.

Por su parte, Sarah accedió a regresar pronto a Nueva York para hacer una visita, y Marco prometió llevarla. Él esperaba comprar el cuadro de Catherine vestida con el Fénix, aunque era lo bastante intuitivo como para no decírselo a ella. El vestido volvía a estar en su vitrina de cristal, más resplandeciente que nunca. De vez en cuando, Catherine trabajaba en su novela de venganza, pero sólo porque eso le hacía gracia. De hecho, se pasaba casi todos los días en la tienda, y empezó a escribir una nueva historia. Una historia mejor. Sobre dos amigas íntimas que se conocieron en un instituto de Pensilvania.

---

Era un día frío y despejado del mes de septiembre y el aire de Nueva York incorporaba los primeros aromas del otoño.

—Es nuestra quinta marcha —señaló Anita, que llevaba los pantalones de deporte rosados que sólo se ponía una vez al año—. Hemos visto mucho paisaje por el camino.

---

[3] En yiddish, *dosel*, baldaquino o tálamo que se usa durante la ceremonia de la boda. *(N. de la T.)*

—Míranos —dijo Darwin, que empujaba a Cady y Stanton en el cochecito que le habían regalado en la fiesta. Los bebés llevaban las chaquetas de punto que Anita confeccionó para ellos, aunque ya les quedaban un poco ceñidas, y unos calcetines a rayas que les había hecho su madre—. Mira lo lejos que hemos llegado.

—¿Lejos? —repitió K.C., quien llevaba el cabello recogido en lo alto con un coletero que había tejido ella misma y que Peri incluso le había alabado—. Sólo recorremos unos kilómetros cada año.

—Pero al menos nos movemos —afirmó Catherine, y se cerró la cremallera de la sudadera roja con capucha que llevaba—. Al menos no nos quedamos quietas.

Dakota asintió con la cabeza en tanto que la gran mariscal anunciaba el inicio de la marcha benéfica dando saltitos con su chándal azul marino, deseosa de empezar. En torno a ellas, madres, hijas, hermanas y amigas de luchadoras supervivientes y caídas avanzaron con rapidez.

Y del brazo, las socias del club de punto de los viernes por la noche emprendieron la marcha.

# La manta Georgia

El modelo original que confeccionaron las socias del club era de un tamaño muy generoso y constaba de múltiples piezas. Esta manta se confecciona más fácilmente de una sola pieza –con lo cual quizá pese un poco a medida que te acerques al final, pero no obstante es manejable– y está pensada de manera que tenga el tamaño adecuado para mantener calentita a una persona mientras echa una cabezada o, mejor todavía, ¡mientras lee un libro!

Agujas: Tu labor avanzará con más rapidez si utilizas lana gruesa y agujas grandes. Opta por las agujas redondas del número 15, 17 o 19.

Lana: asegúrate de utilizar lana lavable a máquina que sea suave al tacto. (¡Tus dedos te lo agradecerán!) Acude a tu tienda de lanas local y elige algo que te resulte atractivo a la vista, a los dedos y al bolsillo.

La muestra: Se empieza por un borde hecho en sencillo punto Santa Clara, y la interacción de 2 puntos al derecho y 3 al revés en el patrón crea una bonita textura de cuadrados que aporta interés visual a la manta.

Monta 90 puntos.

Teje 10 pasadas.

Luego, sigue la pauta que se indica a continuación:
Pasadas de la 1 a la 10: 5 puntos del derecho (para el borde), 2 puntos del derecho, 3 puntos del revés, 2 del derecho, 3 del revés, 2 del derecho, 3 del revés, 2 del derecho, 3 del revés, 2 del derecho, 3 del revés, 2 del derecho, 3 del revés, 2 del derecho, 3 del revés, 2 del derecho, 3 del revés, 2 del derecho, 3 del revés, 2 del derecho, 3 del revés, 2 del derecho, 3 del revés, 2 del derecho, 3 del revés, 2 del derecho, 3 del revés, 2 del derecho, 3 del revés, 2 del derecho, 3 del revés, 2 del derecho, 3 del revés, 5 del derecho (para el borde).

Pasadas de la 11 a la 20: 5 puntos del derecho (para el borde), 3 puntos del revés, 2 puntos del derecho, 3 del revés, 2 del derecho, 3 del revés, 2 del derecho, 3 del revés, 2 del derecho, 3 del revés, 2 del derecho, 3 del revés, 2 del derecho, 3 del revés, 2 del derecho, 3 del revés, 2 del derecho, 3 del revés, 2 del derecho, 3 del revés, 2 del derecho, 3 del revés, 2 del derecho, 3 del revés, 2 del derecho, 3 del revés, 2 del derecho, 3 del revés, 2 del derecho, 3 del revés, 2 del derecho, 5 del derecho (para el borde).

Repite el patrón hasta que alcances la longitud deseada.

Teje diez pasadas del derecho y a continuación, cierra la labor.

¡Guarda la manta para ti o dónala para una buena causa!

# Agradecimientos

Gracias.

A todos y cada uno de los lectores que me enviaron correos electrónicos a katejacobs.com, que se acercaron a mí en las firmas de libros, que me invitaron a telefonear a su grupo de lectura y que luego me preguntaron cuándo iba a escribir una continuación. Vuestro entusiasmo por el club fue tremendo y muy apreciado. ¿Y sabéis qué? Nunca dejé de pensar en Dakota, Catherine y Anita y en todo el grupo, y el hecho de sentarme a teclear mis pensamientos fue como una reunión deliciosa con unas viejas amigas. Así pues, vuestro ánimo fue un regalo maravilloso.

Mi gratitud para toda la gente de Putnam y de Berkley, incluyendo a Ivan Held, Leslie Gelbman, Shannon Jamieson Vasquez, Rachel Holzman y a todos los de los departamentos de ventas, marketing, publicidad, editorial, producción y diseño. Pero, por encima de todo, mi más sincero agradecimiento a mi brillante editora, Rachel Kahan, cuyo buen humor y apoyo son particularmente fundamentales y cuya visión perspicaz hace que mis libros sean mucho, mucho mejores.

Como siempre, dependo en gran medida del apoyo de mi agente, Dorian Karchmar, de la William Morris Agency, que es más listo que el hambre y sabe las respuestas que necesito antes de que se me ocurra siquiera hacer las preguntas, y al ayudante de Dorian, Adam Schear, porque se encarga con mucho gusto de todas las tareas, ya sean grandes o pequeñas.

Al igual que las socias del club, soy afortunada por estar rodeada de mujeres listas e independientes que nunca me fallan cuando necesito que me echen una mano. Mi superpandilla de amigas, siempre dispuestas a leer los primeros borradores, son dignas de encomio, entre ellas, Rhonda Hilario-Caguiat, Kim Jacobs, Shawneen Jacobs, Tina Kaiser, Alissa MacMillan, Robin Moore y Sarah-Lynne Levine. También doy las gracias a Dani McVeigh y a Olga Jakim por mantener al día mis páginas web y hacerlas tan vistosas.

Y no podría olvidarme de mi madre, que llama con frecuencia para preguntarme cuántas páginas he escrito (esto... ¿gracias, mamá?), pero que también despejó su mesa para que pudiera instalarme en ella y terminar las revisiones mientras visitaba mi ciudad natal. Ni de mi padre, que sacaba a pasear a mi perro, Baxter, para que yo no tuviera que interrumpir el trabajo; mi hermana, Deenee Jacobs, a quien le gusta hablar de punto; y las personas que se ofrecieron a ajustar y probar las recetas, incluyendo a Jackie Blonarowitz, a mi cuñada Shawneen (que hizo dòble turno, leyendo y horneando) y a mi esposo, Jonathan Bieley, que prueba todas las exquisiteces para corroborar que son deliciosas.

Veréis, una cosa es escribir sobre la comunidad y la conexión en mis novelas, y otra muy distinta estar rodeada de lo mismo en mi vida. Sé que soy muy afortunada, desde luego.

# KATE JACOBS

## *Amigas entre fogones*

*Una novela cálida e irresistible sobre las relaciones
y el poder de la comida*

**Te presentamos las primeras páginas
de la última novela de Kate Jacobs,
*Amigas entre fogones*.**

# pan y mantequilla

# 1

## FEBRERO DE 2006

A Gus Simpson le chiflaban las tartas de cumpleaños.

De chocolate, de coco, de limón, de fresa, de vainilla; le gustaban especialmente las clásicas. Aunque experimentaba con nuevos sabores y coberturas, salpicándolas con una lluvia fina de siropes o colocando artísticamente pétalos de hibisco, lo más habitual era que Gus adoptase el estilo retro, con flores decorativas conseguidas a base de manga pastelera o con un arco iris de virutas dulces por encima de la cobertura glaseada. Porque las tartas de cumpleaños tenían que ver precisamente con la nostalgia, bien lo sabía; con buscar dentro y con utilizar los sentidos para rememorar un instante de infancia perfecta.

Al cabo de doce años ejerciendo de presentadora de CanalCocina —y con tres exitosos programas como aval—, Gus había elaborado gran cantidad de postres en su cocina del plató: desde su cremosa espuma de chocolate blanco a su exquisita tarta de melocotón, su pastel de manzana y caramelo denso o su decadente tarta de pacanas al whisky. Siendo una «cocinera casera» carente de formación oficial en restauración, Gus aspiraba a ser cálida a la par que elegante, sin caer en la sencillez de andar por casa: se esforzaba por conseguir que sus platos resultasen completos sin ser complicados.

Con todo, las tartas de cumpleaños eran otro cantar: una sola porción servía para alimentar el espíritu además del estómago. Y a ella le entusiasmaba pensar en ese triunfo perfecto.

Tanto le gustaban las celebraciones que organizaba fiestas de cumpleaños para sus hijas, ya adultas, Aimee y Sabrina, para su vecina y buena amiga Hannah, para su productor ejecutivo (y vicepresidente de CanalCocina) Porter y para su asistente culinaria de tantos años que se había jubilado recientemente y se había mudado a California.

Pero Gus no se detenía ahí. Siempre celebraba por todo lo alto el aniversario del país, lo cual para una estadounidense tampoco es que fuese nada extraordinario. Y lo mismo hacía cada 25 de diciembre, lo que, asimismo, no tenía nada de raro en el caso de una persona que había sido educada en el catolicismo. Aparte, celebraba también San Valentín y San Patricio, el aniversario del nacimiento de Lincoln, el de Julia Child (genio de la cocina; el 15 de agosto), el de Henry Folw Durant (fundador de la universidad en la que había estudiado, Wellesley; el 22 de febrero) y el de Isabella Mary Beeton (autora del famoso *El manual de gestión de tareas domésticas de la señora Beeton*; cada 12 de marzo). Daba igual que estos invitados de honor no estuviesen precisamente disponibles para asistir a la fiesta, al estar muertos y eso...

Hay anfitrionas a las que les encantan las fiestas porque disfrutan mucho siendo el centro de atención. Por el contrario, a Gus lo que más placer le proporcionaba era crear un mundo de fiesta en el que cada persona tuviera su lugar, donde estaba convencida de que cada cual podía sentirse especial.

«Dejadme que prepare una cosilla», le decía Gus a sus hijas, a sus amigos, a sus compañeros, a sus espectadores.

Verdaderamente, le encantaba la idea de ocuparse de otros, de alimentar y mimar, y sobre todo de aquellos invitados a los que les costaba abrirse paso entre la multitud era de quienes más pendiente estaba Gus.

Sólo había un cumpleaños del que ya empezaba a estar cansada de organizar. O, mejor dicho, de celebrar. El suyo propio. Porque en breve (el 25 de marzo) Augusta Adelaide Simpson cumpliría cincuenta años.

Desde luego, el problema residía en que ella no se sentía para nada tan mayor. No, más bien se sentía como una joven de veinticinco (obviando, como solía hacer, el problema logístico de que su hija mayor, Aimee, tenía ya veintisiete y su hija menor, Sabrina, veinticinco). Y en este sentido, si se paraba a pensar en que había alcanzado la marca del medio siglo, se encontraba completamente pillada por sorpresa; genuinamente sorprendida ante la suma de todos esos años.

Medio siglo de Gus.

—A la hora de preparar una vinagreta, os convendrá utilizar el mejor jerez que pueda permitirse vuestro bolsillo —había dicho en una edición reciente del programa, y entonces se había dado cuenta de que el jerez era casi tan añejo como ella—. Podría estar embotellada y puesta en la balda —había apuntillado riéndose.

Pero un molesto terror había ido acrecentándose en su interior, y le fastidiaba enormemente. La de los cuarenta y seis, la de los cuarenta y siete, la de los cuarenta y ocho y hasta la de los cuarenta y nueve habían sido fiestas geniales. Cuando sopló las velas de la tarta del último año —de zanahoria y jengibre, con cobertura de queso cremoso y canela— y Porter, su productor, había exclamado «¡El próximo año toca la grande!», ella se había reído al igual que todos los demás. Y se había sentido bien al respecto. De verdad que sí, de verdad. En serio. De verdad. No había previsto ninguna sesión de bótox, no había empezado a ponerse fulares para ocultar el cuello. Cumplir cincuenta años –se decía– no era para tanto. Hasta que una mañana se despertó y se dio cuenta de que no había planificado absolutamente nada. Ella, que nunca desaprovechaba la menor oportunidad para organizar una fiesta. Y fue entonces cuando había caído en que tampoco quería hacer ningún tipo de celebración.

El problema –reflexionó una mañana mientras se lavaba el cabello castaño de reflejos rojizos con un champú intensificador del color– empezó a cobrar forma en algún punto entre su labor de organizar el plan del programa del año siguiente y la noticia de que CanalCocina recortaba drásticamente el presupuesto e iba a emitir menos programas de lo habitual.

–Y la televisión por cable está perdiendo cuota de pantalla –le había explicado Porter–. No nos queda más remedio que aguantar el temporal. –Llevaba mucho tiempo en el negocio de la tele, más que Gus, y su éxito provocaba envidias: un hombre negro en el blanquísimo mundo de la televisión especializada en cocina. Se rumoreaba incluso que iban a nombrarle director de programación. La confianza de Gus en Porter era absoluta.

Entonces CanalCocina había contratado a un estilista que informó a Gus de que «pasada cierta edad» algunas señoras hacen bien en coger unos kilitos para tener la tez más tersa. «Tú eres maravillosamente esbelta, pero no te haría ningún daño rellenar esas arruguitas, ya me entiendes –le había dicho el estilista, en absoluto descortés con ella–. Una buena iluminación sólo puede dar resultado hasta cierto punto.» Por último, una noche que cenaba con Sabrina en un restaurante, se había quedado admirando a dos mujeres que ocupaban la mesa que tenían justo delante: una joven morena imponente, con un vestido color rosa chicle, acompañada de una mujer de más edad, con el ceño fruncido, la media melena en tono caramelo y de bonito movimiento, enfundada en un traje pantalón crudo de lino. Y, con un sobresalto, descubrió que la pared que tenía delante estaba cubierta de espejo y que la clienta de expresión malhumorada era ella misma.

—¿Te encuentras bien, mamá? —le había preguntado Sabrina, quien hizo una seña al camarero para que trajera más agua—. No tienes buena cara.

Gus ya no era joven.

En un primer momento se había guardado esta revelación igual que guardaba los zapatos de verano después del día del Trabajo, el primer lunes de septiembre. Pero la verdad se resistía a permanecer oculta, y se manifestaba cuando reparaba en una arruga que no había visto hasta entonces u oía un chasquido en sus rodillas cuando se agachaba para sacar una olla. O cuando su segundo de cocina de tantos años anunció, prácticamente de sopetón —como quien dice—, que se jubilaba. Lo cual quería decir que ella también había alcanzado la edad de jubilarse. Algo alarmante si te parabas a pensar que eso significaba que habían transcurrido doce largos años desde que Gus había estrenado su primer programa con CanalCocina, *La bolsa del almuerzo*, en 1994. Y que la joven madre que se recogía los brillantes bucles color caramelo en un moño suelto del que se soltaba algún que otro mechón, la joven madre que había rehuido los delantales y que había creado en un periquete platos sencillos y deliciosos, era ahora una señora con dos hijas con sus respectivos empleos, vida y cocina propias. Dos niñas que se habían —digamos— hecho mujeres.

---

## Continúa en tu librería